極めろ! TOEIC® TESTに出る究極ボキャブラリー1000

イ・イクフン語学院
公式テキスト

TOEIC is a registered trademark of Educational Testing Service (ETS).
This product is not endorsed or approved by ETS.

著｜イ・イクフン語学院

Vocab 1000

スリーエーネットワーク

이익훈 토익 Vocab 이익훈 토익

Lee Ik Hoon TOEIC Vocab

This Japanese edition was published by 3A Corporation in 2011
by arrangement with iKEBOOKS, KOREA.

Published by 3A Corporation.
Trusty Kojimachi Bldg., 2F, 4, Kojimachi 3-Chome, Chiyoda-ku, Tokyo 102-0083, Japan

ISBN978-4-88319-568-8

First published 2011
Printed in Japan

はじめに

1. 本書ではどんな単語が扱われているか？

毎回のTOEICテストの語彙を分析してみると、基本1000語レベルで問題や長文が作られていることがわかります。つまり、この基本1000語を集中的に攻略しながら、各パート別の実戦問題解法テクニックを身につけることが、短期でハイスコアを上げるための最も効率的な学習戦略といえるでしょう。そこで本書には、TOEICに最も多く出題されるTOEIC基本1000語を厳選して載せました。TOEICには同じ単語や表現が繰り返し出題されるので、本書に収録した基本1000語と最新既出表現は、TOEICを受験しようする皆さんに最高の栄養剤となることでしょう。

2. 楽しく早く単語を覚える方法とは？

多くのTOEIC高得点者が口を揃えて勧める学習法は、単語や表現を声を出して繰り返し読むことです。しかし、この「暇さえあれば」「頻繁に」「繰り返して」「何度も」読むという方法には、重大な欠点があります。単調で飽きやすく、長続きしないということです。本書は、一度覚えた単語が後に続く学習内容に繰り返し出てくるように構成し、学習を先に進めながら復習もしっかりできるようにしました。このため、本書の読者の皆さんはやさしく楽しく単語を覚えることができるでしょう。また、例文を一連のストーリーでつなぎ、話の内容を追いながら単語を覚えつつ、読解・聴解の長文にも備えることができるようになっています。一日の学習が終わったら、漫画を読んでリラックスしながら単語を復習し、最後にクイズを解くことによりその日の最重要単語を再確認することができます。細切れの時間を無駄なく利用できるよう、見出し語部分には上から下に視線が流れるようなデザインを採用して読みやすくした点も、本書の特徴だといえるでしょう。

好きな小説を楽しむように本書を繰り返し読みながらTOEICの基本単語をマスターし、覚えにくい単語は集中的に攻略するようにすれば、短期間でハイスコアへの足場を築くことができるでしょう。

本書の制作に携わったイ・イクフン語学研究所の研究員の皆さん、特にイ・ジョンウォン部長、パク・サンシン部長、ユン・ソヨン主席研究員、イム・ソンヒ研究員に感謝の意を表します。

イ・イクフン語学院長
キム・ソンスク

目次

目次

WEEK3

WEEK4

本書の特長

TOEIC必須 **1000**語を **4週間**でマスター

本書にはTOEICの全パートに最もよく出題される1000語を選んで収録しました。TOEICに初めて挑戦する皆さんや、本格的にTOEICのための学習を始めるにあたりTOEICの重要語彙を覚えたいと思っている皆さんに最適の教材です。

単語教材なのに **読解**練習も できる

6～8つの単語の例文が一連の短いストーリーでつながっており、すべてのストーリーがTOEICによく出題されるテーマを扱っています。ストーリーを読むだけで、単語が自然に覚えられます。互いに関連のない単語を覚えるよりも、ストーリーを追いながら覚えるほうが100倍効果的です。おのずとPART 6・7の読解練習にもなります。

ゆとりのある **学習進度**

月曜日から金曜日まで1日に50語を覚え、週末には実戦問題10問を解くというスケジュールなので、4週間ですべてをマスターすることができます。もし平日に計画どおりに学習できなくても、週末に追いつくことができるように、週末の学習量を最小限に抑えてあります。

知らず知らず **復習**できる 構成

見出し語やこれを使った例文・既出表現はクイズの中にも現れ、DAYの学習の最後にある漫画のセリフにも出てきます。最初から順に学習していくだけで復習ができる構成になっています。

とても便利な見出し語**索引**

知りたい単語の掲載ページがすぐわかるように、見出し語索引をつけました。

単語の復習ができる楽しい**漫画**

各DAYの学習後の休憩コーナーとして漫画を掲載しています。登場人物のセリフの中に既出の単語が出てくるので、復習しながら自然に単語が覚えられます。単語の意味が思い出せなくても、楽しい漫画のストーリーから意味を思い浮かべることができます。

携帯プレーヤーで勉強しやすい**MP3音声ファイル**

各見開きページごとに、2種類のMP3音声ファイルを用意しました。Aには見開き2ページ分のすべての英文音声を、Bには見出し語を「英単語→単語の意味→英単語」の順に収録しました。

なお、本CD-ROMは音声CDではありません。
CDプレーヤーには絶対に入れないでください。
パソコン等のMP3ファイルを読み込める機器をご使用ください。

MP3ファイルの利用方法

＊詳しくはCD-ROM内にある『はじめにお読み下さい』をご覧ください

（例）iTunesへの取り込み
（1）まず、CD-ROM内のフォルダーを、パソコン本体にコピーします。
（2）iTunesを起動し、iTunes左上の「ファイル」メニューから「フォルダーをライブラリに追加」（Windowsの場合）もしくは、「ライブラリに追加」（Macの場合）を選んでください。
（3）現れた参照ウインドウからフォルダーを選び、「OK」をクリックしてください。
（4）アルバム名およびトラック番号により、自動的に正しい再生順に登録されます。
（Windows Media Playerなどの、そのほかのプログラムや機器への取り込み、また、音声CD形式のディスクの作成については、お使いのプログラム、機器のマニュアルをご参照ください）

本書の構成

❶ 学習進度
何週の何日目かがわかります。

❷ 例文
見出し語を使った例文が一連のストーリーを構成しています。見出し語はマーキングされています。

❸ ストーリーのテーマ

❹ 音声
CD-ROMに収録されているMP3音声に対応した番号です。Aには見開き2ページ分すべての英文音声を収録し、Bには右ページにある見出し語を、英語→日本語→英語の順に収録しています。

本書で用いられる記号表記

vi. (verb intransitive) 自動詞
vt. (verb transitive) 他動詞
n. (noun) 名詞
a. (adjective) 形容詞
ad. (adverb) 副詞
prep. (preposition) 前置詞

派 派生語
CF (confer) 追加表現の参照
TIP 学習のヒント
ex. (example) 例

❶ WEEK_1 DAY_1　❹ A 002　B 002

We have a vacancy for someone interested in a career in editing.
編集の仕事に興味のある方に募集枠があります。

❷ Technology Magazine requires a part-time editor.
Technology Magazineはパートタイムの編集者を求めています。

Proofreading and content planning are part of the editor's routine duties.
校正とコンテンツの企画が編集者の日常業務に含まれます。

The editor must ensure that all articles use proper punctuation.
編集者は、すべての記事で句読点がきちんと使われているか確認せねばなりません。

Each article must be reviewed thoroughly by the editor.
編集者は各記事を徹底的にチェックしなければなりません。

To be considered for the position, you must pass a language proficiency test.
この職に採用されるためには、言語能力テストにパスしなければなりません。

Your starting salary will depend on the test results.
初任給はテストの結果によって決定します。

❸ A vacancy for a part-time editor
パートタイム編集者の欠員募集

リラックスして読める漫画
一日の学習が終わると、漫画が登場します。セリフの中の単語を覚えているかどうか確認しておきましょう。日本語に英語が混ざっていて少し不自然なところもありますが、文脈の中で単語がどのような意味で使われているか確認しましょう。

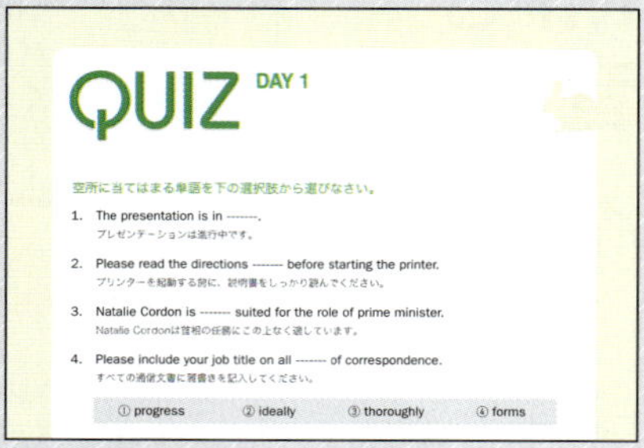

QUIZ DAY 1

空所に当てはまる単語を下の選択肢から選びなさい。

1. The presentation is in -------.
プレゼンテーションは進行中です。
2. Please read the directions ------- before starting the printer.
プリンターを起動する前に、説明書をしっかり読んでください。
3. Natalie Cordon is ------- suited for the role of prime minister.
Natalie Cordonは首相の任務にこの上なく適しています。
4. Please include your job title on all ------- of correspondence.
すべての通信文書に肩書きを記入してください。

① progress　② ideally　③ thoroughly　④ forms

Quiz
その日学習した見出し語の中で最も出題頻度の高い重要語がクイズとして出題されます。必ず解いてみて、単語を覚えているかどうか確認しておきましょう。

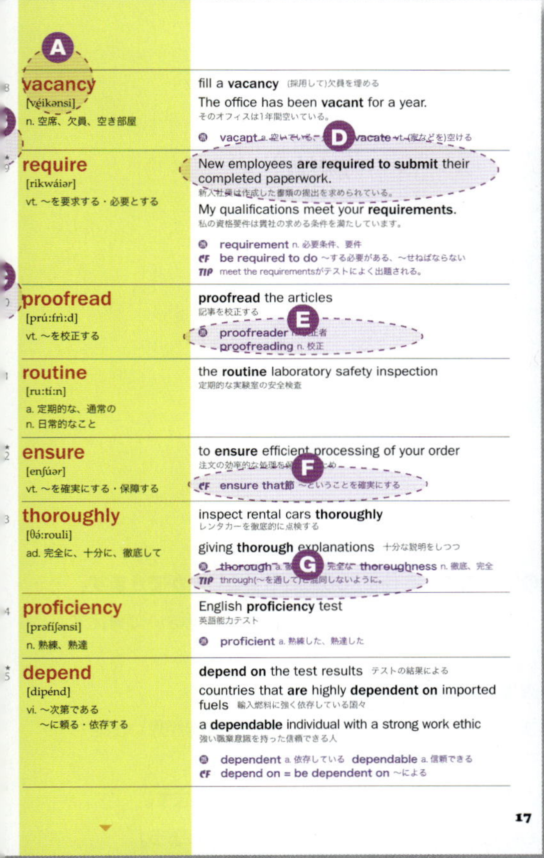

A

vacancy [véikənsi] n. 空席、欠員、空き部屋

fill a **vacancy** (採用して)欠員を埋める

The office has been **vacant** for a year.
そのオフィスは1年間空いている。

派 vacant a. 空いている D vacate vt. (家などを)空ける

require [rikwáiər] vt. ～を要求する・必要とする

New employees **are required to submit** their completed paperwork.
新入社員は作成した書類の提出を求められている。

My qualifications meet your **requirements**.
私の資格要件は貴社の求める条件を満たしています。

派 requirement n. 必要条件、要件
cf be required to do ～する必要がある、～せねばならない
TIP meet the requirementsがテストによく出題される。

proofread [prú:frì:d] vt. ～を校正する

proofread the articles
記事を校正する

E
派 proofreader n. 校正者
proofreading n. 校正

routine [ru:tí:n] a. 定期的な、通常の n. 日常的なこと

the **routine** laboratory safety inspection
定期的な実験室の安全検査

ensure [enʃúər] vt. ～を確実にする・保障する

to **ensure** efficient processing of your order
注文の効率的な処理を確実にするため

F
cf ensure that節 ～ということを確実にする

thoroughly [θə́:rouli] ad. 完全に、十分に、徹底して

inspect rental cars **thoroughly**
レンタカーを徹底的に点検する

giving **thorough** explanations 十分な説明をしつつ

G
派 thorough a. 徹底的な、完全な thoroughness n. 徹底、完全
TIP through(～を通して)と混同しないように。

proficiency [prəfíʃənsi] n. 熟練、熟達

English **proficiency** test
英語能力テスト

派 proficient a. 熟練した、熟達した

depend [dipénd] vi. ～次第である ～に頼る・依存する

depend on the test results テストの結果による

countries that **are** highly **dependent on** imported fuels 輸入燃料に強く依存している国々

a **dependable** individual with a strong work ethic
強い職業意識を持った信頼できる人

派 dependent a. 依存している dependable a. 信頼できる
cf depend on = be dependent on ～による

17

A 見出し語

すっと目に入るように大きな文字にしました。

B 出題頻度

星の数が多いほど出題頻度が高い単語です。

C 見出し語番号

すべての見出し語に番号が振られており、1000語のうちの何番目を今学習しているのかがわかります。

D 頻出表現

見出し語が含まれる頻出表現が載っています。テストの直前にこの部分だけをさっと読んでおくのも、たいへん効果的です。

E 派生語 派

F 追加表現 cf

見出し語とともにぜひ覚えておきたい表現や反意語・同意語などが載っています。

G 単語の用法と参考説明 TIP

見出し語の用法や、その他学習のヒント等が載っています。

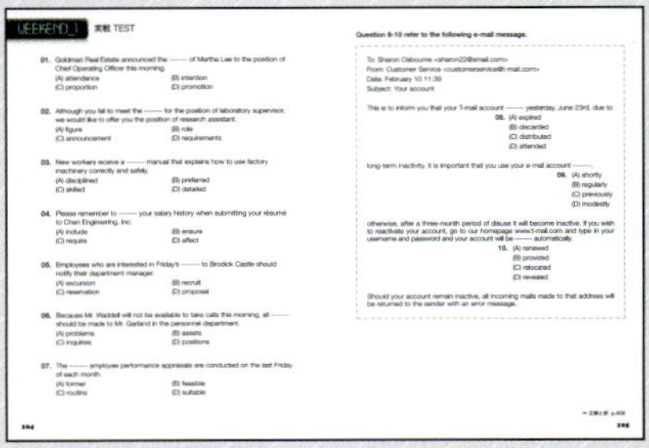

WEEKEND実戦TEST

実際のTOEICの難易度を反映したPART 5, 6形式の問題になっており、一週間に学習した単語が実際にどのように出題されるかがわかります。多少難しくても必ず解いてみて、テストのカンをつかんでおきましょう。

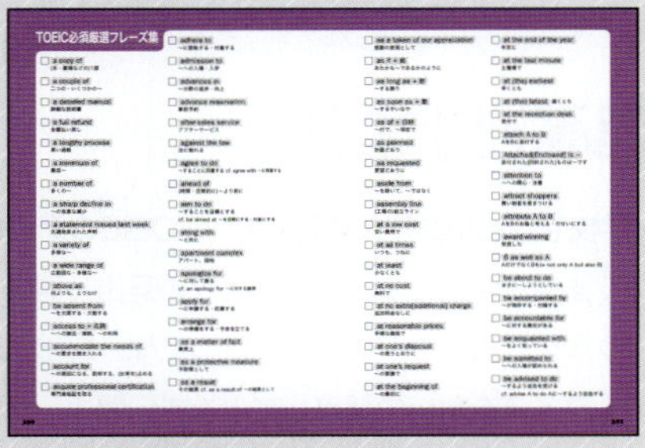

TOEIC必須厳選フレーズ集

under the supervision of(～の監督のもとで)のように、そのまま覚えるのが効果的な厳選フレーズ集です。普段から頻繁に目を通し、テスト前日にも必ず確認しておきましょう。

本書の使い方

ここに紹介するのは一つの例です。皆さんの都合に合わせて工夫してください。

コツコツ学習法

TOEICの準備に比較的多くの時間を割ける場合の学習法で、本書を200%活用することができます。

① まず左ページのストーリーを読み、マーキングされている単語の意味を日本語訳を見ないで考えてみます。

② 次に、右ページで見出し語とその意味、既出表現・追加表現などを覚えます。

③ 左ページに戻り、再びストーリーを読んでみます。マーキングされている単語の意味が思い出せないものは、まだきちんと覚えられていないので、もう一度右ページで学習します。

④一日分の学習が終わったら、漫画を読んでセリフの中の単語がわかるかどうか確認します。

⑤ クイズを解いて、採点してみます。間違ったものは、必ずもう一度確認しておきましょう。

⑥ 間違った問題となかなか覚えられない単語には印をしておきましょう。

超高速学習法

学校や会社があるため忙しく、TOEICの準備になかなか時間が割けない場合の学習法です。

① まず、学習しようとするDAYの見出し語を一気に覚えます。

② 次に、右ページの見出し語の意味、既出表現・追加表現を覚えます。

③ クイズを解いて採点してみます。間違った問題は、復習しておきましょう。

④ 間違った問題となかなか覚えられない単語には印をしておきます。

⑤ 本書を持ち歩き、時間のあるときに学習したDAYのストーリーを読んでおきましょう。

単語の上手な覚え方

細切れの時間を利用して何度も繰り返して覚える

1回に時間をかけて学習した単語よりも、軽く何度も学習した単語の方がよく覚えられるもの。毎日単語を覚える時間を少しずつでも確保し、単語教材を持ち歩いて頻繁に読むのが効果的だ。特に熟語や慣用表現は、口をついて言えるようになるまで繰り返し発音して覚えるようにしよう。

音読する

単語とその訳語を声を出して読むと、視覚とともに聴覚も刺激されて長く記憶に残る。日本語訳を隠して単語を声を出して読み、その意味を言ってみるのは非常に効果的だ。同時に、単語暗記用MP3ファイル(B-001～140のMP3音声ファイル)も積極的に活用するようにしよう。一度目で覚えた単語を耳から聞くとよく覚えられ、学習がはかどる。MP3ファイルは、本書の学習進度とは関係なく常に持ち歩き、本書を見ないで最低10回は繰り返して聞くようにしよう。

色鉛筆や蛍光ペンを使う

なじみのない単語には色鉛筆や蛍光ペンでマーキングしたり下線を引いておくと視覚効果が高まり、ページを開いただけで自分が覚えている単語とそうでない単語を楽に区別でき、学習進度も一目で確認できる。

単語教材の活用法

1度目は読書をするようにサッと読む

最初に本書を読むときは、すぐに単語を覚えようとしなくてもよい。知らない単語に印をしながら、読書をするように通して読もう。TOEICに出てくる単語がどのようなものか確認しながら、できる限り早いスピードで読もう。

2度目はじっくりと学習する

知らない単語には印をし、関連表現を学びながらしっかりと学習を進める。日本語訳を隠して英単語を音読した後、その意味をやはり声に出して言ってみよう。きちんと覚えていない単語や間違った単語には必ず印をし、例文や既出表現を通じて意味と用法をきちんと覚えよう。

3度目は覚えられない単語だけ集中攻略しよう

よく覚えられない単語だけにポイントを絞って、完全に身につくまで繰り返し声を出して読み、その意味を言ってみよう。一つひとつの単語を一度に覚えてしまおうとするよりも、少しずつ何回も学習する方がはるかに効果的だ。

学習カレンダー

週5日の学習を基本とし、週末には5日間で学習した単語の出てくる実戦問題を解いてみましょう。下のカレンダーのスケジュールは必ず守ってください。進度が遅れた場合は週末に追いつくようにし、それでも無理なら飛ばして、初めから予定されたその日の内容を学習しましょう。

1	2	3	4	5	6	7
W1-D1	W1-D2	W1-D3	W1-D4	W1-D5	WKND1-TEST	
8	9	10	11	12	13	14
W2-D1	W2-D2	W2-D3	W2-D4	W2-D5	WKND2-TEST	
15	16	17	18	19	20	21
W3-D1	W3-D2	W3-D3	W3-D4	W3-D5	WKND3-TEST	
22	23	24	25	26	27	28
W4-D1	W4-D2	W4-D3	W4-D4	W4-D5	WKND4-TEST	

参考 W: WEEK D: DAY WKND: WEEKEND

WEEK1 **DAY1** 求人・採用・面接

Westcom currently has sales representative positions available.

Westcom社では、現在営業社員を**募集しています**。

Interested applicants must have extensive experience in telephone sales.

応募者は、電話セールスの**豊かな**経験が必要です。

We require salespeople who possess a high level of confidence.

私たちは強い**自信**を持っている営業社員を求めています。

To apply for a position, please forward your résumé to Westcom.

応募される方は、履歴書をWestcom社**にお送りください**。

The most suitable applicants will be asked to attend an interview.

適任と見られる応募者は、面接に**参加し**ていただくことになります。

Interviews will be conducted during the last week of August.

面接は８月の最終週に**行われる**予定です。

The recruitment manager will contact all successful candidates.

採用担当者から面接を通過したすべての**応募者**に連絡が行きます。

Sales representative positions available

営業社員の求人

★★★
001 **available**
[əvéiləbl]
a. 利用可能な、都合がつく

Some free tickets are still **available** for the Christmas concert.
クリスマスコンサートの無料チケットがまだ数枚残っている。

the hotel's room **availability**
ホテルの客室の空き

派 availability n. 入手の可能性、有効性

★★★
002 **extensive**
[iksténsiv]
a. 広範囲にわたる、大規模の

have **extensive** knowledge of all product lines
すべての製品ラインアップについて幅広い知識を持つ

offer an **extensive** dinner menu
多様なディナーメニューを提供する

★★
003 **confidence**
[kάnfidəns]
n. 自信、確信、信頼

consumers' **confidence** in our products
我々の製品に対する消費者の信頼

I'**m confident that** Mr. Peterson and I will finish the project quickly.
Peterson氏と私はプロジェクトをすみやかに終える自信がある。

派 confident a. 確信している、自信のある
cf be confident that節 ～と確信している

★
004 **forward**
[fɔ́:rwərd]
vt. ～を転送する
ad. 前へ、前方へ

Please **forward** all of my calls **to** Mr. Kelly's office.
私の電話をすべてKelly氏のオフィスに転送してください。

cf forward A to B AをBに発送する

★★
005 **attend**
[əténd]
vt. ～に参加する

attend the meeting 会議に参加する

Fred's superb **attention** to detail
細部事項に対するFredの抜きん出た注意力

with more than 500 people in **attendance**
500人以上が参加して

Attendance at the medical conference reached 3,000 this year. 今年は医学学会の参加者が3,000人に達した。

flight **attendants** フライトアテンダント

派 attention n. 注意、熱中 attendance n. 出席、参加(者数)
attendee n. 出席者、参加者 attendant n. 世話人、案内人

★★
006 **conduct**
[kəndʌ́kt]
vt. ～を行なう・実施する
案内する、行動する、振る舞う

conduct a customer survey 顧客調査を実施する

conduct a tour of the company's production facility
会社の生産施設ツアーの案内をする

conduct themselves in a professional manner
専門家らしく行動する

cf conduct oneself 行動する、振る舞う

★★
007 **candidate**
[kǽndidèit]
n. 候補者、志願者

Five **candidates** were invited to the interview.
5人の候補者が面接を受けることになった。

We have a vacancy for someone interested in a career in editing.

編集の仕事に興味のある方に**募集枠**があります。

Technology Magazine requires a part-time editor.

Technology Magazineはパートタイムの編集者を**求めています。**

Proofreading and content planning are part of the editor's routine duties.

校正とコンテンツの企画が編集者の**日常**業務に含まれます。

The editor must ensure that all articles use proper punctuation.

編集者は、すべての記事で句読点がきちんと使われているか**確認せ**ねばなりません。

Each article must be reviewed thoroughly by the editor.

編集者は各記事を**徹底的に**チェックしなければなりません。

To be considered for the position, you must pass a language proficiency test.

この職に採用されるためには、言語**能力**テストにパスしなければなりません。

Your starting salary will depend on the test results.

初任給はテストの結果**によって決定します。**

A vacancy for a part-time editor

パートタイム編集者の欠員募集

★
008 **vacancy**
[véikənsi]
n. 空席、欠員、空き部屋

fill a **vacancy** (採用して)欠員を埋める

The office has been **vacant** for a year.
そのオフィスは1年間空いている。

派 vacant a. 空いている、欠員の vacate vt. (家などを)空ける

★★★
009 **require**
[rikwáiər]
vt. ～を要求する・必要とする

New employees **are required to submit** their completed paperwork.
新入社員は作成した書類の提出を求められている。

My qualifications meet your **requirements.**
私の資格要件は貴社の求める条件を満たしています。

派 requirement n. 必要条件、要件
CF be required to do ～する必要がある、～せねばならない
TIP meet the requirementsがテストによく出題される。

★
010 **proofread**
[prú:frì:d]
vt. ～を校正する

proofread the articles
記事を校正する

派 proofreader n. 校正者
proofreading n. 校正

★★
011 **routine**
[ru:tí:n]
a. 定期的な、通常の
n. 日常的なこと

the **routine** laboratory safety inspection
定期的な実験室の安全検査

★★★
012 **ensure**
[enʃúər]
vt. ～を確実にする・保障する

to **ensure** efficient processing of your order
注文の効率的な処理を保障するため

CF ensure that節 ～ということを確実にする

★★
013 **thoroughly**
[θə́:rouli]
ad. 完全に、十分に、徹底して

inspect rental cars **thoroughly**
レンタカーを徹底的に点検する

giving **thorough** explanations 十分な説明をしつつ

派 thorough a. 徹底した、完全な thoroughness n. 徹底、完全
TIP through(～を通して)と混同しないように。

★
014 **proficiency**
[prəfíʃənsi]
n. 熟練、熟達

English **proficiency** test
英語能力テスト

派 proficient a. 熟練した、熟達した

★★★
015 **depend**
[dipénd]
vi. ～次第である
～に頼る・依存する

depend on the test results テストの結果による

countries that **are** highly **dependent on** imported fuels 輸入燃料に強く依存している国々

a **dependable** individual with a strong work ethic
強い職業意識を持った信頼できる人

派 dependent a. 依存している dependable a. 信頼できる
CF depend on = be dependent on ～による

A 003 B 003

Tokyo University is recruiting English teachers to **instruct** students during the summer semester.

Tokyo Universityでは夏学期中に学生たちを**教え**てくれる英語講師を募集しています。

To qualify for the position, teachers must **be fluent in** English.

適任と認められるには、英語**が流暢で**なければなりません。

Teachers must have a **comprehensive** knowledge of grammar.

講師は**総合的な**文法の知識を持っていなければなりません。

Teachers are **solely** responsible for finding their own accommodation.

宿泊施設を探すことに関しては、**もっぱら**講師の責任となります。

Previous experience in teaching college level students is **desirable.**

学部レベルの学生を教えた経験のあることが**望まれ**ます。

New **faculty** members will begin teaching classes in June.

新たな**講師陣**は6月から教鞭をとることになります。

All **inquiries** about applications should be made to the personnel office.

応募に関する**お問い合わせ**は、すべて人事担当事務室まで。

English instructors wanted

英語講師求む

★★
016 **instruct**

[instrʌ́kt]

vt. ～を教える、～に指示する

be instructed to report all new orders
すべての新たなオーダーを報告するよう指示を受ける

registration **instructions** for the next staff workshop
次のスタッフ研修会の登録案内(書)

online **instructional** videos オンライン教育ビデオ

派 instruction n. 指示、命令、説明(書) instructive a. 教育的な
instructional a. 教育用の instructor n. 教師、講師

CF be instructed to do ～するよう指示を受ける

★
017 **fluent**

[flúːənt]

a. 流暢な、堪能な

be fluent in spoken and written French
フランス語を流暢に話し書くことができる

speak two languages **fluently** 二つの言語を流暢に話す

派 fluently ad. 流暢に
fluency n. 流暢さ

CF be fluent in ～に堪能な

★★
018 **comprehensive**

[kɑ̀mprihénsiv]

a. 包括的な、総合的な

offer a **comprehensive** service
総合的なサービスを提供する

The main strength of our service is the **comprehensiveness** of the available data.
我々のサービスの最大の強みは、データを包括的に利用できる点である。

派 comprehensiveness n. 包括性
comprehend vt. ～を理解する
comprehension n. 理解
comprehensible a. 理解力のある、包括的な

★★
019 **solely**

[sóulli]

ad. もっぱら、唯一

be **solely** interested in attracting customers
もっぱら顧客を惹きつけることに関心を持つ

派 sole a. 唯一の

★★★
020 **desirable**

[dizáiərəbl]

a. 望ましい

Previous experience is **desirable** but not necessary.
これまでの経験があれば望ましいが、必須ではない。

a **desire** to succeed in business 事業における成功への願望

get the **desired** effects 望んでいた効果をあげる

派 desire n. 欲求、願望 vt. ～を望む・要求する
desired a. 望ましい、求められる

★
021 **faculty**

[fǽkəlti]

n. 教授陣、全教職員

faculty members of Ino Art Institution
Ino Art学院の講師陣

★★
022 **inquiry**

[inkwáiəri]

n. 問い合わせ、質問

all **inquiries** about application procedures
応募手続きに関するあらゆる問い合わせ

派 inquire vi. 質問する、問う (about)

A 004 B 004

Edison Electronics is looking to recruit an experienced marketing manager.

Edison電子は、マーケティングマネージャーの経験者を**募集して**います。

The marketing manager will occasionally supervise the advertising department.

マーケティングマネージャーは**ときどき**広告部門を監督します。

The ideal candidate must have at least two years of experience in the advertising industry.

志願者は広告業界で少なくとも２年の経験があることが**理想的です**。

Edison Electronics is seeking supervisors with excellent interpersonal skills.

Edison電子は、**コミュニケーション**スキルに長けた管理職を探しています。

Successful candidates should possess knowledge of Edison Electronics' product line.

採用されるためには、Edison電子の製品ラインアップに関する知識を**持って**いなければなりません。

This position includes a yearly bonus and a company car.

この職には、年間ボーナスと会社の自動車が**支給されます**。

Job details are readily available on Edison Electronics' homepage.

仕事の詳細は、Edison電子のホームページで**いつでも**ご覧になれます。

A marketing manager wanted

マーケティングマネージャー求む

★
023 **recruit**
[rikrúːt]
vt. ～を採用する・募集する

The company has **recruited** staff from overseas.
会社は海外から社員を採用した。

派 **recruitment** n. 採用、募集
recruiter n. 採用担当者

★★
024 **occasionally**
[əkéiʒənəli]
ad. ときどき、時折

occasionally perform at local festivals
地域のフェスティバルでときどき公演する

menus for special **occasions**
特別な行事のためのメニュー

occasional misunderstandings
ときどき生じる誤解

派 **occasional** a. たまの、時折の
occasion n. 出来事、場合、行事

★★★
025 **ideal**
[aidíəl]
a. 理想的な、またとない

The weather will **be ideal for** the company picnic.
会社のピクニックにまたとない天気になるだろう。

This cleaner is **ideally** suited for cleaning floors.
この洗剤は床清掃に最適です。

派 **ideally** ad. 理想的に
cf **be ideal for** ～に最適だ

★
026 **interpersonal**
[ìntərpə́ːrsnəl]
a. 対人の、人間関係の

interpersonal communication
対人コミュニケーション

★★
027 **possess**
[pəzés]
vt. ～を所有する・持つ

must **possess** at least 5 years of experience in accounting
少なくとも５年以上の経理の経験がなければならない

personal **possessions** 個人財産

派 **possession** n. 所有、財産

★★★
028 **include**
[inklúːd]
vt. ～を含む

all metal items, **including** keys and coins
鍵やコインを含むあらゆる金属物

The **all-inclusive** package includes a room, breakfast and dinner at the hotel.
総合パッケージは、ホテルの部屋、朝食・夕食を含む。

派 **including** prep. ～を含めて **inclusion** n. 包括、含有
inclusive a. 包括的な、～を含めた

★★★
029 **readily**
[rédəli]
ad. すぐに、たやすく、手軽に
いつでも

be **readily** available at the service desk
サービスデスクですぐに手に入る

be **ready** to continue negotiations
交渉を続ける準備ができている

派 **ready** a. 準備ができている
cf **be ready to do** ～する準備ができている

A 005 B 005

Haston Supermarket is seeking additional warehouse managers.

Hastonスーパーマーケットは倉庫管理者を**追加**募集しています。

The warehouse manager will be responsible for receiving and managing stock.

倉庫管理者は、**在庫品**の受領・管理の責任者となります。

Each month, surplus stock must be returned to the manufacturers.

毎月**余剰**在庫品は製造業者に返品しなければなりません。

The warehouse manager will also be in charge of ordering seasonal produce.

倉庫管理者は、**季節**農産物の注文も担当することになります。

Perishable fruits and vegetables must be stored in refrigerators.

腐りやすいフルーツや野菜は冷蔵庫で保管しなければなりません。

To apply for the position, please fill out and return the enclosed form.

この職に応募するには、同封の**書式**に記入し返送してください。

Successful applicants will be asked to attend an interview.

書類選考**合格者**には面接のご案内をさしあげます。

A vacancy for a warehouse manager

倉庫管理者の欠員募集

★★★
030 **additional**

[ədíʃnəl]

a. 付加された、追加の

additional costs 追加費用

in addition to an attractive salary
魅力的な額の給料に加え

派 **addition** n. 追加、付加 **additionally** ad. その上

CF **in addition** 加えて
in addition to 〜の他に、〜に加えて

★★
031 **stock**

[sták]

n. 在庫品、蓄え、株式
vt. 〜を仕入れる・蓄える

be temporarily **out of stock** 一時的に品切れだ

The price of the **stock** has risen. 株価が上がった。

The office **is stocked with** supplies.
オフィスは備品が揃っている。

CF **out of stock** 品切れ
be stocked with 〜が揃っている
stock 株式(= share)
stockholder 株主(= shareholder)

★
032 **surplus**

[sə́ːrplʌs]

n. 余り、黒字、剰余金
a. 残りの、余剰の

Nearly 30% of the budget **surplus** would be used for public welfare.
財政黒字の30%近くが公共福祉のために使われる予定だ。

CF ↔ **deficit** n. 赤字

★★
033 **seasonal**

[síːznəl]

a. 季節の、季節的な、旬の

keep up with the **seasonal** demands
季節的需要に応える

next **season**'s opening concert
来シーズンのオープニングコンサート

派 **season** n. 季節、(スポーツ・公演の)シーズン
seasoned a. 熟練した、味付けした
seasoning n. 調味料 **unseasonably** ad. 季節に合わず

★
034 **perishable**

[périʃəbl]

a. 壊れやすい、腐りやすい

The contents of this package are **perishable**.
このパッケージの中身は生ものだ。

派 **perish** vi. 滅びる、死ぬ、腐る

★★★
035 **form**

[fɔ́ːrm]

n. 書式、種類
vt. 〜を組織する

two **forms** of identification 2種類の身分証

The two oil companies **formed** a joint venture.
二つの石油会社はジョイントベンチャーを設立した。

派 **formation** n. 形成、構成

★★★
036 **applicant**

[ǽplikənt]

n. 応募者、候補者

applicants for the position of warehouse manager
倉庫管理者への応募者

apply for the managerial position 管理職に応募する
an **application** for reimbursement 払い戻し申請書

派 **apply** vi. 応募する、あてはまる vt. 〜を適用する・申し込む
application n. 申込書、申請書、適用
applicable a. 適用できる

CF **apply for** 〜に応募する、申請する **apply to** 〜に適用する

Applicants for the senior illustrator position must submit a portfolio.

イラストレーターの幹部職への応募者は、必ず**作品集**を提出してください。

The portfolio should be a compilation of your best work.

作品集は、最も優れた作品を**編集したもの**でなければなりません。

Portfolios must include a minimum of ten individual pieces of artwork.

作品集は、**最低でも**10の個別作品を含むものでなくてはなりません。

When applying for the position, you should include a brief cover letter.

応募に際しては、**簡潔な**自己紹介書を添えてください。

In your letter, please describe any relevant experience you have had.

自己紹介書には、この仕事に**関連のある**経験を書いてください。

At least five years' experience in a similar field is preferred.

同様の分野で少なくとも5年の経験のあることが**望まれます**。

Successful applicants will progress to the interview phase next month.

書類選考合格者は、来月面接を受けていただく**運びになり**ます。

How to apply for the illustrator position

イラストレーター
応募要領

★
037 **portfolio**
[pɔːrtfóuliòu]
n. 書類入れ、作品集

Please bring your **portfolio** so we can see your photos.
あなたの作品集を持参し、私たちに写真を見せてください。

★
038 **compilation**
[kɑ̀mpəléiʃən]
n. 編集、編集物

a **compilation** of his best work
彼の秀作集

Results of the survey **have been compiled**.
調査結果がまとめられました。

派 **compile** vt. (資料などを) 収集する・編集する

★★★
039 **minimum**
[mínəməm]
n. 最小限、最小値
a. 最小限の

the **minimum** requirements for the position
その職に必要とされる最小限の資格要件

minimize stress ストレスを最小限に抑える

派 **minimize** vt. ～を最小化する
minimal a. 最小の
CF ↔ **maximum** n. 最大限 a. 最大の
a minimum of 最小限の～
keep A to a minimum Aを最小限に抑える

★★★
040 **brief**
[bríːf]
a. 簡潔な、短時間の
vt. ～に簡潔に伝える

The manager **briefed** the employees **on** the project.
マネージャーはプロジェクトについて社員に簡潔に説明した。

briefly review the agenda 議題をさっと見直す

the financial **briefing** for our investors
投資家に対する財政報告

派 **briefly** ad. 簡潔に **briefing** n. 概要報告
CF **brief A on B** Aに対しBについて簡潔に述べる

★★
041 **relevant**
[réləvənt]
a. 関連のある

all **relevant** information あらゆる関連情報

be **irrelevant to** the case 事件とは関連がない

派 **irrelevant** a. 関連のない(to)

★★
042 **preferred**
[prifə́ːrd]
a. 望ましい、優先権のある

the **preferred** means of transportation
望ましい交通手段

prefer to shop online オンラインでのショッピングを好む

a strong **preference for** online shopping
オンラインショッピングに対する強い嗜好

派 **prefer** vt. ～を(選り)好む **preference** n. 好み、ひいき度(for)
CF **prefer to do** ～するのをより好む
prefer A to B BよりAを好む

★★
043 **progress**
[prɑ́grəs]
n. 進行、進捗
[prəgrés]
vi. 前進する、進む

The presentation is **in progress**.
発表が行われている。

report on the **progress** of the advertising campaign
広告キャンペーンの進捗状況について報告する

派 **progressive** a. 進歩的な
CF **in progress** 進行中で **make progress** 進展する

A 007 B 007

In preparation for a job interview, it is useful to know some good interview techniques.

就職の面接の**準備**として、効果的なテクニックをいくつか知っておくと役に立ちます。

Interviewees should talk about important points and exclude incidental details.

面接を受ける側は重要なポイントを述べ、**付随的な**ことがらは控えましょう。

Make sure that any details you mention match those in your résumé.

あなたが話す一つ一つの内容は、履歴書の内容と**一致せ**ねばなりません。

Remember to highlight your positive characteristics during the interview.

面接の間、あなたのプラスの**持ち味**を強調することを忘れないように。

Before attending an interview, try to learn about the company beforehand.

面接を受ける前に、**あらかじめ**その会社について知っておくよう努めましょう。

Be conscious of your body language while being interviewed.

面接を受ける間、しぐさや態度**を意識する**ようにしましょう。

Interviewees who fold their arms are seen as nervous or insincere.

面接を受ける人が**腕を組む**と、緊張していたり誠意がないように映ります。

A good interview technique

面接に受かるテクニック

★★
044 **preparation**

[prèpəréiʃən]

n. 準備

in preparation for a job interview
就職の面接に備えて

prepare for the meeting
ミーティングの準備をする

派 **prepare** vt. ～を準備する、準備をさせる vi. 準備する(for)
cf **in preparation for** ～に備えて

★
045 **incidental**

[ìnsədéntl]

a. 付随的な、偶発的な

incidental expenses
付随的費用

avoid similar **incidents** in the future
今後同じような事件が起きるのを防ぐ

派 **incident** n. (偶発的な)事件
incidentally ad. 付随的に

★★
046 **match**

[mǽtʃ]

vt. ～と一致する、～に似合う
n. 試合、マッチ

The candidate's qualifications **match** the job requirements.
志願者の資格要件が仕事の必要条件に合っている。

the annual tennis **matches** 毎年恒例のテニスマッチ

派 **matching** n. 整合

★
047 **characteristic**

[kæ̀riktərístik]

n. 特性、特色

Ambition is a common **characteristic** of all successful businessmen.
野心はすべての成功したビジネスマンに共通する特徴だ。

a main **character** 主人公

派 **character** n. 性格、登場人物
characterize vt. ～を特徴づける
characteristically ad. 特徴的に

★
048 **beforehand**

[bifɔ́ːrhæ̀nd]

ad. あらかじめ、事前に

book a room **beforehand**
事前に部屋を予約する

cf = **in advance**

★
049 **conscious**

[kɑ́nʃəs]

a. 意識している

attract health-**conscious** customers
健康志向の消費者を惹きつける

派 **consciousness** n. 意識、自覚
cf **be conscious of** ～を意識する

★
050 **fold**

[fóuld]

vt. (紙などを)折る・たたむ

A man **is folding** his jacket.
男がジャケットをたたんでいる。

派 **folder** n. フォルダー
unfold vt. ～を広げる、(考えを)明らかにする
cf **fold one's arms** 腕を組む

就職したい！

ズルリ ズルリ
ペクス、今何してるの？
会社の友達が遊んでくれないから、床と仲良くしてるわ
incidentalな用ならbriefly話して！冬ソナの再放送があるの
そう？
出版社でrecruitするっていうから教えてあげようと思ったんだけど…。じゃ、またね
ガバッ
えっ！ちょっと待って
冬ソナ見るんでしょ？
6回も見て台詞も覚えちゃったから、もういいわ
じゃ、私の言うことちゃんと聞く？
話して！メモの準備できたから
3社にvacancyがあるらしいんだけど…
うん、うん！
1社はproofreaderの求人なんだけど、社会・文化全般へのextensive knowledgeが必須なんだって
経験なら他の人に負けないわよ！

relevant experienceのあるcandidateをpreferするらしいわ。
えっ？それはちょっと…
他の2社は翻訳の仕事がavailableらしいけど…
やった！私の得意分野！
1社は英語にthoroughly proficientな人を探していて
………
fluent Englishがrequirementね
ああ、私自身が小さく見える…
Yeah~!!
ここはどう？無条件interpersonal skillのある活動的なcharacteristicの持ち主ならOKみたいよ
私にピッタリね！
ありがとね！就職が決まったらカップラーメンの大盛りごちそうするわ！
でも、その会社に就職したら私があなたの上司よ
……
……
あのー、チャーハンでどうですか、先輩？
もう一声！明日願書ちょうだい

QUIZ DAY 1

空所に当てはまる単語を下の選択肢から選びなさい。

1. The presentation is in -------.
   プレゼンテーションは進行中です。

2. Please read the directions ------- before starting the printer.
   プリンターを起動する前に、説明書をしっかり読んでください。

3. Natalie Cordon is ------- suited for the role of prime minister.
   Natalie Cordonは首相の任務にこの上なく適しています。

4. Please include your job title on all ------- of correspondence.
   すべての通信文書に肩書きを記入してください。

① progress	② ideally	③ thoroughly	④ forms

空所に当てはまる単語を選びなさい。

5. Some free tickets are still ------- for the Christmas concert.
   (A) confident (B) available

6. We will ------- a customer survey next month.
   (A) conduct (B) apply

7. Consumers are showing an increasing ------- for online shopping.
   (A) possession (B) preference

8. New employees find themselves ------- on their co-workers for advice.
   (A) dependent (B) extensive

9. All managers are required to ------- at least three business seminars.
   (A) attend (B) recruit

10. Today's ------- all seemed very knowledgeable, so it will be difficult to select one.
    (A) jobs (B) applicants

訳 ▶ p.406

| 正解 | 1.① 2.③ 3.② 4.④ 5.(B) 6.(A) 7.(B) 8.(A) 9.(A) 10.(B)

WEEK1 **DAY2** 社内人事

A 008 B 008

John Hughes has been revealed as the new CEO of Dex Advertising.

John Hughes氏がDex Advertisingの新CEOになることが**明らかにされた**。

The board members elected Mr. Hughes in a unanimous vote.

理事たちはHughes氏を**満場一致**で選出した。

Mr. Hughes was previously responsible for running the Berlin office.

Hughes氏は、**以前**はベルリンオフィスの運営責任者だった。

The promotion will require Mr. Hughes to relocate to Manchester.

昇進で、Hughes氏はマンチェスター**に異動する**ことになるだろう。

Former CEO, Harvey Mills, had resigned due to health reasons.

前任CEOのHarvey Mills氏は健康上の理由で辞任した。

Mr. Mills congratulated Mr. Hughes at today's press conference.

Mills氏は今日の記者会見でHughes氏に**祝辞を述べた**。

The new CEO revealed his intention to expand Dex's client base.

新任CEOはDexの顧客層を拡大する**計画**を明らかにした。

The new CEO

新任CEO

★
051 **reveal**
[riví:l]
vt. ～を公開する・明らかにする

The investigation **revealed that** the hotel staff had handled the guest's complaints appropriately.
調査の結果、ホテルのスタッフが顧客の苦情を適切に処理したことがわかった。

CF **reveal that節** ～ということを明らかにする

★
052 **unanimous**
[ju:nǽnəməs]
a. 満場一致の、合意の

express their **unanimous** support
全員一致の支持を表明する

The committee **unanimously** selected Mr. Larson as the employee of the year.
委員会は満場一致でLarson氏を今年の最優秀社員に選定した。

派 **unanimously** ad. 満場一致で

★★
053 **previously**
[prí:viəsli]
ad. 以前に、あらかじめ

The profits were 10% higher than **previously** predicted. 利益は事前の予想よりも10%多かった。

in my **previous** e-mail 私のこの前のメールで

派 **previous** a. 以前の、前の(= prior)

★★
054 **relocate**
[rì:loukéit]
vi. 移転する (to)
vt. ～を移す

Our company will **relocate to** Nice, France.
我が社はフランスのニースに移転する予定だ。

relocate its head office **to** Cheongju 本社をチョンジュに移す

派 **relocation** n. 移転、再配置

★★
055 **former**
[fɔ́:rmər]
a. 以前の、かつての

the **former** CEO 前任CEO

Bay Media Group, **formerly** known as Bay Entertainment
以前Bay Entertainmentとして知られていたBay Media Group

派 **formerly** ad. 以前に
CF **= previous, prior**

★
056 **congratulate**
[kəngrǽtʃəlèit]
vt. ～を祝う、～に祝辞を述べる

congratulate Ms. Ossa **on** her promotion
Ossaさんの昇進を祝う

Congratulations on your success! ご成功おめでとう！

派 **congratulation** n. 祝賀、祝うこと
CF **congratulate A on B** Aに対しBについて祝う
TIP 「～について祝う」というときはonを使う。

★★★
057 **intention**
[inténʃən]
n. 意図、目的、計画

It is our **intention** to provide quality service to our clients. 顧客に良質のサービスを提供するのが我々の目的だ。

The workshop **is intended to help** small business owners. そのワークショップは中小企業主を助けるのが目的だ。

He has every **intention** of fulfilling his promise.
彼は約束を必ず果たすつもりだ。

派 **intend** vt. ～を意図する **intentional** a. 故意の、計画された
CF **intend to do** ～するつもりだ
be intended to do ～することを目的としている
have every intention of doing 必ず～するつもりだ

A 009 B 009

Bill Webster has been appointed as senior chef at Raffles Bistro.

Bill WebsterはRaffles Bistroの主任シェフ**に任命された。**

The chef celebrated his promotion with his colleagues at the restaurant.

彼はレストランで**同僚**とともに昇進を祝った。

Raffles Bistro currently provides a very limited dinner menu.

Raffles Bistroは、現在非常に限定されたディナー・メニューを**提供して**いる。

Mr. Webster stated that he intends to broaden the current menu.

Webster氏は、現在のメニューの数を**増やそ**うとしていると述べた。

He also said that he is planning to adopt a fresh food policy at Raffles.

彼はまた、Rafflesで新鮮食品制度の**導入**を計画していると言っている。

Mr. Webster does not advocate the reheating of food in his kitchen.

Webster氏は、調理場での食品の再加熱には**賛成し**ない。

The chef said his kitchen team is also available to provide catering service.

彼のキッチンチームは**ケータリング**サービスの提供も可能だとしている。

Raffles Bistro is adjacent to City Hall in the downtown area.

Raffles Bistroは市街地の市役所**に隣接して**いる。

A new senior chef

新任の主任シェフ

★★★
058 **appoint**
[əpɔ́int]
vt. ～を任命する・決める

appoint Ms. Junko **to** the position of vice president
Junkoさんを副社長に任命する
make an **appointment**
アポをとる、予約する
派 **appointment** n. 任命、予約、約束
appointed a. 任命された、決められた
CF **appoint A to[as] B** AをBに任命する

★★
059 **colleague**
[káli:g]
n. 同僚、同業者

my former **colleague**
私の以前の同僚
CF = **coworker**

★★★
060 **provide**
[prəváid]
vi. 準備する
vt. ～を供給する

provide customers **with** the best service possible
顧客に可能な限り最高のサービスを提供する
CF **provide A with B, provide B for[to] A**
AにBを提供する

★
061 **broaden**
[brɔ́:dn]
vt. ～を広げる・拡張する

broaden our customer base
我々の顧客層を拡大する
派 **broad** a. 広い

★
062 **adopt**
[ədápt]
vt. ～を採択する・採用する

adopt innovative marketing strategies
革新的なマーケティング戦略をとる
派 **adoption** n. 採択

★
063 **advocate**
[ǽdvəkèit]
vt. ～を支持する・主張する
n. 支持者、弁護士

Environmental activists **advocated** the use of more diverse energy sources.
環境運動家たちはより多様なエネルギー源の活用を訴えた。
advocates of working at home
在宅勤務支持者

★★
064 **catering**
[kéitəriŋ]
n. (パーティーなどへの)出前
出張パーティーサービス

catering services for special events
特別な行事のためのケータリングサービス
a **caterer** for the annual employee dinner
毎年恒例の従業員夕食会のケータリング業者
派 **cater** vt. (パーティーなどに)料理を提供する
caterer n. 出張パーティーサービス業者、出前業者

★
065 **adjacent**
[ədʒéisənt]
a. 隣接した、付近の (to)

acquire the property **adjacent to** their branch
支社付近の敷地を買い取る
CF = **nearby**
adjacent to ～に隣接した

A 010 B 010

A **banquet** will be held for Dixon Corporation manager, Jim Bowden.

Dixon社のマネージャー、Jim Bowden氏のための**晩餐会**が開かれる。

The event will **be hosted** by the president of Dixon Corporation.

イベントはDixon社の社長により**主催される**。

Mr. Bowden **is being honored for** his 25 years of service.

Bowden氏は25年勤続**で表彰される**。

As manager, Mr. Bowden has been a great **asset** to the company.

マネージャーとしてBowden氏は会社の大きな**財産**だった。

After 25 years of service, Mr. Bowden has announced his **retirement**.

25年の勤務を終え、Bowden氏は**退職**を発表した。

He played a large part in building Dixon's **reputation**.

彼はDixon社が**名声**を築くのに大きな役割を果たした。

The Grand Park Hotel has been chosen as the most **suitable** venue for the banquet.

Grand Parkホテルが晩餐会に最も**適する**会場として選ばれた。

A retirement banquet

退職記念晩餐会

★★
066 **banquet**
[bǽŋkwit]
n. 宴会、晩餐会

attend the welcoming **banquet**
歓迎の宴に出席する

banquet room[hall] 宴会場

CF = reception, party

★
067 **host**
[hóust]
vt. ～を主催する・主宰する
n. 主人、司会者

host an international soccer tournament
国際サッカー大会を主催する

The **host** prepared various kinds of food.
主催者はいろいろな食べ物を準備した。

★★
068 **honor**
[ɑ́nər]
vt. ～を表彰する・有効と認める
n. 名誉、光栄、尊敬

We will no longer **honor** refund requests without a receipt.
我々は今後、領収書のない払い戻し申請は認めない。

in honor of Barry's promotion
Barryの昇進を祝って

CF be honored for ～について表彰される
in honor of ～を祝って

★
069 **asset**
[ǽset]
n. 資産、長所

Land and other **assets** will be sold.
土地その他の資産は売却されるだろう。

Bob speaks some Chinese, which will be an **asset** when working in China.
Bobは中国語が少し話せるが、これは中国で働く際に強みになるだろう。

★★
070 **retirement**
[ritáiərmənt]
n. 引退、退職

a **retirement** party
退職記念パーティー

Mr. Franklin plans to **retire from** the company this year.
Franklin氏は今年会社を辞めるつもりだ。

派 retire vi. 退職する
CF retire from ～から身を引く、～を辞める
resign vi. 辞任する

★
071 **reputation**
[rèpjətéiʃən]
n. 名声、評判

The job fair **has a reputation for** connecting local businesses with experienced candidates.
就職フェアは地方企業と就労経験者の仲介役として定評がある。

CF have a reputation for ～で定評がある

★★
072 **suitable**
[sú:təbl]
a. 適した、ぴったりの

Jessica Cordon **is** considered **suitable for** the post of prime minister.
Jessica Cordonは首相の職に適任と考えられる。

be designed to **suit** the needs of businessmen
ビジネスマンの要求に合わせてデザインされる

派 suit vt. (服などが) ～に似合う、～を満足させる
CF be suitable[suited] for ～に適合する

Charles Barstow has recently been promoted to a managerial position.

Charles Barstowは最近管理職に昇進した。

Mr. Barstow is the new supervisor of the sales division at Kaarp, Inc.

Barstow氏はKaarp社の営業部門の新たな管理者だ。

He has had a distinguished career in computer sales.

彼はコンピューター販売分野で際立った経歴を持っている。

The board members regard Mr. Barstow as the company's most gifted salesperson.

役員はBarstow氏を社内で最も優れた営業社員と評価している。

Throughout his career, Mr. Barstow has maintained an exemplary sales record.

この業界に身を置く中で、Barstow氏は模範的な販売実績を保ってきた。

Mr. Barstow admitted that the managerial role would be challenging.

Barstow氏は、管理職は大変であるということを認めている。

However, he is confident that he will adapt quickly.

しかし、彼はすぐに適応できる自信がある。

Mr. Barstow's promotion

Barstow氏の昇進

★★★
073 **promote**
[prəmóut]
vt. ～を昇進させる・奨励する
～の販売を促進する

promote Mr. Young **to** sales manger
Young氏を営業課長に昇進させる
promote tourism in this area　この地域での観光産業を奨励する
to be considered for a **promotion**　昇進の対象になるためには
promotion of our merchandise　我々の製品の販売促進
派 **promotion** n. 昇進、奨励、販促　**promotional** a. 販促の
CF **be promoted to** ～に昇進する
promote A to B AをBに昇進させる

★★★
074 **division**
[divíʒən]
n. 部署、部分、分割

the director of the marketing **division**　マーケティング部長
We should **divide into** smaller groups for discussion.
討論するには、我々はもっと小さなグループに分かれるべきだ。
派 **divide** vi. 分かれる vt. ～を分ける
CF **divide A into B** AをBに分ける

★★
075 **distinguished**
[distíŋgwiʃt]
a. 際立った、著名な

the list of **distinguished** guests for tonight's banquet
今日の晩餐会の貴賓名簿
The logo can **distinguish** our company's products **from** imitations.　ロゴで我が社の製品と模造品の区別ができる。
派 **distinguish** vt. ～を区別する
CF **distinguish A from B** AをBと区別する

★★★
076 **regard**
[rigɑ́:rd]
vt. ～と見なす
～を好意的に評価する
n. 関心、考慮、尊敬

be highly **regarded** by clients　顧客から高く評価される
information **regarding** job openings　求人に関する情報
contact you **in regard to** the exhibit
展示会に関連してあなたに連絡する
派 **regarding** prep. ～に関して
CF **regard A as B** AをBと見なす　**in[with] regard to** ～に関して
regardless of ～に関係なく

★★
077 **exemplary**
[igzémpləri]
a. 模範的な、立派な

show **exemplary** performance in the job
模範的な仕事ぶりを見せる

★★★
078 **challenging**
[tʃǽlindʒiŋ]
a. 骨の折れる、困難な
困難だがやりがいのある

the most **challenging** project　最も骨の折れるプロジェクト
challenge the perception that the quality of our software is bad
我々のソフトの品質が低いという認識に異議を唱える
派 **challenge** n. 挑戦、難題 vt. ～に挑戦する・異議を唱える

★★
079 **adapt**
[ədǽpt]
vi. 適応する、順応する (to)
vt. ～を適応させる・脚色する

should **adapt** quickly **to** the new challenges
新たな挑戦にすみやかに適応すべきだ
The movie is an **adaptation** of a famous novel of the same name.　その映画は有名な同名の小説を脚色したものだ。
派 **adaptation** n. 適応、脚色(作品)　**adaptable** a. 適応できる
CF **adapt to** ～に適応する

Mr. Giles Brand will resign as chairman of Kodak, Inc. shortly.

Giles Brand氏は、Kodak社の会長を**まもなく**辞任するだろう。

Shareholders payed compliments to the chairman during their speeches.

株主たちはスピーチの中で会長に**賛辞**を贈った。

Mr. Brand still has not mentioned who will replace him.

Brand氏は、誰が彼の代わりに会長になるかまだ**言及し**ていない。

There has been speculation regarding the identity of the next chairman.

次期会長が誰になるのかについて**憶測**が飛び交った。

Newspapers mistakenly reported that David Kay had been elected to the position.

新聞はDavid Kayが次期会長に選出されたと**誤って**報道した。

However, Mr. Kay will only handle affairs temporarily until a permanent replacement is chosen.

しかし、Kay氏は**正式な**後継者が決まるまで、臨時に業務を処理するだけである。

Prospective candidates include Mr. Kay and George Low.

有望な候補者にはKay氏やGeorge Low氏が含まれる。

Retirement of chairman of Kodak, Inc.

Kodak社会長の引退

★★★
080 **shortly**

[ʃɔ́ːrtli]

ad. すぐに、まもなく

The project will be finished **shortly**.
プロジェクトはまもなく終了するだろう。

CF = soon

★★
081 **compliment**

[kάmpləmənt]

n. 賞賛、ほめことば

[kάmpləmènt]

vt. ～を賞賛する

We have received **compliments** from customers about the high quality of our service.
我々は顧客からサービスの質の高さを褒められた。

complimentary Internet services
無料インターネットサービス

派 complimentary a. 賞賛の、無料の
CF complement vt. 補充する

★
082 **mention**

[ménʃən]

vt. ～について話す・言及する
n. 言及

as **mentioned** in the job description
職務説明書に書いてあるように

Be sure to **mention to them that** you are attending the conference.
あなたが会議に出席することを彼らに必ず話してください。

CF mention to A that節 Aに～と話す
TIP mentionの直後に間接目的語を置くことはできない。
間接目的語を用いる場合は「to + 間接目的語」の形をとる。

★
083 **speculation**

[spèkjuléiʃən]

n. 推測、考察

In recent weeks, there's been a lot of **speculation** about the company's future.
ここ数週間、会社の将来に関する様々な憶測が飛び交った。

派 speculate vi. 思索する、推測する

★
084 **mistakenly**

[mistéikənli]

ad. 誤って、間違いで

Mr. Frost **mistakenly** thought that the portfolio was his.
Frost氏はその書類入れが彼のものだと勘違いした。

check the report for **mistakes**
報告書に誤りがあるか確認する

派 mistaken a. 間違った、誤解した
mistake vt. ～を間違える n. ミス、誤り
CF make a mistake 過ちを犯す

★
085 **permanent**

[pə́ːrmənənt]

a. 永久的な、終身の

a **permanent** position 正社員

cause **permanent** damage
永久的なダメージをもたらす

派 permanently a. 永久に

★
086 **prospective**

[prəspéktiv]

a. 予想される、見込みのある

prospective buyers
潜在顧客(= potential customers)

the economists' **prospects** for growth
エコノミストたちの経済成長への展望

派 prospect n. 展望、見込み

All interns will work under the supervision of senior supervisors.

すべての実習生は専任監督官**の監督のもとで**仕事をすることになります。

Senior supervisors will constantly assist you during your first month.

専任監督官が最初の1か月は**ずっと**皆さんを補助することになります。

During the internship period you will undergo intensive training.

実習期間中に、皆さんは**集中**トレーニングを受けることになります。

For your reference, we will provide you with an employee handbook.

参考のために、社員ハンドブックを皆さんにお渡しします。

We need salespeople that have a positive attitude.

我々は前向きな**態度**を持った営業社員を必要とします。

At the end of the month, supervisors will gauge your performance.

月末に監督官が皆さんの成果を**評価し**ます。

If your overall performance is good, you will be offered a full-time job.

全般的な業務成果が良ければ、正社員採用の話があるでしょう。

The internship period

実習期間

★★
087 **supervision**

[sù:pərvíʒən]

n. 管理、監督、指揮

work **under the supervision of** Mr. Robert Parker
Robert Parker氏の管理監督のもとで働く

supervise the research department
研究部署を管理する

派 **supervise** vt. ～を管理監督する
supervisor n. 監督官、主任、上司
CF **under the supervision of** ～の管理監督下で

★
088 **constantly**

[kάnstəntli]

ad. 常に、絶え間なく

constantly busy telephone lines
ずっと話し中の電話回線

health benefits of **constant** exercise
持続的な運動による健康上の効用

派 **constant** a. 持続的な、不断の

★
089 **intensive**

[inténsiv]

a. 集中的な

two weeks of **intensive** training
2週間の集中トレーニング

after three years of **intense** negotiations
3年間の真剣な交渉の後に

the **intensity** of their exercise
彼らのエクササイズの強度

派 **intense** a. 激烈な、緊張した、真剣な
intensity n. 強度、強さ
intensify vt. ～を強める・増大する

★★★
090 **reference**

[réfərəns]

n. 参照、参考
推薦書、推薦人

store it in a safe place **for future reference**
今後の参考のため安全なところに保管する

reference materials 参考資料

in the letter of **reference** 推薦書において

CF **refer to** ～を参照する
with reference to ～に関して
TIP 求人・求職に関する文で reference は「推薦書、推薦人」の意味でよく使われる。

★
091 **attitude**

[ǽtitjù:d]

n. 態度、姿勢

We were impressed by your positive **attitude.**
私たちはあなたの前向きな態度に感銘を受けました。

★
092 **gauge**

[géidʒ]

vt. ～を測定する・評価する

gauge the reactions of customers
顧客の反応を読み取る

CF = estimate, evaluate

★★
093 **overall**

[óuvərɔ̀:l]

a. 全般の、総合的な
ad. 全般的に、概して

increase **overall** productivity
全体的な生産性を高める

The advertising will improve Quince Computer's **overall** image.
その広告はQuince Computerの全体的なイメージを向上させるだろう。

A dinner was organized by shareholders **in gratitude for** CEO Jim Tully's work.

CEO Jim Tullyの功績**に感謝して**、株主たちが晩餐会を開いた。

Mr. Tully **has served** Clayton Corporation for almost thirty years.

Tully氏はClayton社に30年近く**勤務した**。

The CEO helped to **elevate** the company's status over the years.

CEOは数年にわたり会社の地位を**高める**のに貢献した。

These days, the firm **dominates** the farming machinery industry.

最近は、この会社が農業機械産業を**独占している**。

Mr. Tully is a **versatile** businessman.

Tully氏は**多才な**ビジネスマンだ。

During his career, Mr. Tully **embraced** many different roles at the firm.

そのキャリアを通じて、Tully氏は社内で様々な役割を**果たしてきた**。

He said his enjoyment of the job helped to **sustain** his career.

彼は、仕事の楽しさが彼のキャリアを**支えて**きたと述べている。

Retirement of CEO Jim Tully

CEO Jim Tully氏の引退

★★
094 **gratitude**

[grǽtətjù:d]

n. 感謝(の気持ち)

express our **gratitude** to the organizers of the event
イベントの主催者に感謝の意を表する

I **am grateful for** your willingness to help me.
快くご協力くださりありがとうございます。

派 **grateful** a. 感謝している
CF = **appreciation**
in gratitude for ～に感謝して
express[show] one's gratitude to A Aに感謝の意を表する
be grateful for ～に対し感謝している

★★★
095 **serve**

[sə́:rv]

vt. ～のために働く
～を供給する・満足させる
vi. 勤務する、給仕をする

serve as the director ディレクターとして勤務する

Main dishes **are served** with salads.
メインディッシュはサラダとともに出される。

retire after 20 years of **service** to his company
20年の勤務を終え退職する

派 **service** n. 奉仕、サービス、勤務
CF **serve as** ～として勤務する

★
096 **elevate**

[éləvèit]

vt. ～を向上させる、高める

elevate the company's status
会社の地位を高める

★
097 **dominate**

[dɑ́mənèit]

vt. ～を支配する

The economy of the Middle East **has been dominated** by oil.
中東経済は石油により支配されてきた。

It is still **predominantly** through radio programs that people are exposed to new music.
人々が新たな音楽に出合うのは、あいかわらずラジオ番組を通じてという場合がほとんどだ。

派 **predominate** vi. 優位を占める、目立つ
predominant a. 優勢な、卓越した
predominantly ad. 優勢に

★★
098 **versatile**

[və́:rsətl]

a. 多才な、用途の広い

versatile furniture 多目的家具

Versatility and flexibility are essential qualities for a leader. 多才であることと融通性はリーダーにとって必須の資質だ。

派 **versatility** n. 多才、汎用性

★
099 **embrace**

[imbréis]

vt. (提案などを)受け入れる
～を採択する

embrace the concept of quality over quantity
量より質のコンセプトを採用する

★
100 **sustain**

[səstéin]

vt. ～を支える・維持する

sustained consumer confidence
変わることのない消費者の信頼

派 **sustained** a. 持続する、変わりない **sustainable** a. 維持できる

彼女の声

あっ、あの口やかましいcolleagueだ
またあのキンキン声で騒ぎ立てられたらかなわない…
あら！
ひとまず退散
オ係長！
見つかったか
ああ、チョンヨンさん。constantlyここで会いますね
突然にっこり
話聞きました？
何の？
チャン社長がretireされるじゃないですか？
後任に業界でreputationの高い人が来るらしいんです
取締役会でもその人をunanimously appointしたんですって
そんなにdistinguishedな経歴の持ち主が来たらshortly業界1位になれるだろうってみんな大騒ぎなんですよ
ああ、耳が裂けそう！

来月、チャン社長の
retirement partyと
新社長の歓迎会を兼ねた
banquetが開かれるんです
ひそひそ
うちのdivisionで
catering業者と
の交渉を担当
しているので
お好きなメニュー
があれば私が
頼んでおきますよ
やかまし〜
ところでチョンヨン
さんに聞きたいことが
あるんだけど
はい?
チョンヨンさんは
新入社員なのに、どうして
そんな話を知ってるの?
あの…
実は新任の社長って
私の父なんです
その瞬間、オ係長は彼女を好きになった自分に気がついた
よく聞くと鈴を
振るような
美しい声だ…
それも
たくさんの
鈴の束…
ドキドキ

QUIZ DAY 2

空所に当てはまる単語を下の選択肢から選びなさい。

1. The desk I ordered will be arriving -------.
私の注文した机がもうすぐ到着する。

2. The product line is ------- into two types.
製品ラインは2種類に分かれる。

3. The new facilities will increase the ------- productivity of our plant.
新たな設備は、我々の工場の全般的な生産性を高めるだろう。

4. Ms. Hanna Mills made a TV appearance to ------- her new book.
Hanna Millsさんは、彼女の新刊を宣伝するためにテレビに出演した。

① divided　② overall　③ promote　④ shortly

空所に当てはまる単語を選びなさい。

5. The manager ------- new employees with company guidebooks.
(A) provided　(B) revealed

6. The ------- of this workshop is to develop employees' overall abilities.
(A) intention　(B) division

7. Mr. Shaw was ------- for his contribution to the company.
(A) hosted　(B) honored

8. Harding & Associates is a ------- law firm in the city.
(A) distinguished　(B) unanimous

9. The board of directors ------- Ms. Junko as the new vice president.
(A) appointed　(B) served

10. Ms. Morgan received information ------- the position of researcher in Hong Kong.
(A) to regard　(B) regarding

訳 ▶ p.406

| 正解 | 1.④ 2.① 3.② 4.③ 5.(A) 6.(A) 7.(B) 8.(A) 9.(A) 10.(B)

WEEK1 **DAY3** 社内規定

A 015 B 015

We wish to inform employees of changes to the travel expenses policy.

社員の皆さんに、出張経費規定の変更**についてお知らせし**ます。

From next month, the personnel manager will handle all claims.

来月から人事部長がすべての請求を**扱い**ます。

Travel expenses reimbursement will be calculated every Friday.

出張経費の払い戻し金は毎週金曜日に**計算され**ます。

Employees should submit their travel receipts in a timely manner.

社員の皆さんは、出張経費の領収書を**決められた日時に**提出してください。

The personnel manager must verify each travel receipt.

人事部長は一枚一枚の出張経費の領収書を**確認し**なければなりません。

The reimbursement will be authorized by the Chief Executive Officer.

出張経費の払い戻し精算はCEOの**決裁を仰ぐ**ものとします。

Please adhere to the revised company travel expenses policy.

改訂された当社の出張旅費規定**を遵守する**ようお願いします。

Changes to the travel expenses policy

出張経費規定の変更

Employee Expense Report
Employee First Name
Employee Identification Number
Report End Date
Trip Reason
Trip Location London
Expense Category
Reason
Start
Transportation
Airplane Ticket(s)
Train Ticket(s)
Auto Rental
Auto Rental - Gasoline
Auto - Tolls
InterCountry Airlines
London Rail

★★★
101 **inform**
[infɔ́ːrm]
vt. ～に知らせる・通知する

inform us **that** the road will be closed
道路が閉鎖されることを我々に通知する

to **keep informed about** medical advances
医学の発展に関する情報を絶えず得るため

派 **informed** a. 情報に通じた **informative** a. 有益な
cf **inform A of B** AにBを知らせる
inform A that節 Aに～だということを知らせる
keep informed about ～に関する情報を引き続き得る

★★
102 **handle**
[hǽndl]
vt. ～を処理する・扱う
n. 取っ手、ハンドル

These chemicals should **be handled** with care.
これらの化学物質は注意して扱わねばならない。

cf = **deal with**

★
103 **calculate**
[kǽlkjəlèit]
vt. ～を計算する・算定する

calculate your pay based on the number of hours you work
勤務時間数に基づき賃金を計算する

派 **calculation** n. 計算、推定

★★
104 **timely**
[táimli]
a. 時宜にかなった、タイムリーな

in order to ensure a **timely** delivery
タイムリーな配達を保障するため

cf **in a timely manner[fashion]** タイミングよく

★★
105 **verify**
[vérəfài]
vt. ～を確認する・照会する

verify that the order is correct
注文が合っていることを確認する

address **verification** 住所確認

派 **verification** n. 確認、照会

★★★
106 **authorize**
[ɔ́ːθəràiz]
vt. (計画・支出などを)許可する
　～に権限を与える

be limited to **authorized** personnel
権限のある社員に限定される

have the **authority** to decide
決定権を持つ

receive **authorization** to visit the branch office
支社を訪問する許可を得る

派 **authorization** n. 許可、認可
authority n. 権限、職権、許可
authoritative a. 権威のある、高圧的な
authorized a. 公認された、認可を受けた
cf **have authority to do** ～する権限を持つ

★
107 **adhere**
[ædhíər]
vi. 固執する、付着する(to)

be required to **adhere to** the regulations
規則の遵守を求められる

adhere well **to** surfaces 表面によく付着する

派 **adhesive** n. 接着剤 a. べとべとした
cf **adhere to** ～に固執する

Employees of our **corporation** must follow strict rules of conduct.

我が**社**の社員は、厳しい行動指針に従わなければなりません。

Failure to follow these guidelines will result in disciplinary action.

これらのガイドラインの遵守を**怠った**場合は、懲戒処分となります。

Employees are expected to act in a **professional** manner at all times.

社員は常に**プロ**らしく振る舞うことを求められています。

Staff must arrive at work on time and **return** from breaks promptly.

社員は定刻に出勤し、休憩後はすみやかに職場に**戻らな**ければなりません。

Workers who are not **punctual** will have their salary reduced.

時間を厳守しない社員は減給になります。

During working hours, staff should **refrain from** using cell phones.

勤務時間中は、社員は携帯電話の使用**を控え**てください。

Consistent **violation** of company rules will result in dismissal.

社内規則**違反**を繰り返すと解雇になります。

Guidelines for employees

社員のためのガイドライン

★★
108 **corporation**
[kɔ̀ːrpəréiʃən]
n. 会社、法人

the merger with Ace **Corporation**
Ace社との合併

All **corporate** documents should be kept in a safe place.
会社のあらゆる書類は安全な場所に保管されねばならない。

派 **corporate** a. 企業の、法人組織の、団体の
TIP corporateは名詞のように見えるが、形容詞である点に注意しよう。

★★
109 **failure**
[féiljər]
n. 失敗、不履行、怠慢

in the event of a **power failure**
停電の場合に

The company **failed to show** a profit.
会社は利潤を上げそこなった。

派 **fail** vi. 失敗する、しくじる
CF **fail to do** ～しそこなう

★★
110 **professional**
[prəféʃnəl]
a. 専門的な、プロの
n. 専門家、プロ選手

accountants and other finance **professionals**
会計士をはじめとする金融専門家

dress **professionally** for the interview
面接に備え社会人らしい身なりをする

派 **professionally** ad. プロらしく、職業的に

★★★
111 **return**
[ritə́ːrn]
vi. 戻る(to)
vt. ～を返還する・戻す
n. 収益、返品

return to work after a long break
長い休暇を終えて職場に戻る

return the defective merchandise **to** the manufacturer
製造業者に欠陥商品を返品する

the high proportion of **returns** by consumers
消費者からの高い返品率

★
112 **punctual**
[pʌ́ŋktʃuəl]
a. 時間を厳守する

Their service has been reliable and **punctual**.
彼らのサービスは信頼でき、時間にも正確である。

派 **punctuality** n. 時間厳守

★
113 **refrain**
[rifréin]
vi. やめる、差し控える(from)

Please **refrain from** bringing food and beverages inside the museum.
ミュージアムの中に飲食物を持ち込むのはご遠慮ください。

CF **refrain from** ～を差し控える

★
114 **violation**
[vàiəléiʃən]
n. 違反

Any **violation** of the safety regulations is subject to a fine.
安全規則に違反すると罰金を取られます。

violate the warranty agreement
保証契約に違反する

派 **violate** vt. ～に違反する、～を妨害する

Employees should dress according to the nature of their **occupation**.

社員は各自の**職務**に合った服を着なければなりません。

Factory workers must wear **protective** clothing to avoid injuries.

工場の従業員は、怪我を防ぐために**保護**服を着なければなりません。

It is important to have a professional **appearance**.

プロらしく**身だしなみ**を整えることが重要です。

Businessmen should wear smart **attire**, such as a suit and tie.

ビジネスマンは、スーツにネクタイといったきちんとした**服装**をしなければなりません。

Female workers are advised to wear **modest** business attire in the office.

女性社員は、オフィスでは**地味な**ビジネスウェアーを着るようにしてください。

A person's appearance affects how they **are perceived** by others.

人の外見は、他人からどう**評価される**かに影響を及ぼします。

By dressing well, we **convey** a professional image to others.

きちんとした服装をすることにより、プロのイメージを他人に**伝える**ことができます。

Appropriate attire at work

仕事に適した服装

★★
115 **occupation**
[àkjupéiʃən]
n. 職業

choose accounting as his **occupation**
会計を彼の職業として選ぶ

share their **occupational** knowledge
業務上の知識を共有する

派 **occupational** a. 職業の

★★
116 **protective**
[prətéktiv]
a. 保護の

protective equipment 保護装備

protect customers' personal information **from** unauthorized use
顧客の個人情報を無断使用から守る

the **protection** of intellectual property rights
知的財産権の保護

派 **protect** vt. ～を保護する
protection n. 保護
cf **protect A from B** AをBから保護する

★★
117 **appearance**
[əpíərəns]
n. 外見、出演、出席

the original **appearance** of the old building
その古い建物の元々の外観

make a special **appearance** in the movie
映画に特別出演する

This survey **appears to be** suitable for our purposes.
この調査は我々の目的に合っているようだ。

派 **appear** vi. 現れる、～のように見える
cf **appear to do** ～するようだ

★
118 **attire**
[ətáiər]
n. 服装、身なり

Casual **attire** is acceptable on Fridays.
金曜日にはカジュアルな服装をしてもかまいません。

★
119 **modest**
[mάdist]
a. 控えめな、慎ましい
適度の、(量などが)並の

There has been a **modest** increase in sales.
売り上げに若干の増加が見られた。

派 **modestly** ad 謙遜して、控えめに

★
120 **perceive**
[pərsíːv]
vt. ～を認知[認識]する

an area of the brain that is used to **perceive** spatial relationships
空間関係の認知に使われる脳の領域

There is a **perception** that high prices mean high quality. 高価なものは高品質だという認識がある。

派 **perception** n. 認識、理解

★
121 **convey**
[kənvéi]
vt. ～を伝達する・運搬する

The following information should **be conveyed** to all employees.
次の情報は全従業員に伝えられねばならない。

派 **conveyor** n. 運搬装置

Staff have an obligation to report the inappropriate behavior of colleagues.

社員は、同僚の不適切な行為を報告する**義務**があります。

Improper behavior includes harassment, theft and verbal abuse.

不適切な行為には、嫌がらせや窃盗、言葉の暴力が含まれます。

Management will address these matters immediately.

経営陣はこれらの**問題**にすぐに対処します。

Harassment of coworkers will be dealt with especially seriously.

同僚間の嫌がらせは、特に**重要な**扱いを受けます。

The matter will be investigated by an unbiased supervisor.

事件は**公正な**監督官により調査されます。

The company demands the respectful treatment of all staff members.

会社はすべての社員に対する丁重な**扱い**を必要としています。

Unwillingness to follow this rule may result in dismissal from the company.

このルールの**遵守に消極的**な場合、会社を解雇されることもあります。

Improper employee behavior

社員の不適切な行動

★
122 **obligation**
[àbləgéiʃən]
n. 義務、責任

have no **obligation** to pay for any damage done to the apartment
アパートのいかなる破損も弁償する義務はない

Lawyers **are obliged to keep** their clients' files confidential.
弁護士は顧客ファイルに対する機密保持の義務がある

派 **oblige** vt. ～に義務づける **obligatory** a. 義務的な
CF **be obliged to do** ～する義務がある

★★
123 **improper**
[imprάpər]
a. 不適切な、誤った

improper use of the product 製品の不適切な使用
be installed **improperly** 誤って設置される
without **proper** identification 正規の身分証なしに

派 **improperly** ad. 不適切に
proper a. 適切な

★★
124 **matter**
[mǽtər]
n. 問題、事柄
vi. 問題になる、重要だ

take care of several personal **matters**
いくつかの私用を片付ける

What really **matters** is their marketing experience.
本当に重要なことは、彼らのマーケティングの経験だ。

CF **as a matter of fact** 実は

★
125 **seriously**
[síəriəsli]
ad. 真剣に、重大に

take the customers' privacy **seriously**
顧客のプライバシーを重要視する

派 **serious** a. 真剣な、深刻な

★
126 **unbiased**
[ʌnbáiəst]
a. 偏見のない、公平な

an **unbiased** opinion
公平な意見

CF = **impartial**

★★
127 **treatment**
[trí:tmənt]
n. 治療(法)、処理、待遇

effective medical **treatments**
効果的な医学療法

The new medication has been used to **treat** the flu virus. その新薬はインフルエンザウィルスの治療に使われてきた。

派 **treat** vt. ～を処理する・治療する・もてなす

★
128 **unwillingness**
[ʌnwíliŋnis]
n. ためらい

the **unwillingness** of some investors **to expand** the organization
一部の投資家による組織拡大へのためらい

I am grateful for your **willingness to assist** me.
積極的に私を助けてくださりありがとうございます。

be willing to listen to customer complaints
顧客の苦情に耳を傾ける

派 **unwilling** a. 気が進まない **unwillingly** ad. いやいや
willingness n. 意欲
CF **unwillingness to do** ～することへのためらい
be willing to do 喜んで～する

All staff should be aware of BioPro Pharmaceutical's safety **code**.

社員は皆、BioPro製薬社の安全**規定**を熟知せねばなりません。

When working in the laboratory, please follow these rules **closely**.

実験室で勤務する際には、これらの規則を**厳重に**守ってください。

Remember to disassemble all **apparatus** before leaving the laboratory.

実験室から出てくる際には、すべての**機器**を忘れずに分解してください。

Please clean up any **breakages** and **dispose of** broken glass carefully.

破損したものを片付け、割れたガラス**を**気をつけて**処理し**てください。

Laboratory workers should **discard** safety gloves after use.

実験室勤務者は、使用後の安全手袋を**廃棄し**てください。

Please avoid behavior that would **jeopardize** the safety of others.

他人の安全を**脅かす**行為は控えてください。

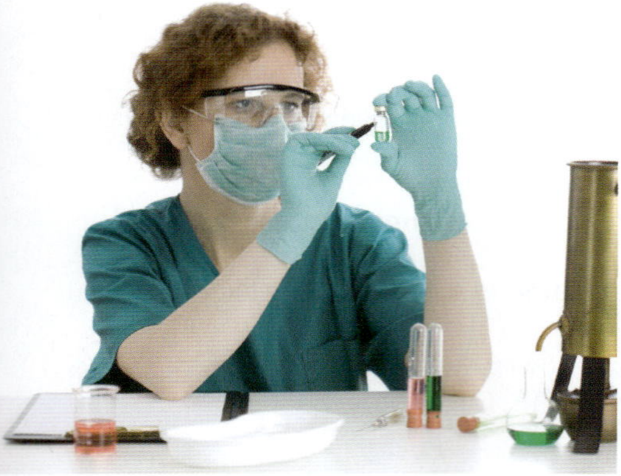

Safety code for laboratory workers

実験室勤務者の安全規則

★★
129 **code**
[kóud]
n. 規約、規範、暗号

the new dress **code** policy
新服装規定

Enter your security **code** on the key pad.
キーパッドであなたのセキュリティーコードを入力してください。

★★★
130 **closely**
[klóusli]
ad. 厳密に、密接に、ぴったりと

work **closely** with one's mentors
助言者と緊密に仕事をする

before the **closing** of the stock market
株式市場の取引終了前に

The funds **came close to** the amount that we hoped to collect.
基金は我々が募った金額に近づいた。

派 **close** a. 近い ad. 近くに vt. ～を閉める
closing n. 終了、閉鎖
CF **come close to** ～に近づく

★
131 **apparatus**
[æ̀pəréitəs]
n. 器具、機械、装置

set up a wireless **apparatus**
無線機器を設置する

★
132 **breakage**
[bréikidʒ]
n. 破損、損傷

Fragile items should be properly wrapped to prevent **breakage**.
割れ物は、破損を防ぐために適切に包装されなければなりません。

派 **break** vt. ～を壊す

★★
133 **dispose**
[dispóuz]
vi. 処理する、処分する(of)

dispose of confidential documents in a proper manner
機密書類を適切な方法で処理する

dispose of the waste materials
廃棄物を処理する

派 **disposal** n. 処理
CF **dispose of** ～を処理する
waste disposal ゴミ処理

★
134 **discard**
[diskɑ́ːrd]
vt. ～を捨てる・処分する

Items that are unclaimed after thirty days will **be discarded**.
30日間引き取りがなかった物は廃棄されます。

The people **are discarding** some trash.
人々がゴミを捨てている。

★
135 **jeopardize**
[dʒépərdàiz]
vt. ～を危うくする

My research project **was jeopardized** by a lack of funding.
私の研究プロジェクトは資金不足で危機に陥った。

A 020 B 020

Employees at Ford Motors must abide by the factory's safety code.

Ford自動車の社員は、工場の安全規則を遵守せねばなりません。

Remember to place hazardous equipment in the store room after use.

危険な機材は、使用後に保管室に置くようにしてください。

Take care not to obstruct fire exits with equipment.

機材で非常口を塞がないように気をつけてください。

Employees are forbidden to enter the factory without safety goggles.

社員は、安全ゴーグルをつけずに工場に入ることは禁止されています。

Consult the senior mechanic before using heavy machinery.

重機の使用にあたっては、専任技術者に相談してください。

Staff who fail to follow the safety code will receive a warning.

安全規則を守らなかった社員には、警告が発せられます。

Employees who receive three warnings will be disciplined accordingly.

3回警告を受けた社員は、相応の懲戒を受けることになります。

The factory's safety code

工場の安全規則

★
136 **abide**

[əbáid]

vi. (規則・約束などを)守る・遵守する(by)

abide by the terms and conditions
契約条件に従う

CF **abide by** ～を守る・遵守する

★★★
137 **place**

[pléis]

vt. (人や物をある状態や場所に)置く
n. 場所

have your name **placed** on the waiting list
あなたの名前を待機者名簿に載せる

the best **place** to have a corporate dinner
会社の夕食会に最適の場所

CF **in place** 適所に
in place of ～の代わりに
take place 起きる、開催される

★
138 **obstruct**

[əbstrʌ́kt]

vt. ～を遮る・遮断する

The pillars **obstruct** the view.
柱が視野を遮っている。

CF = **block, close**

★
139 **forbid**

[fərbíd]

vt. ～を禁止する・妨害する

Cameras **are forbidden** in this museum.
このミュージアムでは写真撮影が禁止されています。

★
140 **mechanic**

[məkǽnik]

n. 機械工、修理工

an auto **mechanic**
自動車修理工

mechanical problems
機械的な問題

派 **mechanical** a. 機械の

★
141 **warning**

[wɔ́ːrniŋ]

n. 警告、警告状
a. 警告の、警戒の

The **warning lights** are clearly visible.
警告灯がはっきり見える。

The company's legal advisor **has warned** the director **not to sign** the contract.
会社の顧問弁護士は取締役に、契約書にサインしないよう警告した。

派 **warn** vt. ～に警告する・通告する
CF **warn A to do** Aに～するよう警告する
warn A that節 Aに～と警告する

★
142 **discipline**

[dísəplin]

n. 訓練、学問分野
vt. ～を訓練する・懲戒する

Scientists from many **disciplines** are involved in the project.
多様な分野の科学者がプロジェクトに参加している。

A 021 B 021

Starting next month, changes will be made to the company **payroll**.

来月から会社の**給与支払い**方法が変更になります。

Employees will **notice** some differences on their next **paychecks**.

社員は、次回の**給与明細書**でいくつかの違いに**気がつく**でしょう。

Tax information will be listed on the **reverse** side of the paycheck.

税金情報は、給与明細書の**裏**面に記載されることになります。

Your **pension** payments will be highlighted in red.

年金の掛け金は、赤で表示されます。

Health **insurance** payments will appear at the bottom of the page.

健康**保険**の掛け金は、ページの最下部に記載されます。

Paychecks will **be distributed** by your supervisor each month.

給与明細書は、毎月皆さんの上司から**配られ**ます。

Employees should **retain** all paychecks for future reference.

社員の皆さんは、今後の参考にすべての給与明細書を**保管する**ようにしてください。

Changes to the company payroll

会社の給与支払方法の変更

★
143 **payroll**
[péiròul]
n. 給与支給名簿、給与支給総額

the **payroll** division[department]
給与支払い担当部署

★★
144 **notice**
[nóutis]
n. 注意、通知、公示
vt. ～に気づく・注目する

until further **notice** 追って通知があるまで
despite the short **notice** 突然のお知らせですが
We've **noticed** that you haven't paid your phone bill.
お客様は電話料金をお支払いになっていないことがわかりました。

派 **noticeable** a. 目につく、顕著な
noticeably ad. 顕著に

★
145 **paycheck**
[péitʃèk]
n. 給与(支払い小切手)
給与明細

pick up one's **paychecks**
給与明細書を受け取る
deposit one's **paychecks**
給料を入金する

★
146 **reverse**
[rivə́:rs]
a. 反対の
vt. ～を逆にする・覆す

on the **reverse** side of this form この用紙の裏面に
Sales growth will not **be reversed** in the coming year.
売り上げの増加は来年も変わることがないだろう。

CF **on the reverse side** 裏面に

★
147 **pension**
[pénʃən]
n. 年金

company **pension plan**
会社の年金制度

★★
148 **insurance**
[inʃúərəns]
n. 保険(金)

medical **insurance**
医療保険

★★
149 **distribute**
[distríbju:t]
vt. ～を配る・配布する

Brochures **were distributed to** all staff.
冊子が全社員に配布された。
manufacture, sale, and **distribution** of food products
食品の製造・販売・流通

派 **distribution** n. 配布、流通
distributor n. 流通業者
CF **distribute A to B** AをBに配布する

★★★
150 **retain**
[ritéin]
vt. ～を維持する・保有する

will **retain** its current name
現在の名前を変えないだろう
retain full rights to *The Older World*
「The Older World」の完全な版権を保有する

派 **retention** n. 保有、維持
retainable a. 維持できる

先輩に忠誠を！

初めまして、キム・チョルホさん。私があなたを指導することになった主任のソン・ヨンジュです
よろしくね
どうも
え？この冴えないappearanceの女性に教わるのか？
私が今から説明する勤務規定を必ずabide byしてください
まず、与えられたすべての業務はin a timely manner終えなければなりません
punctualityなんて基本だろう…
勤務中には私用の電話やインターネットはrefrainしてください
ヤレヤレ
はいはい
attireに厳しい決まりはありませんが、半ズボンや原色の服はimproperで、violationがあった場合には
あの…先輩！
基本的なことはいいので、もっと具体的なことを話してください
あら、そう？

じゃあ次にpayrollのサンプルをお見せしますが…
ええと、あっちに…
あれ？
ガチャガチャ
係長、このロッカーの鍵はcode変更になりました？
ああ、電子キーにbreakageがあって…
午後mechanicが来ることに…
ギギギッ
開きました
ソン主任は武術が合計12段だということを覚えておきなさい…
え？
ピリピリ
普段はmodestだけど、溜まっていたものが食事会のときに一気に爆発するんだ…
へたににらまれて身の上をjeopardizeしないように
酒の勢いで腕相撲して肩の外れた同僚もいたっけ…
ドコッ
書類あったわ
せ、先輩に無条件忠誠を誓います
ありがとう

QUIZ DAY 3

空所に当てはまる単語を下の選択肢から選びなさい。

1. Overdue videos should be ------- by this weekend.
   返却期限の過ぎているビデオは、この週末までに返さなければならない。

2. The items are fragile and should be ------- carefully.
   その商品は壊れやすいので、丁寧に扱わねばならない。

3. The technician ------- examined the computer for errors.
   技術者はコンピューターにエラーがあるかどうか綿密に調べた。

4. The products were delivered to the customers in a ------- manner.
   製品は良いタイミングで顧客に配達された。

① timely	② returned	③ closely	④ handled

空所に当てはまる単語を選びなさい。

5. Visitors must wear ------- clothing in this plant.
   (A) protective (B) unbiased

6. It is important to ------- of waste materials properly.
   (A) dispose (B) refrain

7. We plan to ------- much of last season's cosmetics line.
   (A) perceive (B) retain

8. Travel expenses reimbursement must be ------- by the finance director.
   (A) authorized (B) discarded

9. Ms. Viera ------- the workshop schedules to the new employees.
   (A) adhered (B) distributed

10. The original ------- of the historic buildings will be preserved.
    (A) apparatus (B) appearance

訳 ▶ p.406

| 正解 | 1.② 2.④ 3.③ 4.① 5.(A) 6.(A) 7.(B) 8.(A) 9.(B) 10.(B)

WEEK1 DAY4 会社経営上の問題

ProTech Industries has become bankrupt.

ProTech Industriesが**破産**した。

The bankruptcy was expected by many industry analysts.

破産は多くの業界アナリストにより**予想されていた。**

An executive of ProTech said the company has been struggling financially for a long time.

ProTechのある**幹部**は、長期間にわたり資金的な苦境にあったと述べている。

It is impossible to sustain the company during this economic slowdown.

この景気**後退**の中で会社を維持するのは不可能だ。

The company's contribution to the economy was quite considerable considering the company's size.

その規模を考えると、この会社が経済に及ぼした影響は**相当な**ものだった。

All of ProTech's subsidiaries will close by the end of the month.

ProTechのすべての**子会社**は、今月末までに廃業する。

Many ProTech employees are concerned about their future.

多くのProTechの社員は、将来**に不安を抱えている。**

The bankruptcy of a company

会社の破産

151 **bankrupt** ★

[bǽŋkrʌpt]

a. 破産した、支払い能力のない

Many small firms will **go bankrupt**.
たくさんの小企業が破産するだろう。

派 **bankruptcy** n. 破産、不渡り
CF **go[become] bankrupt** 破産する

152 **expect** ★★★

[ikspékt]

vt. 〜を予想する・期待する

Production **is expected to double** within a year.
生産量が1年のうちに倍増すると予想される。

have high **expectations** for the Chinese market
中国市場に大きな期待をかける

派 **expectation** n. 期待、予想 **unexpected** a. 予想しなかった
unexpectedly ad. 予想外に、不意に
CF **be expected to do** 〜すると予想される

153 **executive** ★★

[igzékjutiv]

a. 執行の、取締役の
n. 役員、幹部

the **executive** committee meeting 執行委員会会議

senior **executives** 上級幹部

派 **execute** vt. 〜を実行する・執行する
execution n. 実行、執行
CF **CEO = Chief Executive Officer** 最高経営責任者

154 **slowdown** ★

[slóudàun]

n. 減速、操業短縮、景気後退

economic **slowdown**
経済的沈滞[不景気]

155 **considerable** ★★★

[kənsídərəbl]

a. 相当な、少なくない

spend **considerable** time training its staff
社員教育のために相当な時間を費やす

The quality of our products has improved **considerably**. 我々の製品の品質はかなり向上した。

Please **be considerate of** others and refrain from using cell phones during the show.
周りの人たちに配慮し、ショーの間は携帯電話の使用をご遠慮ください。

派 **considerably** ad. かなり
CF **be considerate of** 〜に配慮する

156 **subsidiary** ★

[səbsídièri]

n. 子会社

the European **subsidiary**
ヨーロッパの子会社

CF **subsidy** n. 補助金

157 **concerned** ★★

[kənsə́ːrnd]

a. 関心のある、心配する、関連する

be concerned with short-term profits
短期利益に関心を持つ

as far as cost-cutting measures **are concerned**
経費削減手段に関する限り

the government's main **concerns** 政府の主な関心事

派 **concern** n. 関心(事)、心配 vt. 〜に関係する、〜を心配させる
CF **be concerned about** 〜を心配する、〜に関心がある
be concerned with 〜に関心がある、〜と関連がある
as far as A is concerned Aに関する限り

Rancor Industries announced its preliminary sales figures for this year yesterday.

Rancor Industriesは昨日、今年の**暫定**売上高を発表した。

The company reported a substantial increase in annual revenue.

この会社は、年間収益に**相当な**増加があったと報告している。

An accurate report of Rancor's sales figures will be publicized next week.

Rancor社の売上高に関する**正確な**報告書が来週公表される予定だ。

Rancor claims that its annual earnings have increased by six percent.

Rancor社は**年間**収益が6パーセント増えたとしている。

The rise in profit is attributed to the company's global expansion.

収益の増大は、この会社の国際的な展開によるものである。

The company does not seem to have been affected by the current recession.

この会社は、最近の**不景気**の影響を受けていないようである。

Experts expect Rancor's profits to continue to rise for the foreseeable future.

専門家たちは、Rancor社の収益は**当分の間**増大するものと見込んでいる。

Increased annual revenue

増加した年間収益

158 ★ **preliminary**
[prilímənèri]
a. 予備的な、臨時の

when **preliminary** studies are complete
予備調査が完了すれば

159 ★★ **substantial**
[səbstǽnʃəl]
a. かなりの、実質的な

substantial increase in annual revenue
年収の相当な増加

expand its operations **substantially**
事業をかなり拡張する

派 **substantially** ad. かなり
substantiate vt. ～を具体化する
substance n. 実質、物質
CF = **considerable**

160 ★★ **accurate**
[ǽkjərit]
a. 正確な、精密な

gather **accurate** information on consumer spending patterns
消費者の消費パターンについての正確な情報を集める

be **accurately** estimated 正確な見積りが出る

派 **accurately** ad. 正確に
inaccurate a. 不正確な **inaccurately** ad. 不正確に
accuracy n. 正確(さ) **inaccuracy** n. 不正確(さ)

161 ★★★ **annual**
[ǽnjuəl]
a. 一年の、毎年の

the second **annual** conference on marketing
第2回年次マーケティング会議

meeting which is held **annually** 毎年開かれる会議

派 **annually** ad. 毎年

162 ★★★ **profit**
[práfit]
n. 利益、収益

generate large **profits** 大きな収益を生み出す

Real estate investments are **profitable** in this area.
この地域では不動産投資に採算性がある。

派 **profitability** n. 収益性、採算性
profitable a. 利益になる
unprofitable a. 利益にならない

163 ★ **recession**
[riséʃən]
n. 不景気、景気後退

during the **recession**
不景気の間

164 ★ **foreseeable**
[fɔːrsíːəbl]
a. 予測[予知]できる

every **foreseeable** difficulty
予想されるあらゆる困難

in the event of inclement weather or any other **unforeseen** circumstances
悪天候など予想できない状況が起きた場合には

派 **foresee** vt. ～を予見する
foresight n. 予見、展望
CF **unforeseen** a. 予想できない
in[for] the foreseeable future 当分の間、近い将来

Sales of the Sharptek X5 computer **have plummeted** in the last few months.

Sharptek X5コンピューターの売り上げが、この数か月間で**急落した。**

Sharptek, Inc. believes the **fall** in sales is due to ineffective advertising.

Sharptek社は、売り上げの**落ち込み**は非効果的な広告によるものと見ている。

The developers of the new advertising campaign will focus on the product's **practical** design.

新たな広告キャンペーンの制作者たちは、製品の**実用的な**デザインに焦点を絞ることになるだろう。

The lightweight Sharptek X5 laptop computer is extremely **portable.**

軽量なSharptek X5ノートパソコンは、たいへん**携帯に便利だ。**

Because of its small **proportions,** the laptop is easy to **carry.**

コンパクトな**サイズ**なので、このノートパソコンは**持ち運び**がしやすい。

The Sharptek X5 laptop has a 15.4 inch **screen.**

Sharptek X5ノートパソコンは、**画面**が15.4インチである。

The computer is protected from damage by a **sturdy** outer casing.

このコンピューターは、**しっかりした**外箱によりダメージを受けないように保護されている。

The sales of the Sharptek laptop computer

Sharptekノートパソコンの売り上げ

165 **plummet**
[plʌ́mit]
vi. (物価などが)暴落する

ViStar's stock prices **plummeted** after the merger announcement.
ViStar社の株価が、合併発表後に急落した。

CF = crash, collapse

166 **fall**
[fɔ́:l]
vi. 落ちる
n. 落下、墜落、下降

as prices continue to **fall**
価格が引き続き下がることにより

The street is blocked by a **fallen** tree.
街路が倒木で塞がれている

派 fallen a. 落ちた、墜落した
CF 活用 : fall - fell - fallen

167 **practical**
[prǽktikəl]
a. 実際の、実用的な
実際にできる

practical plans 実現可能な計画

派 practicality n. 実用性
impractical a. 非現実的な、非実用的な

168 **portable**
[pɔ́:rtəbl]
a. 持ち歩ける、携帯用の

the release of our **portable** music player, the DIVA
我が社のポータブルミュージックプレーヤーDIVAの発売

169 **proportion**
[prəpɔ́:rʃən]
n. 比率、部分、大きさ

spend a large **proportion** of their income on their children's education
収入の相当な部分を子供の教育に費やす

派 proportionate a. 比例した、バランスのとれた

170 **carry**
[kǽri]
vt. ～を運ぶ・所持する

carry a valid passport 有効な旅券を所持する

They **are carrying** chairs. 彼らは椅子を運んでいる。

carry out further studies 追加調査を行う

CF carry out ～を実施する

171 **screen**
[skrí:n]
n. 画面、仕切り、(集合的に)映画
vt. ～を隠す・審査[選抜]する
(映画などを)上映する

adapt a widely read novel for the **screen**
広く読まれている小説を映画化する

carefully **screened** companies whose products may be of interest to you
あなたが関心を持ちそうな製品を扱う厳選された会社

the **screening** of a film 映画の上映

派 screening n. (映画の)上映、審査

172 **sturdy**
[stə́:rdi]
a. しっかりした、堅固な

Home Furnishing's tables are strong and **sturdy**.
Home Furnishingのテーブルは強くて丈夫だ。

Strikes are affecting business at Olive, Inc.'s factory.

ストライキがOlive社の工場の操業に**影響を及ぼしている**。

The labor union was compelled to take action after job cuts were announced.

労働組合は人員削減発表を受けて行動を**起こさざるを得なかった**。

Most workers were in support of the union's decision to go on a strike.

大部分の労働者は、組合のストライキ決行の決定**を支持**した。

Hardly any workers showed up to the factory on Monday morning.

月曜日の朝に工場に姿を見せた労働者は**ほとんどいな**かった。

The actions of the dissatisfied workers have negatively affected productivity.

不満を抱いた労働者たちの行動が、**生産性**に良からぬ影響を及ぼしている。

Strikes cause huge financial damage to firms.

ストライキは**会社**に多大な資金的ダメージを与える。

If the strike continues, the company will take legal action.

ストライキが続けば、会社は**法的**措置を取るだろう。

Strikes at Olive, Inc.'s factory

Olive社工場のストライキ

★★
173 **affect**
[əfékt]
vt. ～に影響を及ぼす

The drought adversely **affected** crops in the South.
干ばつが南部地方の作物に悪影響を及ぼした。

be affected by the heavy rain
豪雨の影響を受ける

派 **affection** n. 感情、愛情
affective a. 感情的な、情緒的な
effect [ifékt] n. 結果、効果

★
174 **compel**
[kəmpél]
vt. ～に強いる

Public opinion **compelled** the mayor **to** resign.
世論は市長を辞任に追い込んだ。

cf **be compelled[forced] to do** やむを得ず～する
compel[force] A to do Aに無理やり～させる

★★
175 **support**
[səpɔ́:rt]
n. 支持、支援、援助
vt. ～を支持する

technical **support** team
技術支援チーム

The executives **supported** the budget proposal.
役員たちは予算案に賛成した。

cf **in support of** ～を支持して、～に賛成して

★★★
176 **hardly**
[hɑ́:rdli]
ad. ほとんど～ない

Our machines require **hardly** any monthly maintenance.
我々の機械製品は、毎月メンテナンスを受ける必要がほとんどない。

cf **hard** ad. 熱心に

★★
177 **productivity**
[pròudʌktívəti]
n. 生産性、生産力

overall **productivity** of the assembly line
組立ラインの全般的な生産性

increased worker **productivity**
向上した労働者の生産力

★★
178 **firm**
[fə́:rm]
n. 会社
a. しっかりした、確固たる

a consulting **firm**
コンサルティング会社

maintain a **firm** position
確固たる立場を守る

attach the address label **firmly** to the envelope
住所ラベルを封筒にしっかり貼り付ける

派 **firmly** ad. しっかりと、堅固に

★★
179 **legal**
[lí:gəl]
a. 法律上の、法的な、合法の

reduce the **legal** work week to thirty-five hours
法定勤務時間を週35時間に減らす

the **legal** department 法務部門

illegally downloaded software
不法ダウンロードされたソフト

派 **illegal** a. 不法の
illegally ad. 不法に

The financial problems at Preston Industries are becoming too difficult to bear.

Preston Industriesの資金問題は、**持ちこたえ**がたいところまできている。

Because of some poor business decisions, the firm has a tremendous amount of debt.

お粗末な事業判断により、会社は**莫大な**負債を抱えている。

The company owes various firms a total of 5 million dollars.

この会社はあちこちの会社に計500万ドルの債務を**負っている。**

A substantial loan was provided by Corex, Inc. two years ago.

2年前に相当な額の**融資**がCorex社からあった。

The firm does not have enough capital to repay any of its debts.

この会社は借金を返済するための十分な**資金**を持ち合わせていない。

Due to these circumstances, the company will probably have to cut jobs.

このような**状況**により、会社は人員削減をせざるを得ないだろう。

Preston Industries will execute its restructuring plans next month.

Preston Industriesは、来月再建計画を**実施する**だろう。

The financial problems at Preston Industries

Preston Industriesの資金問題

★★
180 **bear**
[bέər]
vt. ～を支える、～に耐える
～を(心に)抱く・所持する

the load-**bearing** capacity of the vehicle
車両の貨物積載量

Bear in mind that you have to contact us in advance. 事前に我々に連絡をいただかねばならないことをお忘れなく。

the **unbearably** high temperatures
耐えがたいほどの高温

派 **bearable** a. 耐えられる
unbearable a. 耐えられない
unbearably ad. 耐えられないほど
cf **bear in mind that節** ～ということを心に留める

★
181 **tremendous**
[triméndəs]
a. 巨大な、途方もない

experience **tremendous** growth
著しい成長を見る

benefit **tremendously** from this book
この本から莫大な利益を得る

派 **tremendously** ad. 途方もなく

★
182 **owe**
[óu]
vt. ～に借りがある
(成功などを)～のお陰とする

She **owes** her professional success **to** her strong work ethic.
彼女は仕事の成功を、本人の強いプロ意識のおかげだと考えている。

cf **owe A B = owe B to A** AにBを借りている

★★
183 **loan**
[lóun]
n. 貸し付け(金)、融資、貸与
vt. ～を貸す

accept a **loan** application
融資の申請を受理する

This collection of sculptures **has been loaned** to the museum for three months only.
この彫刻コレクションは美術館に3か月だけ貸し出されている。

cf **loan A to B** AをBに貸す

★
184 **capital**
[kǽpitl]
n. 資本(金)、首都
a. 資本の、主要な、首都の

with a relatively small amount of **capital**
比較的少ない資本金で

the **capital** (city) 首都

派 **capitalize** vt. ～を資本化する

★
185 **circumstances**
[sə́ːrkəmstæ̀nsiz]
n. 境遇、状況、事情

in the event of unforeseen **circumstances**
予想できない状況になった場合に

★
186 **execute**
[éksikjùːt]
vt. ～を実行(実施)する
(役を)演技する

execute the construction plan
建設計画を実行する

派 **execution** n. 実行、執行
executive a. 実行の、執行の n. 役員

EQS Industries has released last year's financial **figures.**

EQS Industriesは、昨年の財務**数値**を発表した。

The figures **indicate** a drop in profit, despite higher revenue.

この数値は、収益は多かったものの、利益が減ったことを**表している。**

EQS had a higher **turnover** thanks to the launch of several new products.

EQSはいくつかの新商品の発売のおかげで、高い**売り上げ**を記録した。

Market experts are unsure how to interpret such **bewildering** data.

市場の専門家たちは、このような**予想外の**データをどう解釈していいか戸惑っている。

EQS had higher expenses last year, **especially** for advertising.

昨年EQSは支出が多く、**特に**広告支出が目立った。

Some experts think the **decrease** in profit is due to advertising expenses.

一部の専門家たちは、利益の**減少**は広告経費によるものと考えている。

If the trend continues, the company will **barely** make a profit next year.

この傾向が続くなら、この会社は来年も**ほとんど**利益を得られ**ない**だろう。

Last year's financial figures

昨年の財務数値

★★
187 **figure**

[fígjər]

n. 数値、額、人物
vi. 計算する
vt. ～を数字で表す
　～と思う・判断する

sales **figures**
販売量、売上高

be considered a major **figure** in modern jazz
モダンジャズの巨匠とされる

figure out what the problem is
問題点が何なのかを明らかにする

CF figure out ～を解決する・解明する

★★★
188 **indicate**

[índikèit]

vt. ～を表明する
　～の兆候を見せる

Mr. Lehman **has indicated** that there are plans to set up a plant in Washington.
Lehman氏は、ワシントンに工場を設置する計画があることを明らかにした。

Please give an **indication** of the days you prefer.
あなたの望む日程を教えてください。

Leaking oil is a good **indication** that one of the hoses is cracked.
オイル漏れは、ホースのうちの1本が破れた明確な証拠だ。

派 indication n. 表示、兆候
CF be indicative of ～を表す・表示する

★
189 **turnover**

[tə́ːrnòuvər]

n. 取引額、総売り上げ、離職

the daily **turnover** of our shop
我々の店の一日の売り上げ

unusually high staff **turnover**
著しく高いスタッフの離職率

★
190 **bewildering**

[biwíldəriŋ]

a. 当惑させる

There is a **bewildering** number of holiday packages to choose from.
選ぶのに困ってしまうほどの数の旅行パッケージがある。

派 bewilder vt. ～を当惑させる

★★
191 **especially**

[ispéʃəli]

ad. 特に、格別に

We specialize in tours all over Asia, **especially** in Japan and Korea.
我々はアジア旅行、中でも日本と韓国を専門としている。

CF = particularly

★★
192 **decrease**

[dikríːs]

n. 減少
vt. ～を減らす
vi. 減少する

to **decrease** the traffic congestion
交通渋滞を減らすために

Profits **decreased** greatly this year.
今年は利潤が大きく減った。

CF decrease in ～が減少する、～の減少

★
193 **barely**

[bέərli]

ad. かろうじて、やっと
　ほとんど～ない

had **barely** finished filming the movie
映画撮影をかろうじて終えた

There are **barely** seven weeks until the end of the fiscal year.
会計年度の終わりまで7週間しかない。

SC-Lavalin Group earned over seven billion dollars last year.

SC Lavalinグループは、昨年70億ドル以上を**稼いだ**。

SC-Lavalin Group was formed when SC merged with the struggling firm, Lavalin.

SC Lavalinグループは、SCが**経営難の**Lavalinと合併してできた。

The company is particularly interested in transportation projects.

この会社は**特に**輸送プロジェクトに関心を持っている。

The firm is involved with the current extension of the Skytrain system.

この会社は現在進行中のSkytrainシステムの**拡張**に加わっている。

The Skytrain in Vancouver is a rapid transport system.

バンクーバーのSkytrainは**高速**輸送システムだ。

Last year, the firm earned more than any other in the industrial sector.

昨年この会社は**工業**部門で他社よりも多くの収益を上げた。

SC-Lavalin Group's earnings

SC Lavalinグループの収益

★★
194 **earn**
[ə́ːrn]
vt. ～を稼ぐ
(評判などを)得る

earn the complete trust of our clients
顧客の完全な信頼を得る

compared to last quarter's disappointing **earnings**
前四半期の期待外れな収益に比べれば

派 **earning** n. 稼ぎ、収入

★
195 **struggling**
[strʌ́gliŋ]
a. 奮闘する
苦境にある

a young professional **struggling to succeed** in the highly competitive world of business
競争の厳しい業界で成功するために奮闘する若い専門家

派 **struggle** vi. もがく、奮闘する
cf **struggle to do** ～しようと努力する

★★
196 **particularly**
[pərtíkjulərli]
ad. 特に、詳細に

in **particularly** stressful situations
特にストレスの多い状況で

happen in any **particular** year 特定の年に起きる

Business people **in particular** like dining at Amy's.
事業家たちは、特にAmy'sで食事することを好む。

派 **particular** a. 特定の
cf **in particular** 特に

★★
197 **extension**
[iksténʃən]
n. 拡張、延長
内線

the **extension** of the expressway 高速道路の拡張

the **extension** of the deadline 締め切りの延長

Please contact me at **extension** 7235.
内線7235の私までご連絡ください。

extend the warranty for its radio equipment to 3 years
ラジオ機器の品質保証を3年に延長する

派 **extend** vt. (期間を)延長する、拡張する
extended a. 延長した

★★
198 **rapid**
[rǽpid]
a. 迅速な、敏捷な

at a **rapid** rate 急速に

New car sales increased **rapidly** throughout the first quarter. 第1四半期に新型車の売り上げが急増した。

派 **rapidly** ad. 急速に
rapidity n. 素早さ、敏捷

★★
199 **industrial**
[indʌ́striəl]
a. 産業の、工業の

not for commercial or **industrial** purposes
商業用や産業用ではない

one of the leading companies in the rental vehicle **industry** レンタカー業界のリーディングカンパニーの一つ

派 **industry** n. 産業、業界

酒でも一杯

人を飲みに誘っておいて、ため息ばかりつくなよ
あ～あ
うちの会社のcircumstancesがかなりひどいようなんだ
君のところのsubsidiaryの新製品でannual profitsがconsiderableだって言ってたじゃないか
bankrupt直前の海外企業の買収に全部投資しちゃったんだよ
へえ、こんなrecessionの時期に太っ腹だね
損害がtremendousだっていう噂だ
お宅の社長practicalでaccurateだったはずなのに、どうしてまた
会社の雰囲気が最悪なんだ
それもそうだろう
なんとか立ち直そうとstruggleしてはいるんだが
まあ飲めよ

大規模な人員削減の噂までたって、みんなbewilderedな状態だ
フウ〜
会社の株価もplummetしてproductivityもどんどん落ちて…
いやあ、sturdyな会社でも将来をforeseeできない時代なんだなあ
不安で不安で、これからどうしていいかも分からない
転職する気はあるのか？
できるものなら…
うちの従兄弟に会ってみるか？
従兄弟？
名うてのヘッドハンターなんだ
ありがたい。頼りになるのはやっぱり友達だ
ガバッ！
人脈がtremendousだから信じてもらっていいよ
ところで…
君はどうして遊んでるだい？
従兄弟は僕の頭脳には食指が動かないらしい

QUIZ DAY 4

空所に当てはまる単語を下の選択肢から選びなさい。

1. Customer satisfaction improved -------- this year.
   今年は顧客満足度がかなり向上した。

2. The equipment has -------- been used.
   その設備はほとんど使われたことがない。

3. The skilled workers -------- a good wage last fall.
   熟練工たちは秋にかなりの賃金を稼いだ。

4. The stock -------- in value by 20 percent.
   株価が20パーセント落ちた。

① considerably	② earned	③ hardly	④ decreased

空所に当てはまる単語を選びなさい。

5. This quarter's sales are ------- to exceed our sales goal.
   (A) expected (B) concerned

6. A recent study ------- that most people prefer to drive to work alone.
   (A) indicates (B) executes

7. Mr. Filmore is ------- interested in market analysis.
   (A) particularly (B) illegally

8. We should work ------- hours to meet the deadline for the project.
   (A) preliminary (B) extended

9. ------- information can prevent you from obtaining a credit card.
   (A) Inaccurate (B) Tremendous

10. He dedicated a ------- amount of time to the research.
    (A) sturdy (B) substantial

訳 ▶ p.407

| 正解 | 1.① 2.③ 3.② 4.④ 5.(A) 6.(A) 7.(A) 8.(B) 9.(A) 10.(B)

WEEK1 **DAY5** 社員の業務・生活・福利厚生

Silva Energy realized that the tax figures were not consistent with those calculated by the accountant.

Silva Energy社は、税額が会計士の計算した額**と一致し**ないことに気づいた。

As a consequence of a computer error, workers have paid too much tax.

コンピューターのエラーの**せいで**、社員たちは税金をかなり払いすぎた。

For the last quarter, Silva Energy deducted the wrong amount of tax.

先の四半期に、Silva Energy社は誤った税額を**控除した**。

Tax was deducted at 11 percent for three consecutive months.

3か月**連続**して税金が11パーセント控除された。

The normal tax rate for Silva Energy employees is 10 percent.

Silva Energy社の社員の**正しい**税率は10パーセントだ。

Silva Energy employees are eligible to receive a tax refund.

Silva Energy社の社員は税金の還付を**受ける資格がある**。

The company plans to upgrade their system to eliminate future errors.

会社は今後のエラーを**なくす**ために、システムをアップグレードする計画だ。

Tax error at Silva Energy

Silva Energy社の税額控除ミス

200 ★★★ **consistent**
[kənsístənt]
a. 一貫した、矛盾のない

The quality of the furniture designed at Carl's Furniture has been **consistent** for 50 years.
Carl家具のデザインした家具の品質は、50年間変わっていない。

have **consistently** produced high-quality musicals
質の高いミュージカルを制作し続けてきた

派 consistently ad. 引き続き、変わりなく
inconsistent a. 一致しない
CF be consistent with ～と一致した

201 ★ **consequence**
[kánsəkwèns]
n. 結果、重要性

can have serious **consequences**
深刻な結果をもたらしえる

Their service became better and **consequently** profits have increased.
サービスが良くなり、結果として利益が増えた。

派 consequently ad. 結果的に

202 ★ **deduct**
[didʌ́kt]
vt. ～を控除する・差し引く

Nothing will **be deducted** from your pay without your consent.
あなたの同意なしには給料から何も控除されません。

after tax **deductions** 税額控除後に

派 deduction n. 控除、差し引き
deductive a. 推理に基づいた、演繹的な

203 ★ **consecutive**
[kənsékjutiv]
a. 連続的な、引き続く

She won her third **consecutive** championship.
彼女は3回連続でチャンピオンになった。

for the fourth **consecutive** month
4か月連続で

派 consecutively a. 連続的に

204 ★★ **normal**
[nɔ́ːrməl]
a. 標準の、正常な
n. 標準、基準

during **normal** business hours 通常の勤務時間中に

March temperatures were several degrees **below normal.** 3月の気温は平年の気温よりも数度低かった。

派 normally ad. 正常に
abnormal a. 異常な
CF above[below] normal 標準以上[以下]の

205 ★★★ **eligible**
[élidʒəbl]
a. 資格のある

Donors **are eligible to become** members of the committee. 寄付者は委員会のメンバーになる資格がある。

Full time employees **are eligible for** company benefits. 正社員は会社からの諸手当を受ける資格がある。

CF be eligible to do ～する資格がある
be eligible for + 名詞 ～に対する資格がある

206 ★★ **eliminate**
[ilímənèit]
vt. ～を除去する

eliminate the unnecessary consumption of electric power 不必要な電力消費をなくす

派 elimination n. 除去

A 030 B 030

There is an important issue to discuss on today's meeting agenda.

今日のミーティングの**議題**には、論議すべき重要事項がある。

It is critical that we finish the project proposal by next week.

プロジェクトの提案書を来週までに**必ず**仕上げねばならない。

Management expects a detailed copy of the proposal by Friday.

経営陣は、金曜日までに**詳細な**提案書のコピーが手に入ると思っている。

All staff must work extra hours to meet the impending deadline.

全社員は、**差し迫った**締め切りに合わせ残業をしなければならない。

Meeting the deadline is feasible if we work over the weekend.

週末も仕事をすれば、締め切りに間に合わせることが**できる**。

The design department will collaborate with the art department.

デザイン部署は美術部署**と協力する**だろう。

This collaboration will simplify and accelerate the work process.

このような共同作業は、仕事の行程を**簡素化し**、早めるだろう。

The impending deadline

間近に迫った締め切り

★ 207 **agenda**
[ədʒéndə]
n. 議事日程、協議事項

cover all the items on the **agenda**
議事録にあるすべての案件を扱う

the **agenda** for tomorrow's meeting 明日の会議の議題

★★★ 208 **critical**
[krítikəl]
a. 決定的な、重大な、批判的な

critical issues 重大な問題

be highly **critical of** our safety procedures
我々の安全手順に対し非常に批判的だ

criticize the book **for** its many faults
本に誤りが多いことを批判する

派 **critic** n. 評論家 **criticize** vt. ～を批判する
CF **be critical of** ～に対し批判的だ
criticize A for B BについてAを批判する

★★★ 209 **detailed**
[dí:teild]
a. 詳細な、詳しい

a more **detailed** conference schedule
より詳しい会議日程

for more **details** on Star Electronics products
Star Electronicsの製品の詳細を知るには

派 **detail** n. 細部(項目)、詳細な説明 vt. ～を詳しく述べる
CF **in detail** 詳細に

★ 210 **impending**
[impéndiŋ]
a. 差し迫った、切迫した

the **impending** merger
近々の合併

★ 211 **feasible**
[fí:zəbl]
a. 実行できる、可能な

feasible alternatives to fossil fuels
化石燃料に取って代わることのできる代案

★★★ 212 **collaborate**
[kəlǽbərèit]
vi. 共同で取り組む(with)

collaborate with the design department **on** the new project 新規プロジェクトにデザイン部署と共同で取り組む

enhance **collaboration** among employees
社員同士の協力を促進する

The two institutes will work **collaboratively** on this study. 両研究所はこの研究を共同で進めるだろう。

派 **collaboration** n. 協力 **collaborative** a. 協力的な
collaboratively ad. 共同で
CF = **cooperate**
collaborate with A on B Aと協力してBに取り組む

★ 213 **simplify**
[símpləfài]
vt. ～を単純化する・簡素化する

simplify the process 手順を簡素化する

To place your order, **simply** complete the attached order form and send it to us.
ご注文になるには、添付の書式にご記入のうえ私どもまでお送りください。

派 **simple** a. 簡単な、単純な **simply** ad. ただ、簡単に

The security checkpoint at Macrosoft's facility has been automated.

Macrosoft社の施設のセキュリティーチェックポイントが**自動化された**。

A sophisticated electronic system has replaced the security guards.

精巧な電子装置が警備員に取って代わったのだ。

There have been several security problems at the Macrosoft complex.

Macrosoft社の**複合施設**でたびたびセキュリティー問題が発生した。

Management felt that the old security system was insecure.

経営陣は、古いセキュリティーシステムが**安全ではない**と感じた。

The new electronic security system can identify employees instantly.

新たな電子セキュリティーシステムは、社員を**即時に**認識することができる。

Staff must insert their hand into a machine when entering the building.

建物に入るとき、社員は手を機械の中に**差し入れ**なければならない。

An internal scanner reads employees' fingerprints and authorizes entry.

内部のスキャナーが社員の指紋を読み取り、入場を許可する。

The security checkpoint at Macrosoft

Macrosoft社のセキュリティーチェックポイント

★★
214 **automate**
[ɔ́:təmèit]
vt. ～を自動化する

automated production line
自動化された生産ライン

You will be enrolled **automatically.**
あなたは自動的に登録されることになります。

派 **automation** n. 自動化 **automated** a. 自動化された
automatic a. 自動の **automatically** ad. 自動的に

★
215 **sophisticated**
[səfístəkèitid]
a. 精巧な、洗練された

attract more clients with its new **sophisticated** look
新しく洗練された外見でより多くの顧客を惹きつける

派 **sophisticate** vt. ～を精巧にする
sophistication n. 洗練、精巧さ

★
216 **complex**
[kámpleks]
n. (建物の)複合体、(工場)団地
a. 複雑な、複合の

sports **complex** スポーツ総合施設

All workers perform **complex** tasks.
すべての社員は複雑な業務をこなしている。

派 **complexity** n. 複雑さ

★★★
217 **secure**
[sikjúə*r*]
a. 安全な、危険のない
vt. ～を確保する

keep the document in a **secure** location
書類を安全な場所に保管する

securely fasten your safety belt
シートベルトをしっかりと締める

A sufficient loan **was secured.**
十分な貸出金が確保された。

派 **insecure** a. 不安な
securely ad. しっかりと、安全に

★
218 **instantly**
[ínstəntli]
ad. 即時、即席で

A corporate logo should be **instantly** recognizable.
会社のロゴは、一目でわかるものでなければならない。

receive **instant** feedback 即座に反応を受け取る

派 **instant** a. 即時の、即席の

★
219 **insert**
[insə́:*r*t]
vt. ～を挿入する・掲載する
[ínsə:*r*t]
n. 挿入広告、挿入物

Batteries **are inserted** correctly.
バッテリーはきちんとはめ込まれている。

inserts that will be placed inside magazines
雑誌の広告記事

★
220 **internal**
[intə́:*r*nl]
a. 内部の、国内の

change its **internal** mail policy
社内郵便物規定を変更する

recruit **internally** as well as outside its workforce
外部だけでなく内部からも人材を補う

派 **internally** ad. 内部的に

A 032 B 032

The Protax research team has submitted the final draft of its project proposal.

Protax社の研究チームが、プロジェクト提案書の最終**案**を提出した。

The scientists are eager to receive funding for their research project.

科学者たちは研究プロジェクトに対する資金援助を**受けたがっている。**

In the proposal, the scientists listed the funds and resources they require.

提案書で、科学者たちは必要な資金や**物資**を列挙した。

The proposal will be examined by the board of directors at Glax-Kline.

提案書はGlax-Kline社の取締役会で**検討される**ことになる。

The team must patiently await the final decision of the board members.

チームは、理事会の最終決定をじっと**待た**ねばならない。

Once they receive funding, the team will have the means to proceed with the project.

資金の支援が得られれば、チームはプロジェクトを推進する**財源**を確保することになる。

Protax Labs is widely known for its diabetes research.

Protax研究所は、糖尿病の研究で**広く**知られている。

The team's latest project included a detailed analysis of the disease.

チームの最近のプロジェクトには、この病気の詳細な**分析**が含まれている。

A research project proposa

研究プロジェクト提案書

★★
221 **draft**

[drǽft]

n. 草稿、草案、設計図
vt. ～の草案を作る

The **draft** still contains errors.
原稿にはまだ間違いがある。

start **drafting** contracts
契約書の草案作りを始める

★★★
222 **eager**

[í:gər]

a. 熱望している、渇望している

a company **eager to expand** its business in China
中国でのビジネス拡大を切望する会社

We are **eagerly** anticipating the festival.
私たちはフェスティバルに強い期待を寄せています。

派 **eagerly** ad. 非常に
CF **be eager to do** しきりに～したがる

★★★
223 **resources**

[rí:sɔ:rsiz]

n. 資源、物資、資産、資料

city maps, travel guides and other **resources** for tourists
市街図、旅行ガイド、その他の観光客用資料

natural resources 天然資源

派 **resourceful** a. 才覚がある、資源の豊かな
TIP 「資源、物資、資産、資料」の意味で使うときは、通常複数形にする。

★★
224 **examine**

[igzǽmin]

vt. ～を検査する・検討する

examine the application 申込書を審査する

a comprehensive physical **examination**
総合健診

派 **examination** n. 検査、試験

★
225 **await**

[əwéit]

vt. ～を待つ

eagerly **await** the announcement of the award winners 受賞者発表を心待ちにする

TIP awaitは他動詞なので、前置詞なしで目的語をとる。
wait forとしっかり区別しよう。

★★
226 **means**

[mí:nz]

n. 手段、方法、財源、財産

The security gate operates **by means of** a remote controlled device. セキュリティゲートはリモコンで動く。

CF **by means of** ～により
by no means 決して～ではない
TIP 単数形・複数形ともにmeansである。
ex. a means of communication (意思疎通の方法)

★★
227 **widely**

[wáidli]

ad. 広く

the most **widely** used material
最も広く使われている材料

the **widest** selection of headsets
ヘッドセットの最大の品揃え

派 **wide** a. 広い、広範囲な

★★★
228 **analysis**

[ənǽləsis]

n. 分析

a reliable **analysis** of the latest economic trends
最近の経済動向に関する信頼できる分析

analyze the data データを分析する

market **analyst** 市場分析家

派 **analyze** vt. ～を分析する **analyst** n. 分析家、アナリスト

A 033 B 033

Worker's Rights Group insists that night workers receive regular breaks.

労働者権利グループは、夜間勤務者は**定期的な**休憩を取るべきだと強く主張している。

A recent study claimed that many night-shift staff suffer from fatigue.

最近の調査によると、多くの夜勤社員が**疲労**で苦しんでいるとのことだ。

Many of the employees involved in the study said they felt exhausted.

この調査に参加した多くの社員が、**疲労**を感じると訴えていた。

A tired employee will be easily distracted from their duties.

疲れている社員は、職務**から気が散り**やすい。

Fatigue can cause workers to become frustrated by difficult tasks.

疲労は、難しい業務に伴う**苛立ち**を社員たちに与えることもある。

An exhausted employee is a liability to the company he works for.

疲労した社員は、勤務先の会社にとって**負担**になる。

Fatigue is also a major cause of absence from work.

疲労はまた**欠勤**の主な原因でもある。

Night-shift workers need breaks

夜勤社員は休息が必要

★★★
229 **regular**
[régjulər]
a. 規則的な、定期的な、正規の

regular customers 常連客

Our **regular** hours are from 9 A.M. to 3 P.M. Monday through Thursday.
私どもの通常営業時間は、月曜日から木曜日の午前9時から午後3時までです。

should be checked **regularly**
定期的に点検を受けるべきだ

派 **regularly** ad. 定期的に **regularity** n. 規則性、正規
regularize vt. ～を正規化する
CF **on a regular basis** 定期的に

★
230 **fatigue**
[fətíːg]
n. 疲労、疲れ

the symptoms of travel-related **fatigue**
旅行に伴う疲労の症状

★
231 **exhausted**
[igzɔ́ːstid]
a. 消耗した、枯渇した、疲れた

be **exhausted** from the long flight 長距離飛行で疲れている

We found the long waiting time **exhausting**.
長い待ち時間が人を疲れさせることがわかった。

派 **exhausting** a. 疲れさせる
exhaustion n. 消耗、枯渇、放出

★★
232 **distracted**
[distrǽktid]
a. 注意散漫な

be **distracted** by a buzzing noise
耳障りな音で注意が散漫になる

by **distracting** employees **from** their work
社員の仕事への注意力をそぐことにより

The illustration is too **distracting**.
説明がまとまっていなさすぎる

派 **distract** vt. ～を散漫にする **distracting** a. 心を散漫にさせる
distraction n. 注意散漫
CF **distract A from B** Aの注意をBからそらす

★
233 **frustrated**
[frʌ́streitid]
a. イライラした、欲求不満の、挫折した

be **frustrated** with the traffic jam 交通渋滞に苛立っている

It is **frustrating** to drive in heavy traffic.
渋滞の中を運転するのはイライラする。

派 **frustrating** a. イライラさせる

★
234 **liability**
[làiəbíləti]
n. 責任、負担

liability waiver form 免責覚書

This car **is** old and **liable to break** down.
この車は古いので故障しやすい。

派 **liable** a. 責任を負うべき、～しがちな
CF **be liable[likely] to do** ～しがちだ

★
235 **absence**
[ǽbsəns]
n. 不在、欠勤

a leave of **absence** 休職、休暇

the problem of **absenteeism** in the division
部署内における欠勤問題

派 **absent** a. 欠勤の、不在の **absenteeism** n. 長期欠勤
CF **be absent from** ～を欠席する・欠勤する
in one's absence ～の不在中に

The objective of this memo is to offer advice on how to be a good manager.

このメモの**目的**は、良い管理職になるためのアドバイスを提供することです。

Try to narrow the communication gap between you and your subordinates.

あなたと**部下**との間のコミュニケーション**ギャップ**を埋めるように努力してください。

Try to organize a team-building excursion at least once a year.

チームの親睦のための**小旅行**を、少なくとも年1回は実施するようにしてください。

By being a helpful supervisor, you can increase employee morale.

上司の支援があれば、社員の**士気**を高めることができます。

Give your employees a monthly appraisal to help their performance.

社員たちの業務の助けになるよう、彼らに毎月**評価**を与えてください。

A good manager should take an objective stance on office disagreements.

良い管理職は、社内の意見の食い違いに対し客観的な**立場**をとるものです。

Above all, an effective manager must be unwavering in his or her decisions.

何よりも、有能な管理職は**確固たる**決定を下さなければなりません。

How to be a good manager

良い管理職になるには

★★
236 **objective**
[əbdʒéktiv]
n. 目的、目標
a. 客観的な

The **objective** of this meeting is to review how well our employees are performing.
この会議の目的は、社員たちがいかにしっかり仕事をしているかを検討することです。

listen **objectively** to both sides
双方の意見を客観的に聞く

派 **objectively** ad. 客観的に

★
237 **gap**
[gǽp]
n. 格差、欠如

the **gap** between supply and demand
供給と需要の格差

★
238 **subordinate**
[səbɔ́:rdənit]
n. 部下
a. 下級[下位]の、卑屈な

give several duties to her **subordinates**
いくつかの業務を彼女の部下に与える

派 **insubordinate** a. 反抗的な

★
239 **excursion**
[ikskə́:rʒən]
n. 遠足、小旅行

Bicycles can be rented by the hour for **excursions** into the forest.
森の中に出かける場合は、自転車を時間借りすることができる。

★
240 **morale**
[mərǽl]
n. 士気、意欲

improve **morale** and productivity
士気と生産性を高める

morale among our staff members
我が社の社員たちの士気

★
241 **appraisal**
[əpréizl]
n. 評価、査定

Performance **appraisals** are carried out twice a year.
業務評価は年2回実施される。

the **appraisal** system
評価システム

派 **appraise** vt. ～を評価する

★
242 **stance**
[stǽns]
n. 態度、立場

express the management's **stance** on the proposed plan
提案書に対する経営陣の立場を表明する

★
243 **unwavering**
[ʌnwéivəriŋ]
a. 揺るぎない、確固たる

demonstrate his **unwavering** commitment to economic reform
経済改革に対する確固たる意志を見せる

A 035 B 035

A memorandum was sent to customer service employees recently.

社内メモが最近顧客サービススタッフに送られた。

The subject was the outstanding balances on many customers' accounts.

そのテーマは、多くの顧客の勘定における未決済残高であった。

Now, the company must call customers with overdue payments.

今、会社は滞った支払いのある顧客に電話をかけなければならない。

Customer service staff should make customers aware of what outstanding bills entail.

顧客サービススタッフは、延滞がどのような結果をもたらすかを顧客に周知させなければならない。

Non-paying customers may have their mobile service contracts canceled.

支払いのない顧客は、モバイル通信契約が解除になることもある。

In some cases, when a contract expires, it will not be able to be renewed.

場合によっては、契約満了時に更新できなくなることもある。

A memo about outstanding balances

未納金に関する社内メモ

★
244 **memorandum**

[mèmərǽndəm]

n. メモ、記録、回覧、社内通信文

The work schedule is outlined in the **memorandum**.
作業日程は、回覧に要約が載っている。

as stated in our **memo** dated March 21
3月21日付の回覧で言及されたとおり

CF = memo

TIP memoはmemorandumの縮約形で、口語表現である。

★★
245 **outstanding**

[àutstǽndiŋ]

a. 未決済の、卓越した

the **outstanding** balance 未納額

have **outstanding** qualifications for the position
その職責に見合う卓越した資質を持っている

★
246 **overdue**

[òuvərdjú:]

a. 延滞の、期限の過ぎた

return his **overdue** books
未返却図書を返却する

The payment has been **overdue** since May.
5月以降支払いが滞っている。

★★★
247 **aware**

[əwέər]

a. 知っている、気がついている

be aware of the new dress code policy
新たな服装規定を知っている

Please **be aware that** the executive meeting will be held tomorrow.
明日幹部会議が開かれることをご承知おきください。

派 awareness n. 認識

CF be aware of/that節 ～を知っている
= be conscious of/that節
= be advised that節

★
248 **entail**

[intéil]

vt. ～を伴う
(結果を)もたらす

Recession **entails** job losses.
不景気は失業をもたらす

Investment **entails** risks.
投資にはリスクが伴う

★★
249 **contract**

[kántrækt]

n. 契約(書)

[kəntrǽkt]

vt. ～を契約する
vi. 請け負う

Please sign and return one copy of the enclosed **contract**.
同封の契約書にサインのうえ、1部をご返送ください。

contract outside designers
外部のデザイナーたちと契約する

派 contractor n. 契約者、建築請負業者

★★
250 **expire**

[ikspáiər]

vi. (契約などが)満了する
(期間が)終わる

Your membership **expires** at the end of September.
あなたの会員権は9月末に満了となります。

the **expiration** date 満期日、有効期限

expired food 賞味期限切れの食品

派 expiration n. 満期、満了
expired a. 満了した、期限切れの

充電が必要なとき

会社生活も10年目
毎日変わりのない日常に嫌気がさして
liabilityが重くなるにしたがって
fatigueもたまり
そんなこともまともに処理できないなんて、この仕事いったい何年やってるんですか？
申し訳ありません
ぺこぺこ
何よ、あの部長の言い方！
完全にexhaustedな感じ
会社を辞めるわけにもいかないし
何かfeasibleな気分転換法はないかしら
excursionにでも行こうか…
ユン課長、今ちょっといいい？
いいえ
製品開発チームとcollaborateするプロジェクトの件でね
プロジェクトの提案書のdraftにcriticalな問題があって
それで？

ユン課長に1週間だけでも
手伝ってもらえれば…
いやです！
僕が有能な
subordinateを付けるから
いやだって…
よろしく
お願い
しま〜す
ざっと目を通して
簡単なappraisalを
していただければ
いいんです
いやあ、こんな
outstandingな
青年が…
えっ？
本当に手伝って
くれるんですか？
その程度の
ことなら…
frustratingな日常を明るくしてくれる存在
ありがとうございます！
一所懸命頑張ります
い、いや、
そんな…
unwaveringな
stanceを
見せなきゃ…
花より男子
イケメン
だわ！
ユン課長のmoraleを刺激
するにはこれが最高なのさ

QUIZ DAY 5

空所に当てはまる単語を下の選択肢から選びなさい。

1. Glen Sports has -------- produced high-quality sporting goods for 20 years.
   Glen Sportsは20年間ずっと品質の良いスポーツ用品を生産してきた。

2. This contract -------- three months ago.
   この契約は3か月前に満了した。

3. Please lock the door -------- before leaving the office.
   オフィスを出る前には、ドアにしっかり鍵をかけてください。

4. Huntington Group -------- with a public relations professional to increase sales.
   Huntington Groupは、売り上げを伸ばすために広告の専門家と力を合わせた。

① securely	② collaborated	③ expired	④ consistently

空所に当てはまる単語を選びなさい。

5. Mr. Cohen is -------- to become the next vice president.
   (A) eligible　　(B) sophisticated

6. Group discussions are an effective -------- of communication among employees.
   (A) means　　(B) drafts

7. Jane Grey received an award for her -------- work in the marketing division.
   (A) distracted　　(B) outstanding

8. I'll check my e-mail -------- during my vacation.
   (A) widely　　(B) regularly

9. Local residents were openly -------- of the building construction plan.
   (A) feasible　　(B) critical

10. Please be -------- of the new dress code policy.
   (A) aware　　(B) normal

訳 ▶ p.407

正解 | 1.④ 2.③ 3.① 4.② 5.(A) 6.(A) 7.(B) 8.(B) 9.(B) 10.(A)

WEEKEND_1 実戦**TEST**

01. Goldman Real Estate announced the ------- of Martha Lee to the position of Chief Operating Officer this morning.

(A) attendance
(B) intention
(C) proportion
(D) promotion

02. Although you fail to meet the ------- for the position of laboratory supervisor, we would like to offer you the position of research assistant.

(A) figure
(B) role
(C) announcement
(D) requirements

03. New workers receive a ------- manual that explains how to use factory machinery correctly and safely.

(A) disciplined
(B) preferred
(C) skilled
(D) detailed

04. Please remember to ------- your salary history when submitting your résumé to Chen Engineering, Inc.

(A) include
(B) ensure
(C) require
(D) affect

05. Employees who are interested in Friday's ------- to Brodick Castle should notify their department manager.

(A) excursion
(B) recruit
(C) reservation
(D) proposal

06. Because Mr. Waddell will not be available to take calls this morning, all ------- should be made to Mr. Garland in the personnel department.

(A) problems
(B) assets
(C) inquiries
(D) positions

07. The ------- employee performance appraisals are conducted on the last Friday of each month.

(A) former
(B) feasible
(C) routine
(D) suitable

Question 8-10 refer to the following e-mail message.

To: Sharon Osbourne <sharon22@smail.com>
From: Customer Service <customerservice@t-mail.com>
Date: February 10 11:39
Subject: Your account

This is to inform you that your T-mail account ------- yesterday, June 23rd, due to

08. (A) expired
(B) discarded
(C) distributed
(D) attended

long-term inactivity. It is important that you use your e-mail account -------,

09. (A) shortly
(B) regularly
(C) previously
(D) modestly

otherwise, after a three-month period of disuse it will become inactive. If you wish to reactivate your account, go to our homepage www.t-mail.com and type in your username and password and your account will be ------- automatically.

10. (A) renewed
(B) provided
(C) relocated
(D) revealed

Should your account remain inactive, all incoming mails made to that address will be returned to the sender with an error message.

>> 正解と訳 p.408

WEEK2 **DAY1** 会社の方針・戦略

A 036 B 036

Management at Colby Corporation will undergo changes next week.

Colby社の経営陣には、来週入れ替えが**ある**だろう。

The restructuring of management includes merging two departments.

経営**再編**には、二つの部署の統合も含まれる。

The design and art departments will merge under the new structure.

デザイン部と美術部が新たな**組織**のもとで統合されるだろう。

The merging of the two departments will decrease monthly expenditure.

両部署の統合により、毎月の**支出**が減るだろう。

Colby director, Chris Adams, feels the two departments are compatible.

Colby社のChris Adams取締役は、両部署は**共存できる**と感じている。

Design department supervisor, Joe Fox, will control the newly formed department.

デザイン部の責任者であるJoe Foxが、新たに組織される部を**取り仕切る**ことになるだろう。

Former art supervisor, Pete Wells, will be transferred to a new branch.

美術部の責任者Pete Wellsは、新しい支社に**異動になる**だろう。

Mr. Wells will lead the new branch's art and design teams.

Wells氏は、新支店の美術・デザインチームを**率いる**ことになる。

The merging of two departments

二部署の統合

★★
251 **undergo**
[ʌndərgóu]
vt. (変化を)経験する
(検閲を)受ける

The facilities **are undergoing** renovations.
その施設は改修工事中です。
without **undergoing** certain required inspections
要求されるいかなる検査も受けずに

★
252 **restructuring**
[rìːstrʌ́ktʃəriŋ]
n. リストラ、組織再編
組織再構築

require **restructuring** リストラを必要とする
restructure the entire public transportation system
公共交通システム全体を再整備する
派 **restructure** vt. (組織・制度を)再編する

★
253 **structure**
[strʌ́ktʃər]
n. 構造、組織、構造物
vt. (計画などを)構成する
～を組織化する

one of the oldest **structures** in the region
その地域で最も古い構造物の一つ
a highly **structured** daily schedule
非常にうまく組まれた日程

★
254 **expenditure**
[ikspénditʃər]
n. 支出、費用

this quarter's income and **expenditure** report
今四半期の収入と支出の報告書
派 **expend** vt. ～を使う・消費する

★★
255 **compatible**
[kəmpǽtəbl]
a. 互換性のある、適合した
気の合う

Most components are **compatible with** our earlier models. 大部分の部品は以前のモデルと互換性がある
派 **incompatible** a. 合わない
cf **compatible with** ～と互換性のある

★★★
256 **control**
[kəntróul]
vt. ～を統制する・管理する
n. 統制、管理、監督

quality **control** 品質管理
uncontrolled population growth
野放しの人口増加
派 **uncontrolled** a. 統制されない

★★
257 **transfer**
[trænsfə́ːr]
vt. ～を転勤させる・振り込む
vi. 転勤する(to)
[trǽnsfəːr]
n. 転勤、移動

transfer money from one account **to** the other
ある口座から別の口座にお金を移す
request a **transfer** to the London office
ロンドン事務所への転勤を申し出る
派 **transferable** a. 移転可能な、譲渡可能な
cf **transfer A to B** AをBに移す
transfer to ～に転勤する・転校する

★★★
258 **lead**
[líːd]
vt. ～を導く
vi. 先頭に立つ、案内する
n. 先頭、率先、指揮

A second job can **lead to** a new career.
副業が新たな本業になることもある。
a **leading** distributor of auto parts
自動車部品供給のリーディングカンパニー
派 **leading** a. 先頭に立つ、屈指の **misleading** a. 誤解を与える
cf **lead to + 名詞** ～の結果をもたらす
lead A to do Aを～するよう仕向ける

A 037 B 037

Alba Corporation received government approval to take over Uhuru, Inc.

Alba社は、Uhuru社の買収について政府の**承認**を得た。

Alba tried to assume control of Uhuru, Inc. earlier this week.

Albaは今週始めに、Uhuru社の指揮権を**引き継ご**うとした。

An intervention was made by Uhuru, Inc.'s chairman, Akira Watanabe.

Uhuru社の会長Akira Watanabeがこれに**介入**した。

Mr. Watanabe claimed that Alba Corporation had broken takeover regulations.

Watanabe氏は、Alba社が買収**規定**に違反したと主張した。

Companies that are not in observance of takeover regulations face serious consequences.

買収規定**を遵守し**ない会社は、深刻な状況に陥ることになる。

Alba's director asserted that the company had not acted improperly.

Albaの取締役は、自社が不適切な行いをしたことはないと**主張し**ている。

Until a press conference is held, details of the situation remain vague.

記者会見が開かれるまで、詳細は**不詳だ**。

Alba Corporation taking over Uhuru, Inc.

Alba社のUhuru社買収

★★★
259 **approval**

[əprúːvəl]

n. 承認、賛成

need an **approval** from the bank
銀行の承認を要する

have one's supervisor's **approval**
上司の承認を得る

once the city **approves** the construction bid
市が建設工事の入札をひとたび許可すれば

派 approve vt. ～に賛成する、～を承認する vi. 賛成する、承認する
CF approve of ～について承認する

★
260 **assume**

[əs(j)úːm]

vt. (任務などを)引き受ける
～であると推定する

assume the position of quality control supervisor
品質管理の管理職を引き受ける

It is assumed that the economy will improve next year. 来年は景気が良くなるものと思われる。

CF It is assumed that節 ～と推定される
assuming that節 ～と仮定すると

★
261 **intervention**

[ìntərvénʃən]

n. 介入、干渉

the **intervention** by the central bank
中央銀行の介入

★★
262 **regulation**

[règjuléiʃən]

n. 規定、規則、規制

company safety **regulations** 会社の安全規定

comply with the new customs **regulations**
新たな関税規則に従う

regulate the temperature 温度を調節する

派 regulate vt. ～を調節する・統制する

★★
263 **observance**

[əbzə́ːrvəns]

n. 遵守

We will take a day off tomorrow **in observance of** the national holiday.
国民の祝日につき、明日は一日休業とします。

observe company regulations
会社の規則を遵守する

observe MK laboratory's facilities
MKラボラトリーの施設を視察する

派 observe vt. ～を遵守する(= comply with)、観察する
observation n. 観察
CF in observance of ～を遵守して・記念して

★
264 **assert**

[əsə́ːrt]

vt. ～を強く主張する

Opinion polls **asserted** that a product's quality is more important than its price.
世論調査は、製品の品質が価格よりも重要であることを示している。

派 assertive a. 断定的な assertively ad. 断定的に
assertion n. 断言、断定

★
265 **vague**

[véig]

a. 漠然とした

Some of the clauses the contract contains are **vague**.
契約書の一部条項が曖昧だ。

派 vaguely ad. 漠然と

Artax, Inc. and Ergo Design will meet to resume negotiations.

Artax社とErgo Designは、交渉を**再開する**ために顔を合わせる予定だ。

Recent talks between the two firms have been promising.

最近の両社間の話し合いは**期待感を持たせる**ものだった。

Representatives from both companies will convene next week.

両社の代表が来週**顔を合わせる**予定だ。

If the proposed merger is approved, the new firm will be known as Ergo Artax Design.

提案された**合併**が承認されると、新会社名はErgo Artax Designになるだろう。

Both company chairmen are confident that a deal can be made.

両社の会長は、**協定**が成立することを確信している。

The deal will be a lucrative agreement between both firms.

この協定は、両社にとって**有利な**合意となるであろう。

Final negotiations will commence on Monday morning.

最終交渉は月曜日の朝に**始まる**予定だ。

The new company will be the world's most prominent design firm.

新会社は世界で最も**有名な**デザイン会社になるだろう。

A merger deal

合併協定

★★★
266 **resume**
[rizú:m]
vt. ～を再開する
[rézumèi]
n. 履歴書

After the regular system check-up you may **resume** your normal business operations.
定期システム点検が終われば、通常業務に戻ってかまいません。
Please submit your **résumé** along with the job application form. 就職応募書類とともに履歴書を提出してください。
TIP 「履歴書」という意味では**résumé**という表示が通常。

★★
267 **promising**
[prámisiŋ]
a. 将来性のある、有望な

one of the most **promising** candidates
もっとも有望な候補者の一人
The campaign **promises to improve** public education. キャンペーンは公教育の改善を約束している。
派 **promise** vt. ～を約束する n. 約束、展望
CF **promise to do** ～することを約束する

★
268 **convene**
[kənví:n]
vi. 集まる、開催される

Sales representatives **convened** at the Carnegie Business Center.
営業社員たちがCarnegie Business Centerに集まった。

★★★
269 **merger**
[mə́:rdʒər]
n. 合併

a **merger with** the AP electronic firm
AP電子会社との合併
once **merged** 一度合併すると
派 **merge** vi. 合併する vt. ～を合併させる

★★★
270 **deal**
[dí:l]
n. 取引、協定、数量
vi. 扱う、処理する

deal with critical issues 重要な事案を扱う
a great deal of practical information
膨大な実用情報
派 **dealing** n. 取引、関係
CF **deal with** ～を扱う・処理する **make a deal** 取引する
a great deal of 大量の～

★★
271 **lucrative**
[lú:krətiv]
a. 収支の合う、金になる、有利な

the **lucrative** contract 収支の合う契約
The financial incentive plans proved to be very **lucrative** for the employees.
奨励金制度は社員たちに有利であることが明らかになった。
CF = profitable

★
272 **commence**
[kəméns]
vi. 始まる
vt. ～を開始する・始める

will **commence** operations in April
4月に営業を始めるだろう

★
273 **prominent**
[prámənənt]
a. 卓越した、有名な

a **prominent** investment company 有名な投資会社
The company logo will be **prominently** placed on event T-shirts.
会社のロゴがイベントのTシャツに目立つように入れられるだろう。
派 **prominently** ad. 目立って

A 039 B 039

Sun Electronics recently relocated to downtown Los Angeles.	Sun Electronicsは、**最近**Los Angelsの中心街に移転した。
The new store is located at the intersection of Main Street and 3rd Avenue.	新店舗はMain通りと三番街の**交差点**に位置している。
The store's previous location was on the outskirts of the city.	店舗の以前の場所は、都市の**郊外**だった。
Very few customers visited the store due to its remote location.	**遠い**ロケーションのせいで、店を訪れる人はほとんどいなかった。
For over a month, store managers debated the issue of relocation.	店の経営者たちは、1か月以上にわたり移転問題について**論議した**。
The senior manager felt that the advantages of relocation outweighed the disadvantages.	経営幹部は、移転による利益が不利益を**上回る**と感じた。
Since relocating, the firm has seen a genuine improvement in sales.	移転以降、会社は**実質的な**売上げ増となっている。
Sales for this year were markedly higher than those of last year.	今年の売り上げは去年よりも**目立って**多かった。

Relocation of Sun Electronics

Sun Electronicsの移転

★★★
274 **recently**
[rí:sntli]
ad. 最近、近頃

recently hired engineers 最近採用された技術者たち
due to the **recent** increase in the cost of electricity
最近の電気料値上げにより

派 recent a. 最近の
CF = lately

★
275 **intersection**
[ìntərsékʃən]
n. 交差(点)

Go left at the **intersection**.
交差点を左に行ってください。

CF crosswalk 横断歩道

★
276 **outskirts**
[áutskə̀:rts]
n. 街外れ、郊外

the canning factory on the **outskirts** of town
街外れにある缶詰工場

CF on[at, in] the outskirts of = in the suburbs of
～の郊外に

★
277 **remote**
[rimóut]
a. 遠い、遠く離れた

a **remote** control リモコン

派 remotely ad. 遠く離れて
CF ↔ nearby a. 近い

★
278 **debate**
[dibéit]
n. 討論、論争
vt. ～を討論する・討議する

the **debate** between the candidates in the upcoming mayoral election
来たる市長選挙の候補者間の討論

★
279 **outweigh**
[àutwéi]
vt. (価値、重要性が)
～をしのぐ
～より重大である

When supply **outweighs** demand, prices fall.
供給が需要を超えると、価格が落ちる。

★
280 **genuine**
[dʒénjuin]
a. 本当の、真の、実質的な

For the best-quality results, please use only **genuine** Sun Electronics accessories.
最高の効果を得るためには、Sun Electronicsの純正アクセサリーだけを使ってください。

派 genuinely ad. 本当に

★★
281 **markedly**
[má:rkidli]
ad. 顕著に、目立って

Orders have increased **markedly** after the recent advertising campaign.
最近の広告キャンペーン以降、注文が目立って増えた。
The special envelopes are free of charge and **are marked** I.M.
特製封筒は無料で、I.M.と記されている。
have seen a **marked** increase in the number of customers 顧客数が顕著に増えた

派 mark n. 印、痕跡 vt. ～に印をする
marked a. 顕著な、印のある

A 040 B 040

Zaha International is one of the leading cosmetics manufacturers in Europe.

Zaha Internationalはヨーロッパ有数の化粧品**製造業者**の一つだ。

Chairman, Joe Brooks, has been somewhat disappointed with the firm's performance.

Joe Brooks会長は会社の実績に**多少**失望していた。

Lately, the company has been spending more on research than on advertising.

最近、この会社は広告よりも研究に投資をしてきた。

The popularity of Zaha's products has diminished due to bad advertising.

下手な広告のせいで、Zaha製品の人気が**落ちた**。

Mr. Brooks plans to increase the average monthly advertising expenditure.

Brooks氏は、月**平均**広告支出を増やす計画だ。

Zaha International will embark on a new advertising campaign next month.

Zaha Internationalは、来月新たな広告キャンペーン**に着手する**予定だ。

Increasing the advertising expenditure

広告支出の拡大

★★
282 **manufacturer**
[mænjufǽktʃərər]
n. 製造業者、生産者

an automobile **manufacturer**
= an automobile **manufacturing** company
自動車製造業者

specialize in **manufacturing** musical instruments
楽器製作を専門とする

the newly **manufactured** auto parts
新たに製造された自動車部品

the **manufacturing** industry 製造業

派 manufacture vt. ～を製造する
manufacturing a. 製造業の n. 製造業、工業

★
283 **somewhat**
[sʌ́mhwɑ̀t]
ad. 多少、いくらか

The plan has been only **somewhat** successful.
その計画は多少成功したにすぎない。

be **somewhat** exhausted from the long flight
長いフライトで多少疲れた

★★
284 **lately**
[léitli]
ad. 最近、この頃

Rumors have been circulating **lately**.
最近噂が流れた。

The keynote speaker arrived **late**.
基調講演者が遅れて着いた。

the **latest** market analysis
最新の市場分析

派 late a. 遅い、最近の ad. 遅く
cf = recently

★
285 **diminish**
[dəmíniʃ]
vi. 減少する、減る
vt. ～を減らす

Profits **have diminished** steadily over the last year.
利益は昨年1年間徐々に減少した。

★
286 **average**
[ǽvəridʒ]
a. 平均の、普通の
n. 平均

the **average** temperatures in May
5月の平均気温

the **average** user
一般ユーザー

★
287 **embark**
[imbɑ́:rk]
vi. 着手する

embark on the construction of the convention center
コンベンションセンター建設に着手する

cf embark on ～に着手する

A 041 B 041

The merger of Arkane Systems and Epro, Inc. is gaining **momentum.**

Arkane SystemsとEpro社の合併に**はずみ**がついている。

The companies were once **opponents** in the computer industry.

両社は一時コンピューター業界において**ライバル**だった。

Since March, Arkane has been involved in **prolonged** negotiations with Epro.

3月以降、ArkaneはEproと**長期にわたる**交渉を続けてきた。

Both firms have **parallel** interests in the software market.

両社はソフトウェア市場に**同様の**関心を持っている。

The strengths of each company would **complement** each other well.

それぞれの会社の長所が、互いにしっかり**補い合う**だろう。

The merger should be **mutually** beneficial for both software firms.

合併は両ソフトウェア会社が**相互に**利益となるものでなければならない。

Attorneys for each company are finalizing the details of the deal.

両社の**代理人**が取り決めの細部を詰めている。

The merger of two software firms

ソフトウェア2社の合併

★
288 **momentum**

[mouméntəm]

n. 推進力、勢い

Our market shares are now gaining **momentum** in the international market.
我が社の市場占有率は、国際市場で勢いを得ている。

take advantage of market **momentum**
市場の力を利用する

CF gain[gather] momentum 勢いを得る、はずみがつく

★
289 **opponent**

[əpóunənt]

n. (競争などの)敵、反対者

opponents of the new federal law
新たな連邦法の反対者たち

CF = rival, adversary

★
290 **prolonged**

[prəlɔ́:ŋd]

a. 長引く、長期の

avoid repeated or **prolonged** exposure to sunlight
太陽光への繰り返しまたは長時間の露出を防ぐ

★
291 **parallel**

[pǽrəlèl]

a. 平行の、並んだ
(目的、傾向などが)似た
vt. ～に似る・匹敵する

Darsville Avenue runs **parallel to** Brook St.
Darsville通りはBrook通りと平行して走っている。

Their holdings in the clothing market **parallel** our own.
衣類市場における彼らのシェアは、我々と同程度である。

unparalleled customer satisfaction
最高の顧客満足

派 unparalleled a. 並ぶもののない
CF parallel to ～と並ぶ・平行の

★
292 **complement**

[kámpləmènt]

vt.～を補完する・補充する

[kámpləmənt]

n. 補足物

all-natural 200-calorie snacks that **complement** a healthy lifestyle
健康的な生き方を補完する200カロリーの自然食スナック

派 complementary a. 補完的な
CF = supplement
TIP compliment(ほめる)と混同しないように。

★
293 **mutually**

[mjú:tʃuəli]

ad. 相互に、互いに

a **mutually** acceptable compromise
互いに受け入れられる折衷案

the **mutual** satisfaction of the customer and our company
顧客と我が社の相互満足

派 mutual a. 互いの、共通の

★
294 **attorney**

[ətə́:rni]

n. 弁護士、法定代理人

the **attorney** representing Arkane Systems
Arkane Systemsの代理人の弁護士

CF = lawyer

The budget for our advertising campaign was increased by management.

広告キャンペーンの**予算**が経営陣によって増額された。

Management would like to use a celebrity in the campaign.

経営陣はキャンペーンに**有名人**を使いたがっている。

The director believes that a fresh approach to advertising would benefit our sales.

取締役は、広告に対する新たなアプローチが売り上げに**貢献する**と信じている。

By using a celebrity, we can attract more consumers to our products.

有名人を使うことで、より多くの顧客を我が社の製品に**惹きつける**ことができる。

The more consumers we attract, the more profits we can yield.

多くの顧客を惹きつけるほど、多くの利益を**生む**ことができる。

It is imperative that we choose a celebrity for the campaign that the public would like.

キャンペーンには**必ず**人気のある有名人を選ば**なければならない**。

Subsequent contracts will be made if the commercial succeeds.

広告に成功すれば、**継続**して契約することになるだろう。

If the commercial is not successful, we will terminate the campaign.

広告がうまくいかなければ、キャンペーンは**打ち切る**ことになるだろう。

Using a celebrity in the advertising campaign

広告キャンペーンへの著名人の起用

★★★
295 **budget**
[bʌ́dʒit]
n. 予算、予算案

with smaller advertising **budgets**
より少ない広告予算で
have not finalized next year's **budget** yet
来年の予算案がまだ確定していない

★
296 **celebrity**
[səlébrəti]
n. 有名人、名士

celebrity product endorsements
有名人による製品の推薦

★★★
297 **benefit**
[bénəfit]
n. 利益、恩恵
vi. 利益を得る(from)
vt. ～のためになる

the **benefits** the company offers
会社が提供する福利厚生
benefit from the increasing competition
熾烈化する競争で利益を得る

派 **beneficial** a. 利益になる、有益な
CF **benefit from** ～から利益を得る

★★★
298 **attract**
[ətrǽkt]
vt. (顧客などを)惹きつける
～を魅了する・誘致する

a way of **attracting** customers 顧客を呼び寄せる方法
an **attractive** salary 魅力的な給料

派 **attraction** n. 見もの、名所
attractive a. 魅力的な

★
299 **yield**
[jíːld]
vt. (製品などを)生産する
(利益を)生む
n. 生産量、収穫(量)

A preliminary field test **has yielded** some encouraging results.
予備の調査は有望な結果をもたらした。
reduce crop **yields**
穀物の収穫量を減らす

★
300 **imperative**
[impérətiv]
a. 必ずすべき、必須の

It is imperative to read the policy and procedures document.
方針・手順に関する文書を必ず読まねばならない。

CF **It is imperative to do/that節** 必ず～せねばならない

★★
301 **subsequent**
[sʌ́bsikwənt]
a. その後の

subsequent to approval of the new business plan
新たな事業計画の承認に続き
The first mobile-phone bill is normally larger than **subsequent** bills.
最初の月の携帯電話料金は、普通はそれ以降の月の料金よりも高い。

派 **subsequently** ad. その後に、次に
subsequence n. 続いて起きること、結果
CF **subsequent to** ～に次いで

★
302 **terminate**
[tə́ːrmənèit]
vt. ～を終える・終了する

This agreement may **be terminated** at any time.
この契約はいつでも打ち切ることができる。
upon **termination** of employment
雇用が終了すると

派 **termination** n. 終了、終点 **terminal** a. 終末の、終着駅の

さほど悪い話でも…

来週株主たちが緊急にconveneされるって話聞いた？
ほんと？とうとうやるのか？
何か聞いてる？
先月うちの会社がSGグループとmergeするって噂があったろう？たぶんその件だ
SGグループ？ 規模の差がmarkedly大きいのに、merger dealなんてできるのかい？
うちが飲み込まれるんだよ
じゃあrecently発売になったうちの製品はどうなるんだい？
コーヒーでも飲む？
うーん…。すごくlucrativeな製品なんだけど、あまり宣伝してないみたいだし…
大規模な広告を打つべきなんだけど、うちの会社はbudgetが足りないからな
まったくだ。研究開発のexpenditureが多すぎて…
でも、大企業に吸収されるとrestructuringがあるよな？
当然さ。会社のregulationsもいろいろ変わるだろう

それで、幹部たちの中には今回のmergerへのopponentsが多いらしい
実務担当者以外はリストラの対象になるからな
うちの社長は猪突猛進型で有名じゃないか
何でもいったん決めたら即座にembark onするからな
個人企業だから社長がassertしたらどうしようもないだろう
表向きは株式会社だけど、株主がdebateしても意味がないと…
会社生活の分かれ道に立っているような気がするな
もっとpromisingな会社を探そうとでも？
そんな！
僕のママがSGグループの系列会社に勤めている息子を自慢する姿が目に浮かぶよ
僕もそうだ。大企業はbenefitsがいろいろあるからね。お見合いの話も…
dealがうまくいくといいな
社長、ファイト！

QUIZ DAY 1

空所に当てはまる単語を下の選択肢から選びなさい。

1. The store has -------- begun to sell bike accessories.
   その店は最近自転車のアクセサリーを売り始めた。

2. We hope to sign a -------- beneficial contract.
   我々は相互に利益となる契約を結ぶことを望んでいる。

3. Techron Co. is one of the -------- companies in the IT industry.
   Techron社はIT業界で屈指の会社の一つだ。

4. The design team is trying to make this product more -------- to the customers.
   デザインチームは、この製品を顧客にとってさらに魅力的なものにしようとしている。

① attractive	② recently	③ leading	④ mutually

空所に当てはまる単語を選びなさい。

5. Our facility will be -------- renovations soon.
   (A) undergoing (B) transferring

6. The government established new safety -------- in the workplace.
   (A) regulations (B) momentums

7. Joe will transfer to the Cairo office tomorrow and -------- his work next week.
   (A) resume (B) convene

8. The new training programs are quite -------- to the new employees.
   (A) genuine (B) beneficial

9. You should receive your supervisor's -------- for use of sick leave.
   (A) observance (B) approval

10. The committee went over the company's -------- for the next fiscal year.
    (A) budget (B) intervention

訳 ▶ p.410

| 正解 | 1.② 2.④ 3.③ 4.① 5.(A) 6.(A) 7.(A) 8.(B) 9.(B) 10.(A)

WEEK2 **DAY2** 製品案内

A 043 B 043

Professor Hewitt has applied for a **patent** for his latest invention.

Hewitt教授は、彼の最新の発明品に対して**特許**を申請した。

He invented an **appliance** which can be used in any household.

彼はどの家庭でも使える**電気製品**を発明した。

The **device** allows users to clean floors by remote control.

その**装置**は、リモコンで床掃除ができるようにするものだ。

In earlier **experiments**, the floor cleaning device performed poorly.

初期の**実験**では、床掃除機の性能はお粗末なものだった。

After some changes were made, the device was able to **function** effectively.

いくつかの修正が施された後、装置は効果的に**作動するる**ようになった。

Consumers will be able to purchase the remote control floor cleaner on the market next year.

消費者は来年、市場でリモコン床掃除機を買えるようになるだろう。

This light and energy efficient product has enormous **potential** for global sales.

この軽くてエネルギー効率の良い製品は、全世界で販売できる非常に高い**潜在力**を持っている。

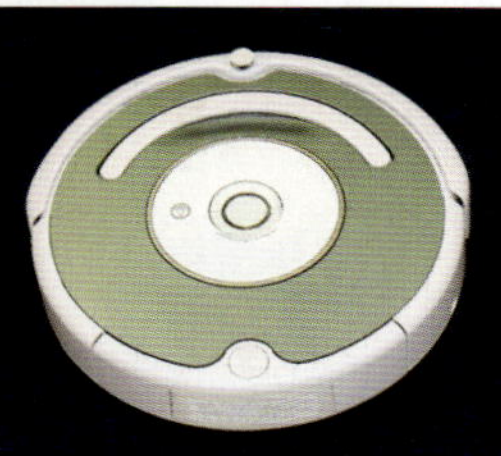

A remote controlled floor cleaner

リモコン床掃除機

★ 303 **patent**
[pǽtnt]
n. 特許
a. 特許の、特許権を持った

secure a **patent**
特許を取る

★★ 304 **appliance**
[əpláiəns]
n. 電気製品、器具

quality kitchen **appliances**
高級な台所器具

★ 305 **device**
[diváis]
n. 装置、考案品

the recording **device**
録音装置

★★ 306 **experiment**
[ikspérəmənt]
n. 実験
[ikspérəmènt]
vi. 実験する(on, with)

Many retailers **have experimented with** the concept of self-service checkout stations.
多くの小売商が無人レジスターのコンセプトを実験してきた。

use an **experimental** method
実験的な方法を用いる

派 experimental a. 実験の、実験的な

★★★ 307 **function**
[fʌ́ŋkʃən]
n. 機能、作用
vi. 機能する、作用する

if the machine doesn't **function** properly
もし機械がきちんと作動しなければ

The building is **functional** and aesthetically appealing.
その建物は機能的で、美的な魅力もある。

派 functional a. 機能の、機能的な
malfunction n. 誤作動

★★★ 308 **consumer**
[kənsú:mər]
n. 消費者

consumers of all ages
あらゆる年齢層の消費者

New automobiles will **consume** less fuel.
新型自動車は燃費が良いだろう。

eliminate the unnecessary **consumption** of electric power
不要な電力消費をなくす

派 consume vt. ～を消費する・使い果たす
consumption n. 消費
cf time-consuming 時間のかかる、時間を食う

★★ 309 **potential**
[pəténʃəl]
n. 可能性、潜在性
a. 可能性のある、潜在的な

reach one's full **potential**
潜在能力を最大限発揮する

potential clients
潜在顧客(= prospective clients)

Aquatab water purification tablets are available in several **flavors**.

Aquatabの浄水剤は、数種類の**風味**のものが売られています。

When you go on a camping trip, use Aquatab to **purify** drinking water.

キャンプに行ったときには、Aquatabを使って飲み水を**浄化し**てください。

Aquatab kills all **common** forms of bacteria and microorganisms.

Aquatabは、**一般的な**バクテリアや微生物をすべて除去します。

In addition to its purifying capability, Aquatab also makes water **taste** delicious.

浄化能力に加えて、Aquatabは水の**味**も良くしてくれます。

Each variety of the water purification tablets has a natural fruit **scent**.

多様な浄水剤は、それぞれ自然なフルーツの**香り**がします。

Aquatab is also available in liquid form, and comes in 50 milliliter **packets**.

Aquatabは液体製品もあり、50ミリリットルの**袋入り**になっています。

For best results, **pour** one packet of Aquatab into one liter of water.

もっとも良い効果を得るには、水1リットルにAquatab1袋を**注いで**ください。

Aquatab water purification tablets

Aquatab浄水錠剤

310 ★ **flavor**

[fléivər]

n. 味、風味

retain freshness and **flavor** for a longer period
長期間鮮度と味を保つ

add chocolate **flavoring** to antibiotics
抗生物質にチョコレートの香料を加える

派 **flavoring** n. 香料、調味(料)
flavorful a. 味の良い、風味のある

311 ★ **purify**

[pjúərəfài]

vt. ～を浄化する・精製する

our current air **purifying** system
我々の現在の空気浄化システム

pure wool 純毛

派 **purification** n. 浄化
pure a. 純粋な、清潔な

312 ★★ **common**

[kɑ́mən]

a. 一般的な、共通の
n. 共通

work towards a **common** goal
共通の目標を目指して仕事をする

The three charity programs share much **in common.**
3つのチャリティープログラムには共通点が多い。

派 **commonly** ad. 一般的に
uncommon a. まれな
cf **in common** 共通して
in common with ～と共通して

313 ★ **taste**

[téist]

vi. 味がする
vt. ～を味わう
n. 味覚、好み

It **tastes** delicious.
それはおいしい。

taste foods from a variety of regions
いろいろな地域でとれた食べ物を味わう

satisfy different consumer **tastes** and needs
多様な消費者の嗜好や要求を満足させる

314 ★ **scent**

[sént]

n. 臭い、香り

have a pleasing **scent**
気分を良くする香りがある

scented candies
香りの良いキャンディー

派 **scented** a. 香りの良い
cf **odor** におい、悪臭
TIP scentは「快いにおい・香り」を意味し、odorは「悪臭や異臭など不快なにおい」を意味する。

315 ★ **packet**

[pǽkit]

n. 束、包み、冊子

the application **packet**
応募書類一式

a **packet** of new product information
新商品の情報を載せた冊子

316 ★ **pour**

[pɔ́ːr]

vt. ～を注ぐ

Water **is being poured** into cups.
水がカップに注がれている。

HealthOnline sells all kinds of health-related goods.

HealthOnlineは、あらゆる種類の健康関連**商品**を販売しています。

We have been providing quality merchandise and excellent services for more than 10 years.

私どもは10年以上にわたり、良質の**商品**と素晴らしいサービスを提供しております。

We also carry vitamins and other dietary supplements.

ビタミンその他の**栄養補助食品**も扱っています。

The prices of our dietary supplements are affordable.

私どもの栄養補助食品は**お手頃な価格**です。

Our food products are superior in quality.

私たちの食品は**素晴らしい**品質です。

If you order in bulk, you'll get a discount.

大量に注文されると値引きいたします。

We customize our products in order to satisfy different consumer tastes.

様々なお客様のお好みに合わせた**特注**品も扱っています。

HealthOnline provides the best goods

HealthOnlineは最高の食品をお届けします

★★
317 **goods**

[gúdz]

n. 商品、製品、物

produce **goods** more efficiently
製品をより効率的に作る

CF = product, merchandise
TIP goodsは「商品、製品、物」の意味では常に複数形で使われる。

★★
318 **merchandise**

[mə́ːrtʃəndàiz]

n. (不可算名詞)商品、製品、物

No returns are allowed on sale **merchandise.**
セールの商品は返品ができません。

some **merchandise** displayed on the Web site
ウェブサイトに載っている一部の商品

★
319 **supplement**

[sʌ́pləmənt]

n. 補足、栄養補助食品

[sʌ́pləmènt]

vt. ～を補完する・補充する

to **supplement** low domestic sales
不調な国内販売を補うため

★★★
320 **affordable**

[əfɔ́ːrdəbl]

a. (価格が)適当な・ちょうどよい
入手可能な

at an **affordable** price
適当な[安い]価格で

be easily **affordable** to all residents
すべての住民がたやすく利用可能な

She **can** not **afford to** take the class.
彼女は授業を取る経済的余裕がない。

派 afford vt. (経済的・時間的)余裕がある
CF can afford to do ～する(金銭的)余裕がある

★
321 **superior**

[supíəriər]

a. 優秀な、素晴らしい

superior service
素晴らしいサービス

be far **superior to** the previous version
前のバージョンよりもはるかに素晴らしい

CF superior to ～より優秀な
TIP 比較対象の前にtoを置く。

★
322 **bulk**

[bʌ́lk]

n. かさ、容積
a. 大量の

buy groceries **in bulk** (quantities)
食料品を大量に買う

winter clothes that are warm, but not **bulky**
暖かいが厚くない冬服

派 bulky a. かさの大きい、分厚い
CF in bulk 大量に

★★
323 **customize**

[kʌ́stəmàiz]

vt. ～を顧客の注文に合わせてつくる

the demand for **customized** products
特注品の需要

a valued **customer** of HealthOnline
HealthOnlineの得意客

派 customer n. 顧客

The new Sirius 550 cell phone **resembles** previous models.

新型の携帯電話機Sirius 550は以前のモデルに**似ている。**

Older Sirius phone models are physically **identical** to the Sirius 550.

Siriusの旧モデルは、外見がSirius 550と**同一だ。**

Some of the functions of its older models **have been adjusted** to meet users' needs.

旧モデルの一部の機能が、ユーザーのニーズに合わせて**手直しされた。**

The company made the cell phone's external casing more **robust.**

会社は携帯電話の外部ケースをさらに**しっかりさ**せた。

Additional games have been added for the **amusement** of phone users.

携帯電話ユーザーの**娯楽**用に、別途ゲームが追加された。

The menu **layout** is much simpler than the ones in older models.

メニュー(画面)の**レイアウト**は、旧モデルよりもはるかにシンプルだ。

Sirius' new phone also has **slightly** more memory capacity than older models.

Siriusの新型携帯電話機は、旧モデルよりもメモリー容量が**若干**多い。

The new Sirius 550 cell phone

新型のSirius 550携帯電話機

★
324 **resemble**

[rizémbl]

vt. ～に似る
　～と共通点がある

The old model **resembled** a walkie-talkie more than a mobile phone.
以前のモデルは携帯電話よりもトランシーバーに近かった。

派 resemblance n. 類似、似ていること
cf bear (a) resemblance to ～に似ている

★
325 **identical**

[aidéntikəl]

a. 同一の、全く同じ

be dressed in **identical** uniforms
同じユニフォームを着ている。

present two forms of **identification**
2種類の身分証明書を提出する

The security officers are **identifiable** by their blue uniforms.
警備員は青いユニフォームで識別できる。

派 identify vt. ～を確認する・識別する identity n. 身分、同一性
identification n. 身分証(明) identifiable a. 識別できる

★★
326 **adjust**

[ədʒʌ́st]

vt. ～を調整する・整備する
vi. 適応する(to)

A man **is adjusting** his seat belt.
男性がシートベルトを調節している。

adjust quickly **to** her new job
彼女の新しい仕事に早く適応する

make some **adjustments** to its facilities
施設を一部整備する

派 adjustment n. 調整 adjustable a. 調整できる
cf adjust to ～に適応する・順応する
make an adjustment 調整する、整備する

★
327 **robust**

[roubʌ́st]

a. しっかりした、強い

The housing market in New Vale has remained **robust**.
New Vale地域の住宅市場は相変わらず健全だった。

cf ↔ weak a.弱い

★
328 **amusement**

[əmjúːzmənt]

n. 楽しさ、娯楽

an **amusement** park
遊園地

派 amusing a. おもしろい、楽しい

★
329 **layout**

[léiàut]

n. 配置(図)、設計

reorganize the **layout** of our Web site
我が社のウェブサイトのレイアウトをやりなおす

★
330 **slightly**

[sláitli]

ad. 若干、少し

Our annual profits have decreased **slightly** each year.
我が社の年間収益は、毎年わずかずつ減少してきた。

There has been a **slight** change to today's conference schedule.
今日の会議日程に若干変更があった。

派 slight a. 若干の、少ない slightness n. わずかであること、微量

The new Cyon washing machine consists of a washing machine and dryer.

Cyonの新型洗濯機は、洗濯機と乾燥機**から構成されて**います。

It can accommodate a larger laundry load than regular washing machines.

一般の洗濯機よりも大量の**洗濯物**を入れることができます。

It operates most effectively with Cyon detergent.

これはCyonの洗剤を使ったときに、もっとも効果的に**作動します**。

Our new product, Cyon Sparkle, is a highly acclaimed brand of detergent.

我が社の新製品Cyon Sparkleは、高い**評価を得ている**洗剤のブランドです。

Pour the detergent into the container, and then put it in the machine.

洗剤を**容器**に注ぎ、それを洗濯機に入れます。

Cyon detergent contains bleach and should be handled carefully.

Cyonの洗剤には漂白剤が入っているので、**注意して**扱ってください。

New Cyon Sparkle is available in one liter cartons.

新しいCyon Sparkleは、1リットル入りの**箱**で販売されています。

The new Cyon washing machine

新しいCyonの洗濯機

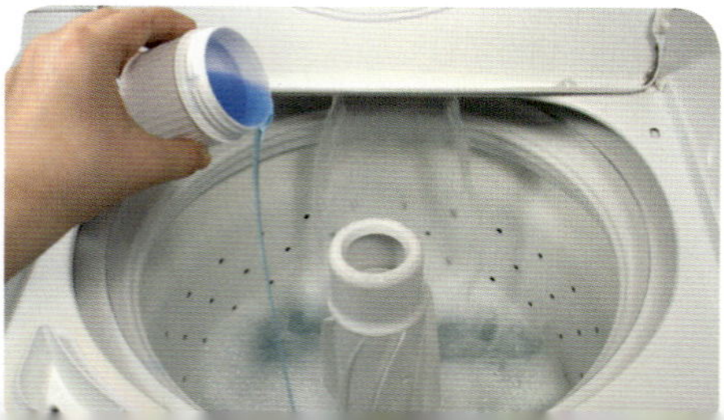

★ 331 **consist**

[kənsíst]

vi. (要素から)成り立つ(of)

The team **consists of** experts.
チームは専門家たちで構成されている。

a panel **consisting of** community leaders
地域社会の指導者たちで構成される委員会

CF consist of = be made up of = be composed of
～で構成される

★ 332 **laundry**

[lɔ́:ndri]

n. 洗濯物、洗濯室

Laundry facilities are available.
洗濯施設が利用できる。

laundry detergent 洗濯用洗剤

★★ 333 **operate**

[ápərèit]

vi. (機械などが)作動する
運営されている
vt. ～を作動させる・運営する

operate a dozen sandwich shops
12店[たくさん]のサンドイッチショップを運営する

oversee the company's **operations**
会社の運営状態を監督する

The factory remained **operational** during the power outage. 停電中にも工場は稼働し続けた。

派 operation n. 作動、運営 operator n. (機械などの)オペレーター
operational a. 操作上の、運営上の

★ 334 **acclaim**

[əkléim]

vt. ～に喝采を送る、賞賛する
n. 賛辞

be widely **acclaimed** by critics
評論家から広く賞賛されている

★ 335 **container**

[kəntéinər]

n. 器、容器
(貨物輸送用)コンテナ

A man is pouring liquid into a **container**.
男性が容器に液体を注いでいる。

This document **contains** confidential information.
この文書は機密情報を含んでいる。

派 contain vt. (容器や場所が)～を含んでいる

★★ 336 **carefully**

[kέərfəli]

ad. 注意して、気をつけて

after **carefully** interviewing a number of qualified applicants
資格を持つ多数の応募者たちを慎重に面接した後

thanks to **careful** planning 入念な計画のおかげで

take care of several personal matters
いくつかの個人的な用事を片付ける

派 careful a. 慎重な care n. 注意、管理 vi. 世話する、好む
carelessly ad. 不注意に
CF care for ～を好む・世話する
take care of ～を世話する・引き受ける

★ 337 **carton**

[ká:rtən]

n. 大箱、紙箱

The serial number is located on the shipping **carton**.
シリアルナンバーは配送用の箱に記されている。

The new Sharp N900 digital camera represents an advance in image technology.

新型デジタルカメラSharp N900は、映像技術**における進歩**を体現している。

Experts believe that the Sharp N900 is the definitive digital camera.

専門家たちは、Sharp N900は**最高の**デジタルカメラだと思っている。

Since it entered the market, demand for the product has been high.

この製品は市場に投入されて以降、高い**需要**を保っている。

The camera incorporates many features present in previous models.

このカメラには、旧モデルにあったたくさんの特徴が**統合さ**れている。

A new feature of the Sharp N900 is its impressive storage capacity.

Sharp N900の新たな特徴は、その**目覚しい**保存容量だ。

The memory card can hold over 5,000 high-quality photographs.

メモリーカードには5,000枚以上の高画質な写真を**収める**ことができる。

Despite its advanced features, the Sharp N900 is reasonably priced.

先進的な仕様ながら、Sharp N900は**手頃**な価格が付けられている。

The new Sharp N900 digital camera

新型のSharp N900デジタルカメラ

★★★
338 **advance**

[ədvǽns]

n. 進歩、前進
a. 先立つ、事前の
vt. 〜を進捗させる
vi. 前進する、進展する

advances in computer technology
コンピューター技術の進歩

Please call 24 hours **in advance** to reschedule it.
スケジュールを変更する場合は、24時間前までに連絡してください。

without **advance** reservations 事前予約なしに

advanced economics course 上級経済学コース

派 advanced a. 進歩した、上級の
CF in advance 事前に、あらかじめ
advances in 〜の進歩

★
339 **definitive**

[difínətiv]

a. 最高の、完全な、明確な

This book is a **definitive** travel guide to India.
この本は最高のインド旅行案内書だ。

★★★
340 **demand**

[dimǽnd]

n. 要求、需要
vt. 〜を要求する・要請する

meet consumer **demand**
消費者の要求を満足させる

She **demanded** to speak to the manager.
彼女はマネージャーとの面談を要求した。

our **demanding** supervisor 要求が厳しい上司

派 demanding a. 要求の多い、きつい
CF demand for 〜に対する要求・需要
demand to do 〜することを要求する

★
341 **incorporate**

[inkɔ́:rpərèit]

vt. 〜を統合する・合併する

A lot of information **was incorporated into** the guide book. たくさんの情報がガイドブックに集約されている。

CF be incorporated into 〜に統合される

★★★
342 **impressive**

[imprésiv]

a. 印象的な、荘厳な

receive an award for his **impressive** contributions to the company 会社に印象に残る貢献をして、賞をもらう

I'**m** very **impressed with** your sales record.
あなたの販売実績に強い感銘を受けました。

派 impress vt. 〜に印象を与える・はっきりと記憶させる
impression n. 印象、感銘
CF be impressed by[with] 〜に感銘を受ける

★★★
343 **hold**

[hóuld]

vt. 〜を(手に)取る、収容する
〜を開催する

hold an annual event
年中行事を開催する

The job fair will **be held** on July 2 in the Strack building.
就職フェアは7月2日にStrackビルで開かれる予定です。

★★
344 **reasonably**

[rí:zənəbli]

ad. 合理的に、分別をわきまえて

Our rates are more **reasonable** than those of our competitors.
我々の価格は競争相手よりも手頃だ。

at very **reasonable** prices 非常に手頃な価格で

派 reasonable a. 合理的な

All Turbomax vacuum cleaners come with a two-year warranty.

すべてのTurbomax**電気掃除機**には、2年間の保証が付いています。

To return your product, you must present a valid receipt.

製品の返品には、**有効な**レシートをお持ちください。

Vacuum cleaners under warranty will be replaced free of charge.

保証期間内の掃除機は無料で交換いたします。

If your vacuum cleaner is faulty, please contact a Turbomax dealer.

もし掃除機に欠陥があった場合は、Turbomaxの**販売店**にご連絡ください。

A qualified Turbomax technician will replace any faulty component.

Turbomaxの専門技術者が、欠陥のある**部品**を交換いたします。

Damage resulting from misuse is not covered by the warranty.

使用上の不注意による**損害**は、保証の対象となりません。

For more information, please contact the Customer Service Department.

詳細は、顧客サービス部まで**ご連絡ください。**

Turbomax vacuum cleaners

Turbomax電気掃除機

★
345 **vacuum**
[vǽkjuəm]
vt. ～に掃除機をかける
n. (電気)掃除機、真空

Vacuuming your carpets everyday is important.
毎日カーペットに掃除機をかけることが大切だ。

★★★
346 **valid**
[vǽlid]
a. 有効な、根拠の確かな

a **valid** driver's license
有効な運転免許証

The special discount offer is **valid** for this week only.
特別割引は今週のみ有効です。

派 **validity** n. 妥当性、有効性
validation n. 認証、確認
validate vt. ～の正当性を認証する

★★
347 **warranty**
[wɔ́:rənti]
n. 保証[書]

extend the **warranty** for the laptop computer to three years
ノートパソコンの保証期間を3年に延長する

CF **under warranty** (商品が)保証期間中である

★
348 **dealer**
[dí:lər]
n. 販売業者

We have many experienced **dealers**.
我々にはベテランの販売業者がたくさんいる。

a registered **dealership**
登録された特約店

CF **dealership** n. 販売代理店、特約店

★
349 **component**
[kəmpóunənt]
n. (機械などの)構成要素、成分

various electric **components**
多様な電気部品

★★★
350 **damage**
[dǽmidʒ]
n. 損害、被害、損傷
vt. ～に被害を及ぼす・損傷を与える

The earthquake caused extensive **damage to** the town. 地震が街に大規模な被害をもたらした。

repairing **damaged** buildings
破損した建物の修理

The computer monitor **was damaged** during shipping.
コンピューターのモニターが配送中に破損した。

派 **damaged** a. 被害を被った、破損した
CF **damage(n.) to** ～への被害
TIP damageが動詞として使われる場合は他動詞になるので、前置詞toなしで目的語をとる。

★★★
351 **contact**
[kántækt]
vt. ～に連絡する
n. 接触、連絡、コネ

You have to **contact** us in advance.
事前に私たちに連絡をいただかねばなりません。

business **contacts**
仕事上の人脈、取引相手

大恥をかいた新入社員

今日はdealerとしての初日だ。がんばるぞ!
あ、お客さんだ
いらっしゃいませ。何をお探しですか?
あの…デジカメ…
デジタルカメラですか?私にお任せください!
いや、その…
これは専門家もたいへんimpressiveだと評価しているモデルです
色もきれいでスマートでしょ?
マニュアル操作への切り替えfunctionもすごいんですよ。patentも取ってます
私は…
価格もreasonableで、2年間無料修理のwarranty付きです
じゃあ、私が一つexperimentをしてみますね

この水をこれにpourしてみます
いや、その…
ちょっと待って
ジャーッ
ほら、この状態で
operateできるsuperior
な性能！
すごいでしょ？
パチパチ
ああ、
はい…
売りながら
amusementまで
こなすこの才能。
僕って天才かも…
もうその
くらいで…
それじゃあ、
今度はお値段が
affordableな
ガバッ
いいかげんに
してよ！
consumerのdemandを満足させるのは容易なことではない
新入社員よ、頑張れ
え？
あんた、どうして
人の話を聞かないの！
デジカメを買いに
来たんじゃなくて、
返品に来たのよ。
もうこれで3回目の故障よ。
どうなってんの？
ペコペコ
誠に申し訳ありません、
お客様

QUIZ DAY 2

空所に当てはまる単語を下の選択肢から選びなさい。

1. If the machine doesn't ------- properly, call our Customer Service Department.
機械がきちんと動かない場合には、顧客サービス部までご連絡ください。

2. Motorists should carry a ------- driver's license.
運転者は有効な運転免許証を携帯しなくてはならない。

3. The company's earnings are not particularly -------.
その会社の収益は特に印象的なものではない。

4. The file cabinet can ------- up to 1,000 sheets of paper.
このファイルキャビネットは1,000枚までの書類を保管できる。

① hold	② function	③ valid	④ impressive

空所に当てはまる単語を選びなさい。

5. World Tour specializes in ------- travel services.
(A) slight (B) customized

6. Analyzing these data is too ------- for the new staff.
(A) demanding (B) definitive

7. Business owners have their own network of business -------.
(A) contacts (B) advance

8. We provide the highest quality goods at ------- prices.
(A) affordable (B) bulky

9. At most companies, it is ------- practice to work overtime in order to meet a deadline.
(A) superior (B) common

10. The fax machine will not become ------- until March 31.
(A) operation (B) operational

訳 ▶ p.410

| 正解 | 1.② 2.③ 3.④ 4.① 5.(B) 6.(A) 7.(A) 8.(A) 9.(B) 10.(B)

WEEK2 DAY3 製品及びサービスの案内

A 050 B 050

Medicorp, Inc. announced a breakthrough in the medical field.

Medicorp社は医学分野における**画期的な研究成果**を発表した。

The company claims its new drug is ten times more effective than older antibiotics.

この会社は、自社の新薬がこれまでの抗生物質に比べ10倍効果的だと**主張している**。

Medicorp intends to release the drug under the name of Penicillone.

Medicorpは、Penicilloneという名前でこの薬を**発売し**ようとしている。

Penicillone is an antibiotic which kills bacterial cells.

Penicilloneはバクテリア細胞を破壊する**抗生物質**だ。

The drug recently passed a series of rigid laboratory tests.

この薬は最近、一連の**厳格な**臨床検査に合格した。

A spokesman for Medicorp said the test results were remarkable.

Medicorpの広報担当者は、テスト結果は**驚くべき**ものだったと述べている。

Penicillone can be used as a remedy for a variety of symptoms.

Penicilloneは様々な症状の**治療**に用いることができる。

Presumably, the drug will be a great success.

おそらく、この薬は大成功を収めるだろう。

Medicorp, Inc. releasing a new drug

Medicorp社の新薬発売

352 ★
breakthrough
[bréikθrùː]
n. 大きな発展、画期的な発見

latest **breakthrough** in solar technology
太陽熱技術における最近の画期的な発見

353 ★★★
claim
[kléim]
vt. ～を主張する・請求する
n. (事実・所有権の)主張
(賠償)請求

in order to **claim** reimbursement for your travel expenses 出張経費の精算を申請するには

passengers wishing to **file a claim for** damaged luggages 破損した荷物に対する損害賠償を請求しようとする乗客

items that are **unclaimed** after two weeks
2週間が過ぎても持ち主が申し出ない物品

派 unclaimed a. 持ち主不明の
cf claim that節 ～と主張する
file a claim for ～に対する賠償請求をする

354 ★★★
release
[ríliːs]
vt. (製品などを)発売する
(ニュースなどを)発表する
n. 発売、発表、公開

the **release** of a new book
新刊の出版

No employment information will **be released**.
雇用情報は公開されないでしょう。

355 ★
antibiotic
[æ̀ntibaiάtik]
n. 抗生物質

the increased use of **antibiotics**
抗生物質使用の増加

356 ★
rigid
[rídʒid]
a. 厳格な、頑固な

the city's **rigid** building code 市の厳しい建築規定

maintain a **rigid** perspective
頑固な考え方を保つ

357 ★★
remarkable
[rimάːrkəbl]
a. 注目すべき、驚くべき

Joshua's achievements are **remarkable**, considering his age.
Joshuaの業績は、彼の年齢を考えると驚くべきものだ。

The quality has remained **remarkably** consistent.
品質は驚くほど一貫して保たれてきた。

his **remarks** regarding the new shoe design
新しい靴のデザインに対する彼の意見

派 remarkably ad. 非常に remark n. 意見、批評

358 ★
remedy
[rémədi]
n. 治療(薬)
vt. ～を治療する

the herbal **remedies** 薬草療法

attempt to **remedy** the situation
状況を改善しようと試みる

359 ★
presumably
[prizúːməbli]
ad. おそらく、思うに

Presumably, the train was late because of the snow.
おそらく雪のせいで列車が遅れたのだろう。

cf = probably

A 051 B 051

Primo Credit Services will give you an **overview** of our services.

Primo Credit Servicesが、サービスの**概要**をご案内します。

We will help you **consolidate** your debts.

私どもはお客様の債務の**一本化**をお手伝いいたします。

We will assess your financial **status.**

私どもはお客様の財務**状況**を評価します。

Primo advisors will use their **expertise** to improve your situation.

Primoのアドバイザーたちは、その**専門知識**を生かしてお客様の状況を改善します。

We can **streamline** your various debts so that you have one single monthly payment.

私どもはお客様の各種負債を**簡素化し**、毎月の返済をひとまとめにすることが可能です。

We offer assistance to everyone regardless of your **monetary** income.

私どもは、お客様の収入**金額**に関わらずお手伝いいたします。

Visit Primo Credit Services today for a free **consultation.**

今日Primo Credit Servicesにお越しになり、無料**相談**をお受けください。

We will **clarify** any questions you may have when you visit us.

こちらにお越しくだされば、どんなご質問にも**わかりやすくお答えし**ます。

Primo Credit Services

Primo Credit Services社のサービス

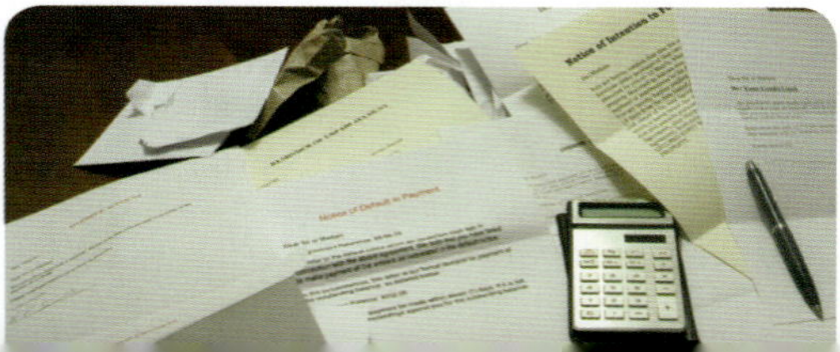

★ 360 **overview**
[óuvərvjù:]
n. 概観、概略

provide you with an **overview** of the training programs we offer
私たちが提供するトレーニングプログラムの概要説明をする

★ 361 **consolidate**
[kənsɑ́lədèit]
vt. ～を統合する・合併する

on the new **consolidated** monthly statement
新たに統合された月次報告書で

派 **consolidated** a. 統合された、合併された
consolidation n. 統合、合併

★★ 362 **status**
[stéitəs]
n. 状態、地位

check an order **status** online 注文状況をオンラインで確認する

reconfirm its **status** as the world's largest media company
世界最大のメディア企業としての地位を再確認する

★★ 363 **expertise**
[èkspə:rtí:z]
n. 専門技術、専門知識

someone with **expertise** in marketing
マーケティングの専門知識を持っている人

take advice from an **expert** 専門家からアドバイスを受ける

派 **expert** n. 専門家 a. 熟練した、専門家の

★ 364 **streamline**
[strí:mlàin]
vt. ～を簡素化する・効率化する

expect the new software to **streamline** operations
新しいソフトウェアが作業を効率化することを期待する

★ 365 **monetary**
[mɑ́nətèri]
a. 財政上の、金融の、貨幣の

The university has received **monetary** aid.
大学は財政支援を受けた。

派 **money** n. お金、賃金

★★ 366 **consultation**
[kɑ̀nsəltéiʃən]
n. 相談、諮問

offer clients an initial **consultation** free of charge
顧客に初回の相談を無料で提供する

consult a lawyer 弁護士に相談する

our firm's specialized **consulting** service
我が社の特別な相談サービス

a financial **consultant** 会計コンサルタント

派 **consult** vt. ～に相談する vi. 相談する(with)
consulting a. 相談役の、顧問の n. 顧問、助言
consultant n. コンサルタント、顧問

★ 367 **clarify**
[klǽrəfài]
vt. (意味を)明確にする
～を明確に説明する

clarify the Wilies Company travel policy
Wilies社の出張規程を明確に説明する

Newspaper editors must ensure all articles have been written with **clarity**.
新聞編集者はすべての記事がわかりやすく書かれているか確認せねばならない。

派 **clarity** n. 明瞭、明確(さ)
clarification n. 説明、解明

A 052 B 052

Arganon Labs, Inc. has received funding for their research from Femtex, Inc.

Arganon Labs社はFemtex社から**研究**資金を受け取った。

The pharmaceutical firm will work in conjunction with Femtex, Inc.

この製薬会社は、Femtex社**と共同で**仕事をする計画だ。

The firms will work jointly on the development of a new drug.

両社は共同で新薬**開発**を進める計画だ。

This new medical treatment will alleviate the symptoms of asthma.

この新治療剤は、喘息の**症状**を和らげてくれるだろう。

Many existing remedies fail to effectively relieve asthma symptoms.

既存の様々な治療法は、喘息の症状を効果的に**緩和**できずにいる。

The technical name for this medication is beta-2 bromide.

この**薬**の専門的名称はベータ-2ブロマイドだ。

In pharmacies, the drug's name will be abbreviated to BetaBro.

薬局では、この薬の名前は「BetaBro」と**短縮化さ**れたものになるだろう。

Two firms' joint work on a new drug

2社の新薬共同開発

★★
368 **research**
[ríːsəːrtʃ]
n. 研究、調査
vi. 研究する、調査する
vt. ～を研究する・調査する

research on the state of the ocean floor
海底の状態に関する研究
to **research into** this matter
この問題について調査するために
need to **research** the latest industry trends
最近の産業の動向を調査する必要がある

派 researcher n. 研究員
CF research into ～について研究する・調査する
～についての研究・調査

★
369 **conjunction**
[kəndʒʌ́ŋkʃən]
n. 結合、連結、接続

This coupon may not be used **in conjunction with** any other discounts.
このクーポンは他のディスカウントと併用することはできません。

CF in conjunction with ～とともに、～に関連して

★★★
370 **development**
[divéləpmənt]
n. 発達、発展、開発

research and **development**
研究開発(R&D)
develop effective marketing plans
効果的なマーケティング計画を開発する
product **developer**
製品開発者

派 develop vt. ～を開発する　developer n. 開発者

★
371 **symptom**
[símptəm]
n. 症状、兆候

reduce the **symptoms** of travel-related fatigue
旅行疲れの症状を抑える

派 symptomatic a. 症状による

★
372 **relieve**
[rilíːv]
vt. (苦痛などを)緩和する
～を安心させる

be used to treat fever and **relieve** pain
熱を抑え痛みを和らげるのに使われる
We **are relieved** that the weather is not as bad as anticipated.
天気が予報ほど悪くなく、私たちは安心した。
to the relief of local commuters
地域の通勤客が安心するよう

派 relief n. 軽減、安堵
CF to the relief of ～が安心するよう

★
373 **medication**
[mèdəkéiʃən]
n. 薬剤、薬物(治療)

before taking this **medication**
この薬を服用する前に

派 medicinal a. 薬の、薬用の

★
374 **abbreviate**
[əbríːvièit]
vt. (文や単語などを)簡略にする・短縮する・省略する

the **abbreviated** version of the document
文書の要約版
Dr. is an **abbreviation** of the word, "Doctor."
Dr.は「Doctor」という単語の縮約表記だ。

派 abbreviation n. 縮約、省略

Volksburg Motors plans to concentrate on developing electric cars.

Volksburg Motorsは電気自動車の開発**に力を注ぐ**計画だ。

This German company's engineers are more accustomed to designing diesel vehicles.

このドイツ企業の技術者たちは、ディーゼル自動車の**設計をすること**のほうに**慣れている。**

Volksburg has suffered financial losses for three successive years.

Volksburgは3年**連続**して財務的損失を被った。

Volksburg reported a decrease in net sales of 30 percent from the comparable quarter last year.

Volksburgは、純収益が昨年の**同**四半期に比べ30パーセント減少したと発表した。

The new car could be a solution to the firm's financial problems.

新型車は会社の経営不振**の解決策**になり得る。

The planned Volksburg Volta has the capacity to run on battery power.

企画中のVolksburg Voltaは、バッテリーで走れる**能力**を持っている。

Volksburg will spend thirty million dollars on developing the new vehicle.

Volksburgはこの新車の開発**に**3000万ドル**を投資する**予定だ。

A plan to develop electric cars

電気自動車の開発計画

375 ★

concentrate

[kánsəntrèit]

vi. 集中する(on)
(人口などが)一か所に集まる
vt. ～を集中させる

in order to **concentrate on** writing a book
本の執筆に集中するため

Most wholesalers **are concentrated** in one district.
大部分の卸売業者が一地域に集中している。

派 concentration n. 集中(力)
CF concentrate on ～に集中する

376 ★

accustomed

[əkʌ́stəmd]

a. 普段の、慣れた

people who **are accustomed to receiving** instant feedback from the Internet
インターネットで即座に反応を得ることに慣れている人たち

CF be accustomed[used] to + (動)名詞 ～に慣れている

377 ★

successive

[səksésiv]

a. 連続する、継承の

for three **successive** years 3年連続して

the best candidate to **succeed** May Bruno **as** vice president 副社長としてMay Brunoの後を継ぐ最高の候補者

派 succeed vt. ～の後任になる vi. 成功する
succession n. 連続 successor n. 継承者
success n. 成功
CF succeed A as B Aの後を継いでBになる

378 ★★★

comparable

[kámpərəbl]

a. 比較できる、匹敵する、同等な

in the **comparable** quarter last year
昨年の同四半期に

They are **comparable** in quality. 彼らは品質面では同等だ。

派 compare vt. ～を比較する comparison n. 比較
CF compare A with B AをBと比較する
in comparison with = compared with[to] ～と比較して

379 ★★

solution

[səlú:ʃən]

n. 解決、解決策

find a **solution for** data security problems
データセキュリティー問題の解決策を探す

solve our communication problems
我々のコミュニケーションの問題を解決する

派 solve vt. ～を解く・解決する
CF solution to[for] ～に対する解決策

380 ★★

capacity

[kəpǽsəti]

n. 収容力、容量、能力

The workshops will again be filled **to capacity**.
ワークショップはまた満員になるだろう。

a seating **capacity** of 300
300人収容の座席規模

CF to capacity 最大限に、満員に

381 ★★

spend

[spénd]

vt. ～を消費する
(時間を)費やす

spend a minimum of thirty minutes a day exercising
最低1日30分は運動に費やす

heavy **spending** on technology
技術分野に対する過度な支出

派 spending n. 支出、消費
CF spend A on B AをBに費やす
spend A (in) doing ～するのにAを費やす

MedFirst, Inc. develops and manufactures medical instruments.

MedFirst社は、医療**機器**の開発・製造をしている。

The firm has manufactured many of the instruments used by physicians today.

この会社は、今日**医師たち**が使っているたくさんの機器を製造してきた。

In a recent statement, MedFirst announced that they had developed an innovative device.

MedFirstは最近の**説明**で、画期的な装置を開発したと述べている。

The device induces sleep in patients.

この装置は患者の睡眠を**誘発する**ものだ。

Last year, the company diversified its products to include software.

昨年、この会社はその製品を**多様化させ**、ソフトウェアを組み込んだ。

MedFirst's computer program allows doctors to make a faster diagnosis.

MedFirstのコンピュータープログラムは、医師が迅速な**診断**を下す助けになる。

The program also calculates drug doses based on patients' details.

このプログラムは、患者の詳しい状況をもとに薬の**服用量**を計算してくれる。

MedFirst, Inc.'s medical instruments

MedFirst社の医療機器

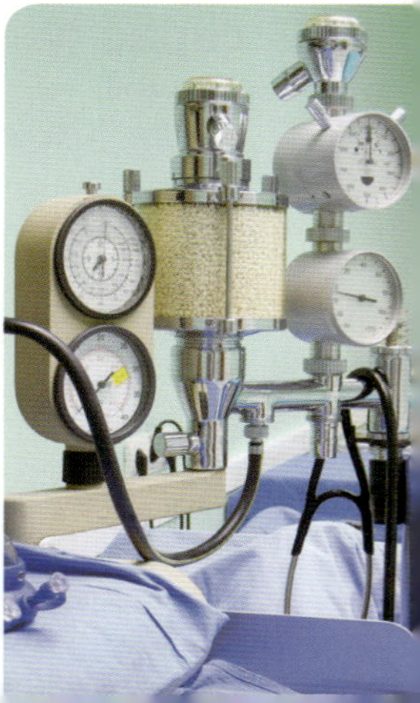

★
382 **instrument**
[ínstrumənt]
n. 機械、器具、手段

buy **musical instruments**
楽器を買う
reinforce legal **instruments** against illegal downloading
違法ダウンロードに対する法的手段を強化する

★
383 **physician**
[fizíʃən]
n. 医者、内科医

a **physician's** office
内科

CF surgeon 外科医

★★★
384 **statement**
[stéitmənt]
n. 説明(書)、陳述(書)、計算書、収支報告書

Please check your **statement** before submitting your payment.
お支払いの前に計算書をご確認ください。
The judge **stated** that her decision had not been easy to make.
裁判官は、判決を下すのは容易ではなかったと述べた。

派 state vt. ～を述べる・陳述する
CF state that節 ～と(はっきりと)述べる

★
385 **induce**
[indjú:s]
vt. ～を誘導する・誘発する

Talmar, a popular allergy medicine, may **induce** headaches.
有名なアレルギー薬のTalmarは、頭痛を起こす可能性がある。

★★
386 **diversify**
[divə́:rsəfài]
vt. ～を多様化する

maximize the farms' commercial potential by **diversifying** their crops
作物を多角化することにより、農場の商業的潜在力を最大限に高める
very **diversified** machinery
非常に多様化された機械類
appeal to a **diverse** group of voters
多様な有権者のグループに訴える

派 diverse a. 他の、多様な
diversified a. 各種の、多角的な
diversity n. 多様性

★
387 **diagnosis**
[dàiəgnóusis]
n. 診断、診断法

To make an accurate **diagnosis**, the physician must first obtain the patient's medical history.
正確な診断を下すためには、医師はまず患者の病歴を入手せねばならない。

CF make a diagnosis 診断を下す

★
388 **dose**
[dóus]
n. (薬の)1回分、1回服用量

the standard **dose** of two aspirin tablets
一般的な服用量であるアスピリン2錠

Globespan Continental transports freight around the world.

Globespan Continentalは、**貨物**を世界中に運んでいる。

The company has stringent rules on the storage of items.

この会社には、物品の**保管**について**厳格な**規定がある。

Fragile items should be packaged carefully.

壊れやすい物は、注意して**梱包し**なければならない。

Delicate goods are placed in special containers for protection.

壊れやすい物品は、保護するために特別なコンテナに収められる。

The contents of each container are noted on the shipping schedule.

各コンテナの内容物は運送日程表に**記載される。**

Globespan Continental offers a fairly cheap delivery service.

Globespan Continentalは**大変**安い運送サービスを提供している。

The company has 50 branches around the world.

この会社は、世界に50の**支社**がある。

Freight transportation service

貨物運送サービス

★
389 **freight**
[fréit]
n. 貨物(運送)、運送料

The vehicle is being loaded with **freight**.
自動車に荷物が積まれているところだ。

★
390 **stringent**
[stríndʒənt]
a. (規則などが)厳格な

a **stringent** inspection process
厳格な検査過程

CF = strict

★★
391 **storage**
[stɔ́:ridʒ]
n. 保管、貯蔵、倉庫

enter the company's **storage** room 会社の倉庫に入る

All file folders **are stored** on the top shelf of the conference room closet.
あらゆる書類ファイルは会議室の棚の最上段に保管されている。

派 store vt. ～を保管する

★★
392 **package**
[pǽkidʒ]
n. 小包、パッケージ商品
パッケージ
vt. ～を包装する

a vacation **package** 休暇旅行のパッケージ

a competitive salary and generous benefits **package**
高い給料と充実した福利厚生制度

packaging materials 包装材

派 packaging n. 包装、荷物 repackage vt. ～を包装し直す

★
393 **delicate**
[délikət]
a. 壊れやすい、精巧な
扱いにくい

be in the middle of a **delicate** contract negotiation
難しい契約の交渉中だ

training in the use of **delicate** equipment
精密機器の使い方の訓練

★★
394 **note**
[nóut]
vt. ～に留意する、～を書き留める
～に特に言及する
n. 記録

Please **note that** seating is limited.
座席には限りがあることをご承知おきください。

as noted in the rental agreement
賃貸契約書に記されているように

CF note that節 ～に留意する・特に言及する

★★
395 **fairly**
[fέərli]
ad. とても、相当
公平に

Mr. Sims won the election **fairly** easily.
Sims氏は選挙に楽々当選した。

I'm **fairly** new on the job. この仕事は全く初めてです。

The landlord **unfairly** raised the rent.
大家が不当に家賃を引き上げた。

a **job fair** 就職フェア

派 fair a. 公正な、公平な、相当な unfair a. 不公正な
unfairly ad. 不当に

TIP fairが名詞として使われる場合は「フェア、説明会」という意味で、a job fair(就職フェア)のように使われる。

★★
396 **branch**
[brǽntʃ]
n. 支店、支部

the **branch office** 支社

The Manchester **branch** Manchester支局・支部

A 056 B 056

Robson Chemicals, Inc. is **making an effort to reduce** factory waste.

Robson Chemicals社は工場廃棄物を**減らす努力をし**ている。

The factory currently manufactures **chemicals** for industrial use.

この工場は現在、工業用**化学製品**を製造している。

Many of the factory's wastes are highly **volatile**.

多くの工場廃棄物は高**揮発性で**ある。

A new **environmentally friendly** waste disposal plant will soon be installed.

環境に優しい新たな廃棄物処理場がすぐに建設される予定だ。

The current waste disposal system is not completely **effective**.

現在の廃棄物処理システムは、十分に**効果的**という訳ではない。

The new waste disposal system will **dilute** the toxicity of harmful chemicals.

新たな廃棄物処理システムは、有害な化学物質の毒性を**弱める**ものになる。

The factory aims to **simultaneously** reduce water pollution and recycle waste products.

この工場は水質汚染の減少**と同時に**、廃棄物のリサイクルも目的としている。

A new waste disposal system

新たな廃棄物処理システム

★★★
397 **effort**
[éfərt]
n. 努力、奮闘

make every **effort to resolve** the problem
問題を解決するためにあらゆる努力をする

In an effort to improve sales, we sent questionnaires out to customers.
売り上げを伸ばすための努力として、我々は顧客にアンケート用紙を送った。

CF make an effort to do ～するために努力する
in an effort to do ～するための努力として

★
398 **chemicals**
[kémikəlz]
n. 化学製品、化学物質

use of toxic **chemicals** 毒性化学物質の使用

information about the **chemical** composition of the detergent 洗剤の化学組成に関する情報

派 chemical a. 化学の
TIP 「化学製品」という意味の名詞として使う場合は複数形にする。

★
399 **volatile**
[válətl]
a. 変動しやすい、揮発性の

The stock market has been quite **volatile** for many reasons.
株式市場は様々な理由で大荒れだった。

★★★
400 **environmentally**
[invàiərənméntli]
ad. 環境的に、環境面で

environmentally friendly 環境に優しい

environmental pollution 環境汚染

maintain a quiet work **environment**
静かな勤務環境を維持する

派 environment n. 環境 environmental a. 環境的な、環境の
environmentalist n. 環境保護論者

★★★
401 **effective**
[iféktiv]
a. 効果的な、有効な

an **effective** marketing campaign
効果的なマーケティング・キャンペーン

The company's revised policy will be **effective** as of June 1.
会社の改訂された指針は6月1日から有効になる。

Stricter safety regulations will **come into effect.**
より厳格な安全規定が発効になる。

派 effect n. 効果、効力、影響 effectively ad. 効果的に
CF come[go] into effect = take effect
効力が発生する、施行される

★
402 **dilute**
[dailú:t]
vt. ～を希釈する・弱める

The paint has to **be diluted** with water.
その塗料は水で希釈しなければならない。

★
403 **simultaneously**
[sàiməltéiniəsli]
ad. 同時に

We are moving our headquarters to Osaka and, **simultaneously**, expanding our operations.
我々は本社を大阪に移すとともに、事業を拡張している。

派 simultaneous a. 同時に起きる

彼女の正体

本当に久しぶりだね…
ガバッ
新薬のdevelopmentプロジェクトで、昼も夜もなく仕事ばっかり…
学生時代は一日も欠かさず会ってたのに…
だから同じ会社に入ろうって言ったじゃないか
ねえ
うん？
あたしが面接に落ちたの知らなかったっけ？
そうだったね。ごめん
それでも薬大で知り合って、同じ薬品業界に勤めて。僕たち赤い糸で結ばれてるんだね
ほんと。この分野にexpertiseのない人とは話が合わないの
君も製薬会社のresearcher生活1年でつぶしが利かなくなったね
かわいそ…
一日中chemicalsばかりを相手にして…
あなたの新薬developmentは終わったの？
Presumably...?
クククククク
何がおかしいの？
これこそ本当のbreakthroughさ
ふーん…
あら、そんなにすごいの？

来年売り出されるantibioticsの中でも、こんなに効果がremarkableなのはないはずだ
わあ、すごい自信ね
releaseされればすぐに大騒ぎになるだろう
発熱symptomsのsolutionを見つけたの?
発熱の症状をeffectively relieveする最高の方法を見つけたんだ
ほんと?どうやって
つまりだ。これまでとはmedicationの作り方を変えて
Aという物質をdiluteして…
こんなときに故障?なんで録音スイッチ押せないの?
click! click!
……
一度に服用するdoseはどのぐらい?
できた!
いま僕から情報流出をinduceしてるわけ?
ゲッ!
長い付き合いに、ついにヒビが…
ごめん。課長に頼まれたの…
もういい。帰ってくれ!

QUIZ DAY 3

空所に当てはまる単語を下の選択肢から選びなさい。

1. Trade issues are complex and finding a -------- is not easy.
   取引の問題は複雑で、解決策を探すのは容易ではない。

2. The press conference room has a seating -------- of 300.
   記者会見場は300人を収容できる。

3. We will discard items that are -------- after two weeks.
   2週間経っても持ち主が申し出ない物品は廃棄する。

4. As -------- in the article, investment in real estate has decreased.
   記事にも書かれていたように、不動産投資が減少した。

① noted	② solution	③ unclaimed	④ capacity

空所に当てはまる単語を選びなさい。

5. The firm reported an increase in sales of 10 percent from the -------- quarter last year.
   (A) rigid (B) comparable

6. -------- interpersonal skills takes time and lots of effort.
   (A) Developing (B) Concentrating

7. Mr. Johnson won the election -------- easily.
   (A) fairly (B) simultaneously

8. News -------- this morning says interest rates will be raised as of August 1.
   (A) relieved (B) released

9. Wilson was awarded for his -------- achievements at the company.
   (A) remarkable (B) accustomed

10. There are many -------- tourist attractions to visit on East Island.
    (A) stringent (B) diverse

訳 ▶ p.410

正解 | 1.② 2.④ 3.③ 4.① 5.(B) 6.(A) 7.(A) 8.(B) 9.(A) 10.(B)

WEEK2 **DAY4** 社内行事

The tenth annual ESRI business conference will take place on Saturday.

第10回年次ESRIビジネス**会議**が土曜日に開催されることになった。

The keynote speaker at the event will be Dr. Samuel Moskowitz.

この行事の**基調**講演者はSamuel Moskowitz氏である。

Dr. Moskowitz is the chairman of the international consulting firm, ESRI, Inc.

Moskowitz氏は**国際的な**コンサルティング会社であるESRIの会長だ。

ESRI, Inc. experienced an unprecedented rise in profits last year.

ESRI社は昨年、**前例のない**収益増加を経験した。

The company announced a total annual revenue of 50 million dollars.

この会社は年間**総**収益が5000万ドルであると発表した。

The main speech will address recent changes in market trends.

メインスピーチでは、最近の市場動向の変化**について述べる**予定だ。

The ESRI business conference will undoubtedly draw a large crowd.

ESRIビジネス会議には、**間違いなく**多くの人々が集まるだろう。

The annual business conference

年次ビジネス会議

★★★
404 **conference**
[kánfərəns]
n. 会議、協議

attend the **conference** 会議に出席する
at the **press conference** 記者会見において
conference call 電話会議

★
405 **keynote**
[kí:nòut]
n. (演説などの)基調、基本方針

give a **keynote** address[speech] 基調講演をする
CF keynote speaker 基調講演者

★★★
406 **international**
[ìntərnǽʃənl]
a. 国際的な、国際の

check in for **international** flights
国際線の搭乗手続きをとる
an **internationally** recognized consulting firm
世界的に知られたコンサルティング会社

派 internationally ad. 国際的に
CF = global, worldwide

★★
407 **unprecedented**
[ʌnprésədèntid]
a. 前例のない、類を見ない

record **unprecedented** revenues
前例のない(高い)収益を記録する

★★★
408 **total**
[tóutl]
a. 全体の、合計の
n. 合計、総額

the **total** number of new visitors 新規訪問者総数
for **a total of** four hours 合計4時間にわたり
make toys **totally** out of plastic
プラスチックだけでおもちゃを作る

派 totally ad. 完全に、全体的に
CF in total 全体で、総計
a total of 合計～

★★★
409 **address**
[ədrés]
vt. (問題を)扱う・処理する
(手紙などを)～宛にする
[ǽdres]
n. 住所、演説

address customer complaints
顧客の苦情を処理する
The conference schedule should **be addressed** to Ken Okada.
会議日程をKen Okada氏に送らねばならない。
billing **address** 請求先の住所

★★
410 **undoubtedly**
[ʌndáutidli]
ad. 疑いの余地なく、間違いなく

Mr. Otta will **undoubtedly** be promoted.
Otta氏は間違いなく昇進するだろう。
The manager **is doubtful that** there will be any skilled applicants.
部長は熟練した応募者がいるかどうか疑問視している。

派 doubt vt. ～を疑う n. 疑い doubtful a. 疑わしい
CF be doubtful that節 = doubt that節
～ということを疑う・不確かだと思う
without a doubt 間違いなく

A company trip to Coachella Valley has been arranged for this Sunday.

Coachella Valleyへの社員旅行は、今週日曜日に**決まりました**。

This trip will be an opportunity to introduce our new employees.

この旅行は、新入社員を**紹介する**機会になるでしょう。

Staff from all departments will have a chance to meet each other.

すべての部の社員たちが互いに**出会う**機会を持てるでしょう。

All employees should gather in front of a restaurant nearby the office before departure.

全社員は出発前にオフィス**近くの**レストランの前に集合すること。

In the afternoon, a variety of games and events will be held.

午後には**様々な**ゲームやイベントが開かれます。

The forecast for Sunday is for clear skies and high temperatures.

日曜日の**予報**は晴れで、気温も高いということです。

The bus will depart from the office at approximately 8 o'clock.

バスはオフィスを8時**頃**に出発します。

A company trip

会社の旅行

★★★
411 **arrange**

[əréindʒ]

vt. ～の予定を立てる
　～に備える
vi. 準備する(for)

We **have arranged for** a limousine to pick you up from the airport.
空港でお出迎えするためにリムジンバスを用意しました。

unless they have made other **arrangements**
彼らが別途準備をしていなければ

派 **arrangement** n. 調整、準備
CF **arrange for** ～を準備する

★★★
412 **introduce**

[ìntrədjúːs]

vt. ～を紹介する・導入する

introduce a cutting-edge system **to** markets
最先端システムを市場に導入する

The conference will start with an **introduction** by the conference organizer.
会議は主催者側の挨拶で始まることになっている。

派 **introduction** n. 導入、挨拶
CF **introduce A to B** AをBに紹介する、AをBに導入する

★★★
413 **meet**

[míːt]

vt. ～に会う
　～を満足させる
vi. 会談する(with)

meet with the financial consultant
財務コンサルタントに会う

in order to **meet** your needs
あなたの要求を満たすために

CF **meet with** ～に会う、～と会談する

★
414 **nearby**

[nìərbái]

a. 近い、近隣の
ad. 近くに、近隣に

A shopping center is to be constructed **nearby.**
ショッピングセンターが近くに建設される予定だ。

★★★
415 **variety**

[vəráiəti]

n. 多様(性)、種類

a variety of exercise equipment 多様な運動器具

students from **various** universities
あちこちの大学の学生たち

The causes of inflation are **varied.**
インフレの原因は様々だ。

派 **various** a. 多様な **varied** a. 多様な
vary vt. ～を多様化する vi. 変わる
CF **a variety of** 多様な～

★
416 **forecast**

[fɔ́ːrkæ̀st]

n. 予報、予想

What did the **weather forecasts** predict?
天気予報では何と言っていましたか？

the latest economic **forecast** 最新の経済展望

派 **forecaster** n. 天気予報係、予測する人

★★★
417 **approximately**

[əprɑ́ksəmətli]

ad. おおよそ、大体、ほぼ

within **approximately** six months
おおむね6か月以内に

派 **approximate** a. おおよその **approximation** n. 近似、接近
CF = **about**(おおよそ), **nearly**(ほぼ)

Regency Sales will hold an employee training session this Saturday.

Regency Salesは今週土曜日に**社員研修**を行う予定だ。

The training session is mandatory for all new employees.

この研修は全新入社員が受け**ねばならない**。

The purpose of the training session is to improve sales techniques.

この研修の**目的**は、販売テクニックの向上にある。

At the morning program, Mr. Ortiz will introduce the basic principles of sales management.

午前中のプログラムでは、Ortiz氏が販売管理の基本**原理**を紹介することになっている。

Mr. Ortiz is scheduled to hold a role-playing class with familiar sales scenarios.

Ortiz氏は、**よく知られた**販売シナリオを使ってロールプレイングを行う予定だ。

The afternoon program will be coordinated by Alex Aimer.

午後のプログラムは、Alex Aimer氏によって**調整される**ことになっている。

The session will help sales representatives to fulfill their potential.

この研修は、営業社員たちがその潜在能力を**発揮する**のに役立つだろう。

An employee training session

社員研修

★★
418 **session**

[séʃən]

n. (活動)期間、集まり、講習会

register for the workshop **session**
ワークショップの課程に登録する

CF training session 訓練[教育]課程、研修

★★
419 **mandatory**

[mǽndətɔ̀:ri]

a. 義務の、必須の

perform a **mandatory** safety check
必須安全検査を実施する

It is mandatory for all employees **to review** the new security policy.
すべての社員は新しい安全規定を見直さなければならない。

CF = required, obligatory
It is mandatory (for A) to do (Aは)〜しなければならない

★★
420 **purpose**

[pə́:rpəs]

n. 目的、趣旨、用途

be suitable for our **purposes**
我々の趣旨に合う

not for commercial or industrial **purposes**
商業用や工業用でない

★
421 **principle**

[prínsəpl]

n. 原理、原則

understanding of marketing **principles**
マーケティング原理の理解

CF principal a. 主要な、主な

★
422 **familiar**

[fəmíljər]

a. 親密な、よく知られた

become more **familiar with** company policies
会社の方針をより熟知する

broad **familiarity** with accounting theory
会計理論への精通

派 familiarity n. 精通、親密
familiarize vt. 〜を慣れさせる・習熟させる

CF be[become] familiar with 〜をよく知っている[知るようになる]

★
423 **coordinate**

[kouɔ́:rdənèit]

vt. 〜を調整する・調和させる
vi. 調和をなす

the ability to **coordinate** people and other resources
人々と他の資源をまとめる能力

All of our pictures can be custom-framed to **coordinate with** your furnishings.
お宅の家具に合わせて、すべての絵を特注の額に入れることもできます。

派 coordinator n. 調整者、進行者

★
424 **fulfill**

[fulfíl]

vt. 〜を履行する・実行する
〜を発揮する

fulfill the campaign promise 選挙公約を果たす

fulfill requests for new office equipment
新しいオフィス用品に対する要求をかなえる

more **fulfilling** place to work より充実した職場

the company's order **fulfillment** system
会社の注文処理システム

派 fulfilling a. (仕事などが)満足な
fulfillment n. 履行、完遂

A 060 B 060

The work to replace the ventilation system will begin today.

換気システムの取り替え作業が今日から始まる。

We have had persistent problems with the ventilation system.

この換気システムは絶えず問題を抱えていた。

In July, the system underwent maintenance to install new components.

7月には、システムに新たな部品を取り付けるメンテナンスが行われた。

The system had to be checked frequently to ensure it was working properly.

このシステムは、きちんと作動させるためにしょっちゅう点検しなければならなかった。

However, the system does not circulate air effectively in the building.

それにも関わらず、システムは建物の空気を効率的に循環させていない。

Management decided to replace the ventilation system rather than fix it again.

経営陣は、換気システムの再修理はやめて取り替えを決定した。

Employees should save their files regularly, as unexpected power outages may occur.

社員は、予期しない停電に備えて(電子)ファイルを定期的に保存すべきだ。

Replacing the ventilation system

換気システムの交換

★
425 **ventilation**
[vèntəléiʃən]
n. 通風(状態)、換気(装置)

the **ventilation** fan
換気扇

in a well-**ventilated** area
風通しの良い場所で

派 ventilate vt. ～の通風をよくする

★
426 **persistent**
[pərsístənt]
a. 終わりのない、持続的な

treat a **persistent** flu virus
しつこいインフルエンザウィルスを治療する

delays that **persisted** into the early afternoon yesterday
昨日の午後に入るまで続いた遅延

派 persist vi. 持続する

★★★
427 **maintenance**
[méintənəns]
n. 維持、保守管理、整備

undergo regular **maintenance**
定期整備を受ける

provide **maintenance** services
維持管理サービスを提供する

★★★
428 **frequently**
[frí:kwəntli]
ad. 頻繁に、しばしば

meet **frequently** with the overseas marketing team
海外のマーケティングチームと頻繁に会う

frequent overseas travel
頻繁な海外旅行[出張]

派 frequent a. 頻繁な、常習的な
frequency n. 頻繁、頻度
CF ↔ infrequently ad. まれに

★
429 **circulate**
[sə́:rkjulèit]
vt. ～を配布する・ばらまく・循環させる
vi. 循環する

circulate a meeting agenda to the attendees
会議の議事日程を参加者たちに配布する

Rumors **have been circulating** lately.
最近噂が広がっている。

派 circulation n. 循環、流布、(新聞などの)発行部数

★
430 **fix**
[fíks]
vt. ～を修理する
(価格を)決める

many problems that need to **be fixed**
直されるべき様々な問題点

a **fixed** monthly payment
毎月の決まった支払い

to avoid damage to the light **fixture**
照明器具の破損を防ぐために

派 fixed a. 固定された
fixture n. (家の)取り付け品、(据え付けの)設置物

★
431 **outage**
[áutidʒ]
n. 停電、(電気などの)供給停止

an electrical **power outage** that lasted approximately three hours
約3時間続いた停電

CF (electrical) power outage 停電

Mr. Wilde **demonstrated** his talent for public speaking at the conference.

Wilde氏はその会議で、演説能力があることを**証明して見せた。**

Mr. Wilde **joined** Argon, Inc. about fourteen years ago as CEO.

Wilde氏は、約14年前にCEOとしてArgon社に**入社した。**

He hoped to change the public's **perception** of Argon, Inc.

彼はArgon社に対する社会の**認識**を変えようとした。

He publicly **objected to** media rumors about the firm.

彼は会社に関するメディアの噂**に対し**、公然と**異議を唱えた。**

He said that Argon, Inc. will **pursue** moderate growth.

彼はArgon社が穏やかな成長を**目指していく**と述べた。

He also stated that the **prospects** of Argon, Inc. are promising.

彼はまた、Argon社の**前途**は約束されていると述べた。

He **deserved** applause for his excellent speech.

彼の素晴らしいスピーチは拍手喝采を浴びる**に値するものだった。**

Mr. Wilde's speech at the conference

会議でのWilde氏のスピーチ

★★★
432 **demonstrate**
[démənstrèit]
vt. ～を証明する
～を実際にしてみせる
(感情などを)表現する

demonstrate our appreciation by including a gift certificate
商品券を入れて、我々の感謝の気持ちを表す

demonstrate how to prepare garlic steak
ガーリックステーキの作り方を実演する

product **demonstrations**
製品のデモンストレーション

派 **demonstration** a. 実演、証明

★★
433 **join**
[dʒɔ́in]
vt. ～に加入する・参加する
～のグループに属する
vi. 参加する、行動をともにする

Mr. Wallace **joined** our company 20 years ago.
Wallance氏は20年前に我が社に入社した。

a **joint** venture 合弁事業

派 **joint** a. 共同の、連合の
CF **join in** ～に参加する

★
434 **perception**
[pərsépʃən]
n. 認識、自覚

challenge the public's **perception** that the quality of our software is deteriorating
我が社の製品の品質が落ちているという人々の認識に異議を唱える

★★★
435 **object**
[əbdʒékt]
vi. 反対する、異議を唱える(to)
[ábdʒikt]
n. 物、物体

unless building residents strongly **object**
建物の入居者が強く反対しない限りは

the **objects** that the archaeologists collect
考古学者たちが収集した遺物

派 **objection** n. 反対
objective n. 目的 a. 客観的な
CF **object to** ～に異議を唱える

★
436 **pursue**
[pərsúː]
vt. ～を追求する、～に従事する

pursue a different career
他の職業に従事する

派 **pursuit** n. 追求、追跡

★★
437 **prospect**
[práspekt]
n. 展望、可能性

the employment **prospects** 就職の可能性

prospective clients 潜在顧客(= potential clients)

派 **prospective** a. 将来の

★★
438 **deserve**
[dizə́ːrv]
vt. ～を受けるに値する

deserve to be commended for their impressive work speed
彼らの感動的な仕事のスピードは称賛に値する

Wayne Travel Group's reputation for exceptional service is well **deserved**.
Wayne Travel Groupの並外れたサービスに対する名声は当然のものだ。

派 **deserved** a. (賞罰などが)相応な
CF **deserve to do** ～するに値する

Workers at First National Bank should enroll in computer classes at Motech Institute.

First National Bankの行員の皆さんは、Motech Instituteでのコンピューター講座**に登録し**てください。

First National hopes to raise the skill levels of its employees.

First Nationalは行員の能力レベル**向上**を望んでいます。

The institute offers general computer classes as well as more specialized ones.

この学校では、専門的な講座だけでなく**総合的な**コンピューター講座も開設しています。

Employees should take classes to overcome their weaknesses.

行員はそれぞれの苦手分野を**克服する**ための講座を受けてください。

The progress employees make will be assessed at the time of examination.

行員の皆さんの学習進度は、試験により**評価されます**。

If workers attain a high grade, First National will give them a bonus.

良い成績を**収める**と、First Nationalからボーナスが支給されます。

Skill development classes will run for terms of three months.

能力開発講座は3か月**間**開かれます。

The skill development program has been endorsed by Grant University.

能力開発プログラムは、Grant大学から**推薦を受け**ています。

Computer skill development classes

コンピューター能力開発講座

★★★
439 **enroll**
[inróul]
vi. 登録する、入学する(in)
vt. ～を登録する・入学させる

enroll in the computer training session
コンピューター研修に登録する

Enrollment in the new management classes has doubled. 新規の経営学講座への登録が2倍に増えた。

派 **enrollment** n. 登録、登録者数
CF **enroll in** ～に登録する

★★★
440 **raise**
[réiz]
vt. ～を上げる、向上させる
(お金を)集める
n. 増加、増額

raise money for local charities
地域の慈善団体のためにお金を集める

a pay **raise** 賃金引き上げ

the **raise** in interest rates 利率引き上げ

CF **rise** vi. 増加する、上がる
TIP raiseは他動詞、riseは自動詞なので、混同しないように。

★★★
441 **general**
[dʒénərəl]
a. 一般的な、全般的な

the **general** health of employees 社員の全般的な健康状態

be **generally** available in local retail stores
地域の小売店で広く購入できる

派 **generally** ad. 一般的に
CF **in general** 一般的に **generally speaking** 一般的に言えば

★
442 **overcome**
[òuvərkʌ́m]
vt. (困難を)克服する

overcome the temporary financial crisis
一時的な財務危機を乗り切る

★★
443 **assess**
[əsés]
vt. ～を評価する

assess how effectively our advertising departments are performing
我が社の広告部がいかに効率的に仕事をしているか評価する

a regular **assessment** of their staff's productivity level 社員の生産性レベルに対する定期的な評価

派 **assessment** n. 鑑定、評価

★
444 **attain**
[ətéin]
vt. ～を達成する・成し遂げる
vi. 到達する、達する

attain preferred status 望む地位を得る

degree **attained** (履歴書で)取得学位

派 **attainment** n. 達成 **attainable** a. 達成できる

★★
445 **term**
[tə́:rm]
n. 期間、学期、条件
任期、言葉、専門用語

a **long-term** relationship 長期的な関係

review the **terms** of the agreement 契約条件を検討する

CF **terms and conditions** 契約条件
in terms of ～の観点から、～に関して

★
446 **endorse**
[indɔ́:rs]
vt. ～を推薦する・支持する

Our chairs **were endorsed** by many doctors.
我々の椅子はたくさんの医師から推薦されたものだ。

celebrity product **endorsement** 製品に対する有名人の推薦

派 **endorsement** n. (商品などの)推薦・保証

A 063 B 063

Renovations will take place at the **headquarters** of Torres, Inc.

Torres社の**本社**で改修工事が行われる予定だ。

The first **phase** of the renovation will begin in the cafeteria on Monday.

改修の第1**段階**は、月曜日にカフェテリアで始まる。

Modern equipment will **be installed** in the kitchen area.

最新式設備がキッチンに**設置される**ことになっている。

Further renovation will take place in the marketing department.

次の段階の改修は、マーケティング部で行われる。

New **insulation** will be installed in the marketing department's offices.

新たな**断熱材**がマーケティング部のオフィスに設置される。

Improved insulation will **prevent** the loss of heat and energy.

改良された断熱材が、熱とエネルギーの損失を**防ぐ**だろう。

Renovations should not cause any major **interruption** to our work.

改修工事が業務に大きな**支障**をもたらしてはならない。

Renovations at Torres, Inc.

Torres社の改修工事

★★
447 **headquarters**
[hédkwɔ̀ːrtərz]
n. 本社

relocate our **headquarters** to a suburban area
本社を郊外に移転する

The company **is** now **headquartered** in Atlanta.
この会社は現在Atlantaに本社を置いている。

派 **headquarter** vt. 本部を～に置く
TIP 「本社」という意味では複数形で用いるが、単数扱いすることもある。

★
448 **phase**
[féiz]
n. 段階
vt. ～を段階的に実行する

the second **phase** of the project
プロジェクトの第2段階

decide to **phase out** production over the next six months
今後6か月にわたり生産を段階的に中止することを決める

CF **phase out** 段階的に撤収する

★★
449 **install**
[instɔ́ːl]
vt. ～を設置する

the newly **installed** traffic signals
新たに設置された交通信号機

the **installation** of new computer systems
新たなコンピューターシステムの設置

派 **installation** n. 設置、設備

★★★
450 **further**
[fə́ːrðər]
a. それ以上の、追加的な
ad. それ以上に、なお一層

until **further** notice
追って通知があるまで

help us to **further** develop our scholarship program
奨学金制度を我々がさらに発展させる助けになる

★
451 **insulation**
[ìnsəléiʃən]
n. 断熱(材)

Fiberglass **insulation** is effective for lowering heating costs.
ファイバーグラス断熱材は暖房費を抑えるのに効果的だ。

homes that are not properly sealed and **insulated**
シーリングと断熱処理がきちんとされていない家

派 **insulate** vt. ～を断熱する・絶縁する

★★★
452 **prevent**
[privént]
vt. ～を防ぐ

Some obstacles **are preventing** the merger with Parker Corporation.
一部の障害がParker社との合併を妨げている。

take **preventive** steps[measures] against accidents
事故に対する予防措置をとる

派 **prevention** n. 防止、予防 **preventive** a. 予防の
CF **prevent A from doing** Aが～するのを防ぐ

★
453 **interruption**
[ìntərʌ́pʃən]
n. 妨害、中止、中断

a brief **interruption** in the electrical supply
電気供給の一時的中断[一時的停電]

The production **was interrupted** by a mechanical failure. 機械の故障で生産が中断した

派 **interrupt** vt. ～を妨害する・中断する

新入社員は笑顔で迎えよう

ああ、どうして新人training sessionの準備を夜までやらなきゃならないんだ
power outageにでもなるといいな。家に帰って野球が見られる
新人はたった14人なのに、廊下に横断幕をかけろとか…
でも社長直々の指示なんだろ？
就職難でunprecedentedな志望者が集まったもんだから…
20倍だって？大騒ぎだったよな
うちの会社のprospectが明るいってことをdemonstrateするのが社長のpurposeなんだろうな
Undoubtedlyそうさ。ちょっと誇大広告だけどな
ventilationの故障はほったらかしで、こっちにはいくら予算使ってると思う？
まったくだ。俺たちと新人の待遇が違いすぎるよ
元気な新人が他社に流れるのをpreventしようってわけだろ
社員同士でトラブルが起きないかい？職場の和というものが全然考えられてないじゃないか

新人研修でそれとなく会社の悪口言ってやろうか？
やめとけ！彼らも通っているうちに自分たちなりにassessするだろうさ
どれ、どんな顔ぶれがうちにjoinしたか見てやろう
今年も月並みだろう
おっ！
こ、これは…
女神様の光臨だ！
やっぱり新人が会社にfamiliarな感じを持てるってことはすごく重要だよな
うちはheadquartersだから雰囲気が少し固いんだよな
徹夜してでもカッコいい横断幕作っちゃおう
さあ、気分を入れ替えてイベントのarrangeに取り組もう

QUIZ DAY 4

空所に当てはまる単語を下の選択肢から選びなさい。

1. We recorded ------- revenues this year.
   我々は今年前例のない(高い)収益を記録した。

2. Car accidents can be ------- if people drive carefully.
   みんなが気を付けて運転すれば、自動車事故は防げる。

3. Mr. Ringven will work as a developer at Elco for a two-year -------.
   Ringven氏は開発者としてElcoで2年間働く予定だ。

4. The engineer ------- how to operate the machine.
   技術者が機械の操作を実演して見せた。

① unprecedented　② term　③ demonstrated　④ prevented

空所に当てはまる単語を選びなさい。

5. Ms. Sullivan has met ------- with her manager to discuss the presentation.
   (A) frequently　(B) approximately

6. We should ------- sales figures for this quarter by twenty percent.
   (A) overcome　(B) raise

7. Accommodations will be ------- for all the participants attending the conference.
   (A) prevented　(B) arranged

8. Mr. Manson ------- Bedford Research Center a decade ago.
   (A) joined　(B) demonstrated

9. We will ------- how effectively our employees are performing.
   (A) attain　(B) assess

10. All customer service representatives are required to ------- in the customer service program.
    (A) enroll　(B) endorse

訳 ▶ p.411

| 正解 | 1.① 2.④ 3.② 4.③ 5.(A) 6.(B) 7.(B) 8.(A) 9.(B) 10.(A)

WEEK2 DAY5 企業行動及び労使

Microtech Corporation is the most dominant force in the computer industry.

Microtech社はコンピューター業界における最大**勢力**である。

The firm recently announced their highest ever annual revenue.

この会社は最近、史上最高の年間**収益**を上げたと発表した。

Microtech has been accused of creating a monopoly by performing unfair business practices.

Microtechは不正取引行為により市場を**独占**し、告発された。

The company recently tried to acquire a smaller company.

この会社は最近、中小企業を**買収し**ようとした。

Acquisitions by market leaders such as Microtech are prohibited by law.

Microtechのような市場を支配する企業による買収は、法により**禁止されている。**

The recent actions of Microtech are in clear violation of monopoly prohibition laws.

最近のMicrotechの行動は、**明確な**独占禁止法違反である。

The legislation to prohibit monopolies is designed to maintain market competition.

独占を禁止する**法律**は、市場競争を維持するために立案された。

Violation of monopoly prohibition laws

独占禁止法違反

★★
454 **force**

[fɔ́ːrs]

n. 力、(勢力)団体、影響力、支配力
vt. ～を強要する

work **force** 労働力

the sales **force** 営業社員

be forced to decline the invitation
招待を断るしかない

派 **forceful** a. 力のある、強力な
CF **force A to do** Aが～するよう強要する

★★
455 **revenue**

[révənjùː]

n. 収益、(総)収入

revenues generated by local companies
地域企業により生み出された収益

have suffered losses in **revenue**
収益の損失を被った

CF ↔ **expenditure** n. 支出

★
456 **monopoly**

[mənɑ́pəli]

n. 独占、専売(企業)

have a virtual **monopoly on** local media
地域メディアに対し実質的な独占権を持つ

派 **monopolize** vt. ～を独占する
CF **have a monopoly on** ～に独占権を持つ

★★
457 **acquire**

[əkwáiər]

vt. (財産・権利を)
　獲得する・取得する

acquire professional certification
専門の資格証を手に入れる

acquire property in the downtown area
都心地域の不動産を手に入れる

派 **acquisition** n. 獲得、買収

★★
458 **prohibit**

[prəhíbit]

vt. ～を禁止する・妨害する

Unauthorized individuals **are prohibited from parking** their cars in the building's parking lot.
許可を得ていない人は、建物の駐車場への駐車が禁じられています。

be strictly **prohibited** 厳しく禁じられている

派 **prohibition** n. 禁止
CF **prohibit[prevent] A from doing** Aが～することを禁じる

★★★
459 **clear**

[klíər]

a. はっきりした、明確な、澄んだ
vi. (天気が)晴れる、片付ける

The instructions printed on the product box should be **clear**.
製品の箱に印刷された使用説明はわかりやすくなければならない。

pronounce each word **clearly**
単語一つひとつをはっきり発音する

Skies will **clear up** tomorrow. 明日は晴れるだろう。

clear up the problem 問題を解決する

the summer **clearance** sale 夏の在庫整理大安売り

派 **clearly** ad. はっきりと、確実に **unclear** a. 不明確な
clearance n. 整理、安売り
CF **clear up** ～を整理する・解決する

★
460 **legislation**

[lèdʒisléiʃən]

n. 法律(制定)、立法

legislation to protect consumers against fraudulent advertising
誇大広告から消費者を守るための法律

Central Hospital's request for additional funding was refused by the city council.

Central Hospitalの追加資金の要請は、市議会により**拒否された**。

The hospital's budget was cut because of inflation.

インフレにより、この病院の予算は削減された。

Council members intend to lessen the city's financial support for healthcare.

市議会議員たちは、市の医療支援金を**減らそ**うとしている。

Hospital director, Dr. Nigel Ford, is in fierce opposition to the decision.

病院長のNigel Ford博士は、この決定に対し**強い**反対の立場に立っている。

The hospital director is considering strike action in reaction to budget cuts.

病院長は予算カットに反発し、**ストライキ**を考えている。

Due to the budget cuts, the hospital's expansion plan has been abolished.

予算カットにより、病院の拡張案は**白紙化された**。

Central Hospital had planned to build a new annex next to the main building.

Central Hospitalは、本館の隣に新たに**別館**を建てる計画だった。

A request for additional funding

追加資金の要請

★
461 **refuse**
[rifjúːz]
vt.～を断る・拒否する

refuse to accept the position
職責を引き受けることを断る

Ryan **refused** our offer.
Ryanは我々の提案を断った。

CF **refuse to do** ～することを断る・拒否する

★
462 **inflation**
[infléiʃən]
n. 物価上昇、インフレ

The causes of **inflation** are varied.
インフレの原因は様々だ。

The **inflation** rate fell to 1.1 percent.
インフレ率は1.1パーセントに落ちた。

★
463 **lessen**
[lésn]
vt. ～を減らす・少なくする
vi. 減る、少なくなる

Exercise **lessens** the risk of heart disease.
運動は心臓病のリスクを減らす。

Traffic congestion **lessened** in city centers.
都心における交通渋滞は緩和された。

★
464 **fierce**
[fíərs]
a. 荒々しい、熾烈な

The competition for the job will be **fierce**.
その仕事に対する競争は熾烈だろう。

★
465 **strike**
[stráik]
n. ストライキ

due to the airline **strike**
航空会社のストライキにより

They are supposed to **go on strike** on Thursday.
彼らは木曜日にストに入ることになっている。

CF **go on (a) strike** ストライキをする

★
466 **abolish**
[əbáliʃ]
vt. ～を廃止する・撤廃する

We plan to **abolish** customs regulations.
我々は関税規定を撤廃する計画だ。

★
467 **annex**
[ǽneks]
n. 別館、付属物

The customer service center is in the **annex** of the main building.
顧客サービスセンターは、本館に併設の別館にある。

Safety inspectors reported that Velecor, Inc.'s factory was highly dangerous.

安全検査官は、Velecor社の工場は**非常に**危険だと報告している。

The basis of the accusation concerns Velecor's poor safety record.

告発の**根拠**は、Velecor社のいい加減な安全記録に関することだ。

Corrosion was detected in many of the factory's machines.

工場の機械のあちこちから**さび**が発見された。

The report stated that Velecor's safety procedures were ineffective.

報告書は、Velecor社の安全**手順**は使い物にならないとしている。

Velecor, Inc. will face a fine if safety measures are not improved.

安全基準が改善されなければ、Velecor社は**罰金**を払うことになるだろう。

Velecor, Inc. apologized for their negligence.

Velecor社は自らの怠慢**を謝罪した。**

The company has stated that it will donate more time towards ensuring factory workers' safety.

会社は、工場労働者の安全確保のためにより多くの時間を**費やす**と言っている。

Velecor's poor safety record

Velecor社のいい加減な安全記録

468 ★★
basis
[béisis]
n. 根拠、原理、基礎

on the basis of previous purchases
前回の購入を根拠に

on a daily[monthly] basis 毎日[毎月]

a pay raise **based on** her outstanding performance
彼女の卓越した実績に基づく昇給

派 base vt. ～を基礎とする n. 土台、基礎
basic a. 基礎の、根本的な n. 基本、基礎
CF on the basis of ～を根拠として、～に基づき
be based on ～を根拠とする

469 ★★
highly
[háili]
ad. 大いに、非常に

a **highly** regarded economist 非常に尊敬されている経済学者

be **highly** recommended by local residents
地域の住民から強い推薦を受けている

派 = extremely, very

470 ★
corrosion
[kəróuʒən]
n. 腐食(作用)、さび

special stainless steel knives which are resistant to **corrosion**
腐食に強い特別なステンレスナイフ

471 ★★★
procedure
[prəsí:dʒər]
n. 手順、手続き

follow standard **procedures**
基本手順に従う

The **procedure** for sending memos is outlined in the company's handbook.
回覧を回す手順は、会社のハンドブックに簡略に記されている。

472 ★★
fine
[fáin]
n. 罰金、延滞料
a. よい、高級な、精巧な
ad. 素晴らしく、よく

be subject to a substantial **fine**
相当な罰金を科せられる

the **finest** restaurant in the city
この街の最高級レストラン

My phone works **fine**.
私の電話機はきちんと使えます。

473 ★
apologize
[əpúlədʒàiz]
vi. 謝る

apologize to customers **for** the disruption in Internet service
インターネットサービスの中断について顧客に謝罪する

Please accept our **apologies**.
どうかお許しください。

派 apology n. 謝罪
CF apologize (to A) for (Aに)～について謝る

474 ★★
donate
[dóuneit]
vt. ～を寄付する・寄贈する・与える
vi. 寄付する、寄贈する

The theater **donates** its profits to community art projects every month.
その劇場は、地域の芸術プロジェクトに毎月収益金を寄付している。

派 donation n. 寄付、寄贈
donator n. 寄付者

Numerous problems have affected the Riverside Drive **housing** project.

様々な問題がRiverside Driveの**住宅供給**プロジェクトに影響を及ぼした。

Construction workers illegally discarded **unused** building materials.

建設労働者たちは、**未使用の**建築資材を不法投棄した。

Construction and **labor costs** have already far exceeded planned expenditures.

建設費と**人件費**は、すでに計画された支出をはるかに超過している。

Amid rising **tension**, project leader, Sharon Yates, was fired from her position.

緊張の高まる中で、プロジェクトのリーダーSharon Yatesが更迭された。

Senior engineer, Rob Schmidt, will **oversee** the **remainder** of the project.

上級技術者のRob Schmidtがプロジェクトの**残り**を**監督する**ことになった。

Mr. Schmidt aims to quickly **resolve** the many problems which have arisen.

Schmidt氏は発生した様々な問題の迅速な**解決**を図っている。

The Riverside Drive housing project

Riverside Driveの住宅供給プロジェクト

★★
475 **housing**
[háuziŋ]
n. 住宅(供給)、住居

residents living in company **housing**
社宅に暮らす住民
the proposal for the **housing** development
住宅開発に関する提案

★
476 **unused**
[ʌnjú:zd]
a. 使わなかった、新品の

receive payment for **unused** vacation time
使わなかった休暇に対する補償を受け取る

★★
477 **labor**
[léibər]
n. 労働、労働者

cheap **labor** (force) 安い労働力
improve relations between **labor** and management
労使関係を改善する
labor union 労働組合
cf **labor and management** 労働者と経営者(労使)

★
478 **tension**
[ténʃən]
n. 緊張(状態)、緊迫

Stretch lightly to reduce **tension**.
緊張をほぐすために軽くストレッチをしてください。

★
479 **oversee**
[òuvərsí:]
vt. ～を監督する

oversee orientation for all new sales staff
全新入営業社員のオリエンテーションを監督する

★★
480 **remainder**
[riméindər]
n. 残り(のもの)、残余

The renovation is supposed to continue for the **remainder** of the month.
補修工事は今月の残りの期間中続くことになっている。
during the **remainder** of the year
その年の残りの期間中、年末まで
throughout the **remainder** of the week
その週の残りの期間を通して、週末までずっと

★★
481 **resolve**
[rizálv]
vt. ～を解決する・解く

make every effort to **resolve** the problem
問題を解決するために、あらゆる努力をする
The committee passed a **resolution** to hire a construction team.
委員会は建設チームを雇用するための決議案を通過させた。
high-**resolution** office paper
高解像度事務用紙
派 **resolution** n. 解決、決議案、解像度

An ongoing industrial dispute is receiving a lot of **press** coverage.

現在行われている労働争議はマスコミにずいぶん報道されている。

The construction workers claim that they are paid low **wages**.

建設労働者たちは、賃金が安いと不満を述べている。

Members of the trade union demand to be paid a higher hourly **rate**.

労働組合のメンバーたちは、もっと高い時間給の支払いを要求している。

Union representatives requested to talk with the company **officials**.

労働組合の代表たちは、会社の役員たちとの話し合いを要求した。

The company officials agreed to meet to **settle** this issue.

会社の役員は、この問題を解決するために話し合いに臨むことに合意した。

Both parties hope that a **compromise** can be reached quickly.

双方はすみやかに和解が成立することを望んでいる。

Quest Construction officials said that wage rises may be **possible**.

Quest Constructionの役員たちは、賃上げはおそらく可能だろうと述べた。

A labor-management dispute

労使紛争

★★
482 **press**
[prés]
n. 新聞、記者団
vt. ～を押す
～にアイロンをかける

at a **press conference** 記者会見で
the **press** release 報道発表
be **under pressure** to reduce costs
経費を削減しなければならないというプレッシャーを受ける

派 pressure n. 圧力、圧迫
CF under pressure プレッシャーを受けている
TIP the pressは集合的に「言論(機関)、新聞、報道陣」の意味で使われる。

★
483 **wage**
[wéidʒ]
n. 賃金、給料

the **wage** increase 賃金引き上げ
earn a good **wage** 良い賃金をもらう
CF earn a wage 賃金をもらう

★★
484 **rate**
[réit]
n. 比率、料金、速度、給与
vt. ～を評価する

at a rapid **rate** 速いスピードで
The gas **rates** went up. ガソリン代が上がった
be rated as the best online travel agency
最高のオンライン旅行会社と評価される

★★
485 **official**
[əfíʃəl]
a. 公式の、公務の
n. 公務員、役員

an **official** visitor's pass 公式の訪問者証
government **officials** 公務員

派 officially ad. 公式に

★★
486 **settle**
[sétl]
vt. ～を解決する・定着させる
vi. 決定する、定着する

settle the dispute 紛争を解決する
settle in London ロンドンに定着する
settle upon the perfect location for the new headquarters 新しい本社に最適な場所を決定する
reach a final **settlement** in the case
訴訟で最終合意に至る

派 settlement n. 妥協、合意
CF settle in ～に定着する settle upon[on] ～を決定する

★
487 **compromise**
[kámprəmàiz]
n. 妥協、折衷案
vt. ～を妥協させる
vi. 妥協する、和解する

The two companies have to **compromise**.
両社は妥協せねばならない。

★★
488 **possible**
[pásəbl]
a. 可能な、実行できる

all the **possible** consequences of relocation
移転によって起こりうるあらゆる結果
I want to buy the lightest **possible** laptop computer.
できるだけ軽いノートパソコンを買いたい。

派 possibility n. 可能性 impossible a. 不可能な
as soon as possible できるだけ早く
the 形容詞の最上級 + possible できるだけ～な

Trebek Corporation has allegedly performed unfair business practices.

伝えられるところによると、Trebek社は不正取引行為を行ったという。

Investigators believe that the company has indulged in price fixing.

捜査官は、この会社が価格操作にかかわったと見ている。

The company is required to submit a full inventory to investigators.

会社は、捜査官に全体の在庫品目録を提出するよう求められている。

The inventory indicates that the firm overpriced products last year.

この目録は、昨年この会社が製品に高すぎる価格設定をしていたことを示している。

Trebek had engaged in fraudulent work in the past.

Trebekは過去に詐欺事件に関与したことがある。

Five years ago, the company illegally solicited shareholders for extra funds.

5年前にこの会社は、株主に対し不当に追加資金を要請した。

Trebek was also involved in a highly publicized price-fixing scandal in 2006.

Trebekは、大々的に報道された2006年の価格操作スキャンダルにも関わっていた。

Unfair business practices

不正取引行為

★ 489 **allegedly**
[əlédʒidli]
ad. 主張するところによると
伝えられるところによると

Mr. Galera **allegedly** resigned due to his disagreement with the manager.
伝えられるところによると、Galera氏は部長との不和が原因で辞任したようだ。

★ 490 **indulge**
[indʌ́ldʒ]
vi. 楽しむ、かかわる

Please **indulge in** our chef's daily special.
どうぞうちのシェフの今日の特選料理をお楽しみください。

CF **indulge in** ～を楽しむ、(好ましくないこと)にかかわる

★ 491 **inventory**
[ínvəntɔ̀:ri]
n. (商品・財産)目録、在庫品(総額)

We maintain an impressive **inventory** of new cars.
私たちは新車を大量に保有している。

do an **inventory** check
在庫調査をする

have a post-holiday sale for left-over **inventory**
残った在庫品で休日明けセールをする

★ 492 **overprice**
[òuvərpráis]
vt. ～に高い値段をつける

overpriced items at gift shops in popular resort areas
人気リゾート地のみやげ物屋の掛け値商品

★ 493 **engage**
[ingéidʒ]
vi. 関与する、従事する
vt. ～を雇用する

The moving company **was engaged** to help the sales team's move to the new office.
販売チームの新オフィスへの移転を助けるために、引っ越し業者が呼ばれた。

Due to **a prior engagement**, I will not attend the conference.
先約があるので私は会議に参加できません。

派 **engagement** n. 約束、用事
disengage vt. ～の連結を解く
CF **engage in** ～に関与する・従事する
a prior engagement 先約

★ 494 **solicit**
[səlísit]
vt. ～を要請する
(顧客などを)勧誘する

in order to **solicit** new members
新たなメンバーを募るため

Volunteers have mailed **solicitation** letters to potential donors.
ボランティアたちは寄付をしてくれそうな人たちに勧誘の手紙を送った。

派 **solicitation** n. 懇願、勧誘

★ 495 **involve**
[inválv]
vt. ～を含む・関与させる

Everyone **involved in** the project should attend the meeting.
このプロジェクトにかかわる人はすべて会議に参加しなければならない。

派 **involvement** n. 関連、関与
CF **be involved in** ～に関連する・関与する・没頭する

The productivity of Sun Micro's compact disc factory has been lagging behind the competitors'.

Sum MicroのCD工場の生産性は、ライバル**に遅れをとっていた。**

During a ten hour work day, each worker should produce at least 100 stacks of compact discs.

1日10時間の勤務時間中に、工員一人当たり最低100**組の**CDを製造しなければならない。

Some workers are only completing 70 stacks per shift.

一部の工員は、**1回の勤務時間**当たり70組しか完成できずにいる。

The supervisors of the factory have been accused of being incompetent.

この工場の監督者は**無能だ**と批判された。

Factory supervisors blame the lag in productivity on low worker morale.

工場の監督者は、生産性の低下は工員のやる気のなさ**が原因だとしている。**

Staff at the factory have repeatedly asked for shifts to be shortened.

工員は、交代勤務時間を短くしてほしいと**繰り返し**要求してきた。

A managerial meeting is going to be held to address this problem.

この問題に対処するための**管理職**会議が開かれることになった。

The management is considering introducing incentives to accelerate productivity.

管理者たちは、生産性を**促進する**ために報奨制度の導入を考えている。

The productivity of Sun Micro's factory

Sun Microの工場の生産性

★
496 **lag**
[lǽg]
n. 遅れ
vi. 遅れる

Wage increases **lag behind** inflation.
賃上げがインフレに遅れをとっている。

CF **lag behind** ～に遅れをとる
jet lag 時差ぼけ

★
497 **stack**
[stǽk]
n. (書類などの)山、積み重ね
vt. ～を積む

The chairs **are stacked** in a corner.
椅子が隅に積まれている。

CF **a stack of** ひとかたまりの

★
498 **shift**
[ʃíft]
n. シフト、交代(勤務)、変化
vi. 変わる、転換する

night **shift** workers 夜勤社員
a sudden **shift** in the market 市場の急な変化
as we **shift** over to the new systems
新たなシステムに転換する際に

★
499 **incompetent**
[inkάmpətənt]
a. 無能な

a **competent** project manager
有能なプロジェクト管理者
applicants' dedication, **competence** and expertise
応募者たちの熱意、能力そして専門知識

派 **competent** a. 有能な
competence n. 能力

★
500 **blame**
[bléim]
vt. ～のせいにする
～を非難する

Mr. Rolls **blamed** his secretary **for** the late submission of an important document.
Rolls氏は、重要な書類の提出が遅れたと秘書を叱った。

CF **blame A on[for] B**
AをBのせいにする［BをAのせいにする］

★★
501 **repeatedly**
[ripí:tidli]
ad. 繰り返して、何回も

have **repeatedly** warned the foundation about the impending financial crisis
財団に対し、金融危機が迫っていることを繰り返し警告してきた
The language in this form is too **repetitive**.
この書式の表現は繰り返しが多い

派 **repeat** vt. ～を繰り返す vi. 繰り返して言う
repeated a. 繰り返される
repetitive a. 反復的な

★
502 **managerial**
[mæ̀nidʒíəriəl]
a. 管理(者)の、監督の

a **managerial** position
管理職

派 **manager** n. 管理者、マネージャー、課長、部長

★
503 **accelerate**
[æksélərèit]
vt. ～を加速させる・促進する

accelerate the process of harvesting solar energy
太陽エネルギーを集めるプロセスを早める

何かお間違えでは？

incompetentな社長から
revenueの半分を
受け取りたいんです
ですから労務士としての
私の仕事は会社側との
compromiseを探ることでして…
これはちょっと
難しいですね
なんでよ？
社長と摩擦があって
strike中なんで
しょう？
そうよ
遅れているwageを
もらいたいという
話でもないし
月給はきちんと
入金されてるわよ
でも月給がすべてじゃない
でしょう？
ハア…
そんなこと言われても
私にはどうにも…
物事にはすべてproceduresが
あるんですよ。何でも言い張れば
いいというものではないんです
20年間day shiftでもnight
shiftでも何でもやって
きたのに、こんなことも
聞いてもらえないのかい？

あたしはあの会社でhighly重要な人間だったんだよ。会社は私のものでもあるんだよ
それは個人的なお考えでしょう…
遊び人の社長の代わりにinventoryの管理をして、社員たちをoverseeすることに若さと美貌を捧げたんだから、財産の半分くらいacquireしてもいいんじゃないの？
同じことをrepeatedlyおっしゃられても私にはどうにもできません
合意が無理なら告訴でもするしかないわ
それは他のところに行って頼んでください
だったら、あのろくでなしが社員の前で私のお腹を指してからかったこと、皆の前でapologizeさせておくれ
ブウッ…
お腹を？
実は社長はあたしの夫なんだよ。自分の腹が出ているのは棚に上げて…
この機会にあたしを馬鹿にする癖を直してやりたいんだが、いい方法はないかね？
だ、だからそれはうちではありませんよ。夫婦カウンセリングに行ってください

QUIZ DAY 5

空所に当てはまる単語を下の選択肢から選びなさい。

1. Polytech, Inc. earned the second largest amount of ------- last month.
   Polytech社は先月、史上2番目の高い収益を上げた。

2. The instructions printed on the product box should be -------.
   製品の箱に印刷された使用説明はわかりやすくなければならない。

3. All employees should have a clear understanding of office -------.
   すべての社員は事務手続きをしっかり理解していなければならない。

4. Mr. Nishimura is a ------- regarded economist.
   Nishimura氏は非常に尊敬されている経済学者だ。

① clear　　② procedures　　③ highly　　④ revenue

空所に当てはまる単語を選びなさい。

5. Glover Copier plans to ------- a local newspaper in October.
   (A) acquire　　(B) apologize

6. We offer the best interest ------- to our customers.
   (A) rates　　(B) legislations

7. The mayor is certain he can ------- issues that are related to the community.
   (A) accelerate　　(B) resolve

8. The renovation is supposed to continue for the ------- of the month.
   (A) inventory　　(B) remainder

9. The company ------- unauthorized entrance into the production plant.
   (A) compromises　　(B) prohibits

10. Please accept our ------- for the delay in refunding your money.
   (A) apologies　　(B) forces

訳 ▶ p.411

| 正解 | 1.④ 2.① 3.② 4.③ 5.(A) 6.(A) 7.(B) 8.(B) 9.(B) 10.(A)

WEEKEND_2 実戦 **TEST**

01. When ordering an item from our Web site, please be aware that it will take ------- 3 to 4 days to arrive.

(A) recently (B) approximately
(C) quickly (D) carefully

02. Mega Burger, Inc. has begun contract talks with potential British investors in an ------- to expand into European markets.

(A) effort (B) inquiry
(C) ability (D) impression

03. Research shows that a hotel cleaning staff that is given a variety of tasks work more efficiently than those who perform ------- duties.

(A) respective (B) lucrative
(C) repetitive (D) instructive

04. Watson Law Firm ------- announced that its top attorneys are in the final stages of preparing their case against Egerton Corporation.

(A) recently (B) fairly
(C) permanently (D) hardly

05. Eddie Robertson was selected to oversee training at the Cleveland branch last month, but he will be back on Monday to ------- his normal duties here.

(A) function (B) induce
(C) donate (D) resume

06. The sales of the singer's new album will depend largely on the ------- of Capitol Records' marketing campaign.

(A) happiness (B) effectiveness
(C) layout (D) principle

07. Because ticket prices offered by Midland Air are comparatively -------, many people now choose to fly instead of taking a train.

(A) affordable (B) potential
(C) eager (D) approximate

Question 8-10 refer to the following advertisement.

Racon, Inc. just ------- a new line of security solutions for office buildings.

08. (A) controlled
(B) observed
(C) terminated
(D) released

The line includes state-of-the-art surveillance cameras, alarms, and intrusion detection systems. These devices are not only affordable, but are also easy to ------- without technical support.

09. (A) clarify
(B) raise
(C) resolve
(D) install

They also have an extended lifespan in comparison with other security technologies appliances. Moreover, companies that purchase systems from Racon, Inc. receive additional ------- such as free consultation, regular monitoring,

10. (A) benefits
(B) basis
(C) symptoms
(D) approvals

and flexible billing cycles.

≫ 正解と訳 p.412

WEEK3 **DAY1** 文化・芸術

1

Tickets are on sale for renowned opera singer Monica Graham's concerts.

有名なオペラ歌手Monica Grahamのコンサートのチケットが発売中だ。

She will be accompanied by the London Symphony Orchestra.

彼女はLondon Symphony Orchestraと共演することになっている。

The upcoming concerts will take place at Carter Hall in London.

次のコンサートはLondonのCarter Hallで開かれる。

Carter Hall is a world-renowned venue for classical music concerts.

Carter Hallは世界的に有名なクラシックコンサート会場だ。

The hall has a total seating capacity of five thousand.

このホールは、総座席数が5,000席である。

The concert series will run from April 5th to April 11th.

コンサートは4月5日から11日まで続く。

Tickets can be purchased at the box office or from alternative vendors.

チケットは、チケット売り場ほか販売所で購入できる。

In the event of cancelation, all concert ticket purchases will be refunded.

公演中止の場合には、すべてのチケットは払い戻しになる。

Monica Graham's concert

Monica Grahamのコンサート

★ 504 **renowned**
[rináund]
a. 有名な、名声のある

hire a **renowned** consulting firm
有名なコンサルティング会社を使う

CF world-renowned 世界的に有名な

★★ 505 **accompany**
[əkʌ́mpəni]
vt. ～に同行する・同伴する
～を伴う

only if **accompanied by** an original receipt
領収書の原本が添付されている場合のみ

CF be accompanied by ～が同伴する・添付してある
TIP accompanyは、受動形のaccompanied byの形でよく使われる。

★★ 506 **upcoming**
[ʌ́pkʌ̀miŋ]
a. 来たる、この次の

in the **upcoming** year 来年に
Sue is doing research for her **upcoming** novel.
Sueは新作の小説のための取材をしている。

★ 507 **venue**
[vénjuː]
n. 場所

the ideal **venue** for weddings
結婚式にうってつけの場所

★★ 508 **seating**
[síːtiŋ]
n. (集合的に)座席
座席配列、座席数

Seating is limited to 50 participants.
参加者の座席は50席に限られている。

派 seat n. (個別の)座席 vt. ～に座らせる
CF be seated 着席する
a seating capacity 座席定員、座席数
TIP seatは一つひとつの座席を指す可算名詞、seatingは座る行為や座席配列を指す不可算名詞である。

★★★ 509 **run**
[rʌ́n]
vi. (機械などが)動く
(定期的に)運行する
(公演などが)続く
～の状態になる
vt. ～を運営する
(危険などを)冒す

The engine **runs on** gasoline.
そのエンジンはガソリンで動く。
Jason **runs** a small recording company.
Jasonは小さなレコード会社を経営している。
run the risk of injury
怪我をする危険を冒して

CF run on (機械が)～で動く
run short 不足する
run behind the schedule スケジュールよりも遅れる

★ 510 **vendor**
[véndər]
n. 売る人、販売店

We've decided to purchase computers from a different **vendor**.
私たちはコンピューターを他の販売業者から買うことに決めた。

CF vending machine 自動販売機

★★ 511 **cancelation**
[kæ̀nsəléiʃən]
n. 取り消し

a **cancelation** fee
キャンセル手数料
The hotel reservations will **be canceled**.
ホテルの予約はキャンセルになるだろう。

派 cancel vt. ～を取り消す

The National Museum of Korea will host a new exhibition.

The National Museum of Koreaでは、新たな**展示会**を開催する。

A collection of Egyptian artifacts will be displayed at the museum.

エジプト工芸品の**コレクション**がミュージアムで展示される。

The Egyptian History Museum contributed many artifacts to the exhibition.

The Egyptian History Museumはたくさんの工芸品を展示会**に提供した**。

The exhibition will focus on several aspects of Egyptian culture.

この展示会は、エジプト文化の多様な**側面**に焦点を合わせたものになるだろう。

A large selection of ancient tools will be on display.

膨大な数の古代の**道具**のコレクションが展示される。

The exhibits will be accompanied by informative descriptions.

展示品には**有益な**説明が付されるだろう。

The Egyptian exhibition is due to run until late October.

エジプト展は10月末まで**開かれる予定だ**。

The Egyptian exhibition

エジプト展

★★★
512 **exhibition**

[èksəbíʃən]

n. 展示、展示会

tickets for the special **exhibition**
特別展のチケット

The National Museum **is exhibiting** 50 artworks by Andala Maria.
The National MuseumはAndala Mariaの作品50点を展示している。

派 **exhibit** n. 展示(会) vt. ～を展示する・示す **exhibitor** n. 出品者

★★
513 **collection**

[kəlékʃən]

n. 収集(物)、集金、徴収

Toll **collection** is automated. 通行料の徴収は自動化されている。

collect used books **from** around the world
古本を世界中から集める

派 **collect** vt. ～を収集する
CF **collect A from B** BからAを徴収する

★★★
514 **contribute**

[kəntríbju:t]

vi. 寄付する、寄与する(to)
vt. ～を寄付する
　～に寄与する

His efforts **contributed to** the success of the project.
彼の努力がプロジェクトの成功をもたらした。

make a significant **contribution to** the organization
組織に際立った貢献をする

派 **contribution** n. 寄付、寄与 **contributor** n. 寄付者、寄稿家
CF **contribute A to B** AをBに寄付する
make a contribution to ～に寄与する

★
515 **aspect**

[ǽspekt]

n. 側面、観点、外観

cover every **aspect** of gardening
ガーデニングのあらゆる分野を扱う

★
516 **tool**

[tú:l]

n. 道具、手段

a valuable marketing **tool**
有効なマーケティング手段

★★★
517 **informative**

[infɔ́:rmətiv]

a. 情報を提供する、有益な

The presentation was very **informative**.
その発表は非常に有益だった。

product **information** 製品情報

派 **information** n. 情報
TIP informationは不可算名詞である。

★★★
518 **due**

[djú:]

a. ～することになっている
　～する予定の
　支払い期限を迎えた

due date 満期日、(締め切り)期日

Library books **are due** two weeks from the checkout date.
図書館の本は貸出日から2週間で返却することになっている。

The rent **is due** on the first day of each month.
賃貸料は毎月1日に支払うことになっている。

The bill is now twenty days **overdue**.
請求書の支払い期限は現在20日過ぎている。

派 **overdue** a. 支払い期間の過ぎた
CF **be due to do** ～する予定だ
be due + 時間・時点 ～までしなければならない

Jazz pianist Esperanza Ossa will make her live debut tonight.

ジャズピアニストのEsperanza Ossaが今晩ライブの**デビューを飾る**予定だ。

Ms. Ossa had been reluctant to play live due to her stage fright.

Ossaは舞台恐怖症のため、ライブを**ためらってきた。**

She has achieved worldwide fame with her latest album.

彼女は最近のアルバムで世界的な名声を**得た。**

Her piano style blends traditional jazz with modern pop.

彼女のピアノのスタイルは、伝統ジャズをモダンポップス**に融合させた**ものだ。

A large part of the concert will be devoted to jazz classics.

コンサートの大部分は、ジャズクラシック**に割かれる**だろう。

The concert will culminate in a performance by a full orchestra.

コンサートは、フルオーケストラの演奏**で締めくくられる**だろう。

Music fans of all ages are likely to attend the performance.

あらゆる年齢層の音楽ファンが公演に**来るだろう。**

A jazz concert

ジャズコンサート

★
519 **debut**

[deibjúː]

n. デビュー、初舞台

Chris Otto's **debut** performance
Chris Ottoのデビュー公演

CF **make one's debut** デビューする

★
520 **reluctant**

[rilʌ́ktənt]

a. 気が乗らない、ためらう

be reluctant to make new investments
新たな投資をためらう

CF **be reluctant to do** ～することをためらう

★★★
521 **achieve**

[ətʃíːv]

vt. ～を達成する・成就する

achieve our sales goals 我々の売り上げ目標を達成する

Congratulations on your outstanding **achievement.**
際立った成果を上げられたことをお祝いします。

派 **achievement** n. 業績、成果

★
522 **blend**

[blénd]

vt. ～を混ぜる
n. 混合

attempt to **blend** traditional art techniques **with** modern painting methods
伝統芸術技法と現代絵画技法の融合を試みる

dishes made with a **blend** of Thai and Chinese ingredients タイと中国の食材を合わせて作った料理

派 **blender** n. ミキサー
CF **blend A with[and] B** AとBを混ぜる

★★
523 **devote**

[divóut]

vt. (努力・時間を)捧げる

Since retirement, Nicholas **has been devoting** more time **to** volunteer activities.
定年以降、Nicholasはボランティア活動により多くの時間を割いてきた。

devoted and hardworking employees
献身的で一所懸命仕事をする社員

派 **devoted** a. 献身的な
CF **be devoted to** ～に専念する・身を捧げる
devote A to B AをBに捧げる・傾注する

★
524 **culminate**

[kʌ́lmənèit]

vi. 最高潮に達する
(結局)～に終わる

culminate in a dance performance
ダンス公演の最後を飾る

the **culminating** event of the awards banquet
授賞式を締めくくるイベント

派 **culminating** a. 絶頂に達する、最後の
CF **culminate in** 結局～になる、～で終わる

★★
525 **likely**

[láikli]

a. ～しそうな、あり得る

Is Ms. Burns **likely to come** to the meeting?
Burns氏は会議に出てくるだろうか？

It appears **unlikely** that Martin will be promoted.
Martinは昇進しそうにもない。

reduce the **likelihood** of system failure
システムエラーの可能性を減らす

派 **unlikely** a. あり得ない **likelihood** n. 可能性
CF **be likely to do** ～しやすい、～しそうだ

In contrast to the romantic *Bitter Lemon*, Todd Brann's new film is comedic.

恋愛物の*Bitter Lemon***とは対照的に**、Todd Brannの新作映画はコメディー風だ。

The director's latest film, *Citrus*, is definitely his best work so far.

この監督の最新作*Citrus*は、**間違いなく**これまでの彼の作品の中の最高作だ。

Mr. Brann is not usually associated with the comedy genre.

Brann氏は、普段はコメディーの分野**とは無縁だ。**

Early reviews of the movie have been generally favorable.

この映画に対する当初のレビューはおおむね**好意的だ**った。

Critics have remarked on the strong performances of the lead actors.

評論家たちは、主演俳優の力強い演技**について論評した。**

The film is bound to be extremely popular with audiences worldwide.

この映画が全世界の観客から大好評を博す**のは間違いない。**

Citrus is expected to be much more successful than Brann's preceding film.

*Citrus*は、Brann氏の**これまでの**映画よりもはるかに成功を収めるものと期待される。

Todd Brann's new movie

Todd Brannの新作映画

★
526 **contrast**

[kάntræst]

n. 対照、対比

in contrast to most of the other ships of her size
同じ大きさの他の大部分の船とは対照的に

CF in contrast to[with] ～と対照的に

★
527 **definitely**

[défənitli]

ad. 明確に、確実に

The scene set in India was **definitely** the best part of the movie.
インドを背景としたそのシーンは、間違いなく映画の最高の一コマだった。

definite signs of improvement in imports
輸入回復の明らかな兆候

派 definite a. 確実な、明確な indefinitely ad. 不明確に、漠然と

★★
528 **associate**

[əsóuʃièit]

vt. ～と関連づける

[əsóuʃiət]

n. 同僚、提携者

sales experience of my **associates**
私の同僚たちのセールス経験

associated charges 関連費用

派 associated a. 関連した

CF be associated with ～と関連する

★★★
529 **favo(u)rable**

[féivərəbl]

a. 好意的な、有利な
順調な、有望な

more **favorable** circumstances より有利な状況

unfavourable weather conditions 悪天候

派 favo(u)r n. 好意 favo(u)rably ad. 好意的に
unfavo(u)rable a. 不利な、都合の悪い

CF in favo(u)r of ～に賛成して・味方して・有利になるように

★★★
530 **remark**

[rimά:rk]

vi. 論評する、感想を述べる
vt. (意見を)述べる
n. 発言、意見

his opening **remarks** 彼の開会の辞

Orbitar Soft's **remarkable** achievements
Orbitar Softの目覚ましい業績

a **remarkably** talented theater director
並外れて優秀な演劇ディレクター

派 remarkable a. 並外れた、注目すべき
remarkably ad. 並外れて、著しく

CF remark on ～について論評する

★
531 **bound**

[báund]

a. 必ず～することになっている
(列車等が)～行きの(for)
(本が～で)装丁された

a train **bound for** Busan Busan行き列車

a leather-**bound** volume of poetry 革装丁の詩集

CF be bound to do ～することになっている

★
532 **preceding**

[prisí:diŋ]

a. (時間・空間的に)先立つ
直前の

the **preceding** four years これまでの4年間

set a **precedent** 前例を作る

an **unprecedented** rise in the cost of raw materials
前例のない原材料価格の高騰

派 precede vt. ～に先立つ、～より先に起きる precedent n. 前例

CF unprecedented a. 前例がない

Graduating students of Trent University will **celebrate** the school's 100th anniversary on the campus today.

Trent大学の卒業予定の学生たちは、今日キャンパスで学校の100周年を**祝う**ことになっている。

The anniversary date **coincides with** graduation day.

この開校記念日は卒業式の日**と重なっている。**

Trent University was **originally** founded as Trent College in 1867.

Trent大学は**当初**1867年にTrentカレッジとして設立された。

In 1910, construction of its **present** buildings was completed.

1910年に**現在の**建物が竣工した。

The university's auditorium **remains** in excellent condition today.

この大学の講堂は、今日でも**依然として**良い状態を保**っている。**

The auditorium can **accommodate** up to 2,000 students and staff.

この講堂は2000人までの学生・職員を**収容**できる。

The university **is considered to be** one of the best in the country.

この大学は国内で最高の大学の一つ**と考えられている。**

Trent University

Trent大学

★★
533 **celebrate**

[séləbrèit]

vt. ～を祝う、挙行する

to **celebrate** his retirement 彼の退職を祝うため

in celebration of Trey Salon's fifth anniversary
Trey Salonの5周年を祝って

the city's most **celebrated** landmarks
街の最も有名なランドマーク

派 **celebration** n. 祝うこと、祝賀 **celebrated** a. 有名な、著名な
CF **in celebration of** ～を祝って

★
534 **coincide**

[kòuinsáid]

vi. 同時に起きる、一致する

The Jakarta conference date conveniently **coincides with** his business trip to Asia.
Jakarta会議の日程が、都合の良いことに彼のアジア出張と重なっている。

CF **coincide with** ～と一致する・重なる

★★
535 **originally**

[ərídʒənəli]

ad. 本来、最初に

the dinner **originally** planned for tomorrow
もともと明日に予定されていた晩餐会

create **original** artworks 独創的な作品を作る

派 **original** a. 最初の、本来の、独創的な

★★
536 **present**

[préznt]

a. 現在の、参加している
n. 現在

present circumstances 現在の状況

the **present** chairperson 現議長

CF = **current**

★★★
537 **remain**

[riméin]

vi. 相変わらず～だ、留まる
n. 残ったもの

Hawaii **remains** the top vacation destination.
ハワイはあいかわらずナンバーワンの休養地だ。

staff **remaining** in the building after 10 P.M.
午後10時以降建物に残っている社員

派 **remainder** n. 残り(の物)
TIP remainの補語として形容詞・名詞・前置詞句がよく使われる。

★★
538 **accommodate**

[əkɑ́mədèit]

vt. ～を収容する
(設備を)備える
(依頼を)受け入れる

The recreation complex will **accommodate** a swimming pool. 複合保養施設にプールが作られるだろう。

accommodate the needs of business travelers
出張旅行客たちの要求を受け入れる

派 **accommodation** n. (複数形で)宿泊(施設)

★★★
539 **consider**

[kənsídər]

vt. ～を考慮する、～と見なす

The architect **is considering** remodeling the building. 建築家は建物の改装を考えている。

The security issue should **be taken into consideration**. 安全の問題が考慮されるべきだ。

派 **consideration** n. 考慮、熟考
CF **consider + doing** ～することを考慮する
consider A (to be) B AをBと見なす
take A into consideration Aを考慮する
considering + 名詞/that節 ～を考慮して・考慮すると

A 076 B 076

Next month, admission to Soma Art Gallery will be doubled.

来月、Soma Art Galleryの**入場料**が2倍に引き上げられる予定だ。

The gallery will exhibit incredible artworks by Javier Toro.

ギャラリーはJavier Toroの**素晴らしい**作品を展示することになっている。

Mr. Toro does not create conventional pieces of art.

Toro氏は、**型にはまった**作品は作らない。

The artist is considered a pioneer in the field of digital electronic art.

彼はデジタルエレクトロニックアートの**分野**におけるパイオニアとされる。

Reviews say that the exhibition is unique and fascinating.

レビューは、この展示がユニークで**魅力的だ**と述べている。

Mr. Toro drew on his personal experiences to create his works.

Toro氏は彼の個人的経験**を**創作に**生かした**。

The exhibition will provide an insight into human nature.

この展示は、人間の本性**についての見識**を示してくれるだろう。

Javier Toro's exhibition

Javier Toroの展示会

★★
540 **admission**
[ædmíʃən]
n. 入場(料)、入学、承認

an application for **admission to** the certification program 資格課程入学申請

can **be admitted to** the performance free of charge
公演に無料で入場できる

派 **admit** vt. ～を認める、入場[入学]を許可する
CF **admission to + 名詞** ～への入場[入学]、～の承認

★★
541 **incredible**
[inkrédəbl]
a. 驚くべき、素晴らしい
信じられないほどの

his **incredible** accomplishment
彼の驚くべき成果

Don't miss out on these **incredible** deals.
この信じられない価格のバーゲンをお見逃しなく。

★
542 **conventional**
[kənvénʃnəl]
a. 伝統的な、型にはまった

if we use **conventional** materials
在来の資材を使うと

unconventional approach to leadership
リーダーシップへの型にはまらないアプローチ

派 **unconventional** a. 慣習に従わない、自由な
convention n. 慣習、総会

★★
543 **field**
[fí:ld]
n. 分野、方面、現場
a. 現場の

an expert in the **field** of health care policy
医療政策分野の専門家

follow the safety regulations while working in the **field** 現場で働く間は安全規定を守る

the role of **field** manager 現場監督の役割

★
544 **fascinating**
[fǽsənèitiŋ]
a. 魅惑的な、うっとりする

We found the film **fascinating**.
私たちはその映画が魅力的だと思った。

派 **fascinated** a. 魅了された
fascination n. 魅了

★★★
545 **draw**
[drɔ́:]
vt. ～を引く
(注目を)引く
(結論を)引き出す
(絵を)描く
vi. (技術・経験を)生かす

draw a large audience 多くの聴衆を集める

draw conclusions from the analysis of the survey
調査の分析から結論を導き出す

Ms. Sue **drew on** her particular area of expertise to find a job.
Sueさんは職を探すために彼女の特殊分野の専門知識を生かした。

We will enter you in a **drawing** for a $250 gift certificate. 250ドル分の商品券の抽選に参加していただきます。

派 **drawing** n. 絵、抽選
drawer n. 引き出し
CF **draw on** (技術や経験を)生かす、～に依存する

★
546 **insight**
[ínsàit]
n. 洞察、見識

give us **insight into** recent marketing trends
最近のマーケティングの傾向への見識を与えてくれる

CF **insight into** ～についての見識

Pricemark Mart is giving customers the **opportunity** to enter an essay contest.

Pricemark Martは、顧客にエッセイコンテストへの参加の**機会**を提供している。

The contest is designed to publicize the **merits** of organic food.

このコンテストは、自然食品の**メリット**を広報するために企画された。

The store wants to gain an advantage over their **competition** in the organic food sector.

この店は、自然食品分野での**競争**で優位に立とうとしている。

Contest participants must **compose** an essay about organic food.

コンテスト参加者は、自然食品に関するエッセイを**書かねばならない**。

The winner will **be supplied with** a $100 gift certificate for groceries.

優勝者には、100ドル分の食料品商品券**が渡される**。

Ten more participants will be **randomly** chosen to receive bonus prizes.

さらに10人がボーナス賞受賞者として**無作為に**選ばれる。

Customers can **submit** their essays via the Pricemark Mart Web site.

顧客はエッセイをPricemark Martのウェブサイトから**提出する**ことができる。

Essay contest

エッセイコンテスト

★★★
547 **opportunity**
[àpərtjú:nəti]
n. 機会

have an excellent **opportunity to increase** exports
輸出を増やす絶好の機会を得る

派 opportune a. 時宜を得た
CF have an[the] opportunity to do ～する機会を得る

★
548 **merit**
[mérit]
n. 長所、功労

merit salary increase program
能力給プログラム

CF = advantage(利点)

★★★
549 **competition**
[kàmpətíʃən]
n. 競争、競技

the participants in the architecture **competition**
建築コンペへの参加者

be more **competitive** in their pricing
より価格競争力がある

compete against other local businesses
地域の他の企業と競争する

派 compete vi. 競争する competitive a. 競争の、競争力のある
competitor n. 競争者、競合社
CF compete against[with] ～と競争する

★
550 **compose**
[kəmpóuz]
vt. ～を構成する
(文・音楽を)作る

compose music 音楽を作る
The team **is composed of** 10 members.
チームは10人で構成されている。

CF be composed of ～で構成される

★★
551 **supply**
[səplái]
n. 供給、備品
vt. ～を供給する・与える

order office **supplies** 事務用品を注文する

the gap between **supply** and demand
需要と供給の差

派 supplies n. 備品、在庫品、物品
CF supply A with B AにBを供給[提供]する

★
552 **randomly**
[rǽndəmli]
ad. 無作為に、任意に

The winner will be **randomly** drawn from the list of attendees. 当選者は参加者リストから無作為に選ばれることになる。

random collection 無作為な収集

派 random a. 任意の randomize vt. ～から任意に選ぶ

★★★
553 **submit**
[səbmít]
vt. ～を提出する
vi. 服従する、屈服する

submit a request for assistance **to** the supervisor
支援要請書を管理者に提出する

The applications must **be submitted to** the main office. 応募書類は必ず本社に提出しなければならない。

the final date for **submission** of construction bids
工事入札期限日

派 submission n. 提出(物)、提案
CF submit A to B AをBに提出する

お目が高い！

うわ〜。本当にすごいcollectionですね！
さすが超renownedな美術品collectorでいらっしゃいますこと…
ところでご用件は？
えっ！
upcoming exhibitionのスポンサーが必要なんじゃろう？
ど…どうしてそれを？
彼をaccompanyして来るときはいつもそうじゃ。わしの目が節穴だとでも？
会長はうちの画廊の最高のcontributorでもあり、最高の評論家でもあられますから
芸術家の育成に半生をdevoteされた会長のお話を聞けることは、新鋭作家にとって大変なopportunityなんですよ
わあ〜、弁舌さわやかなこと！

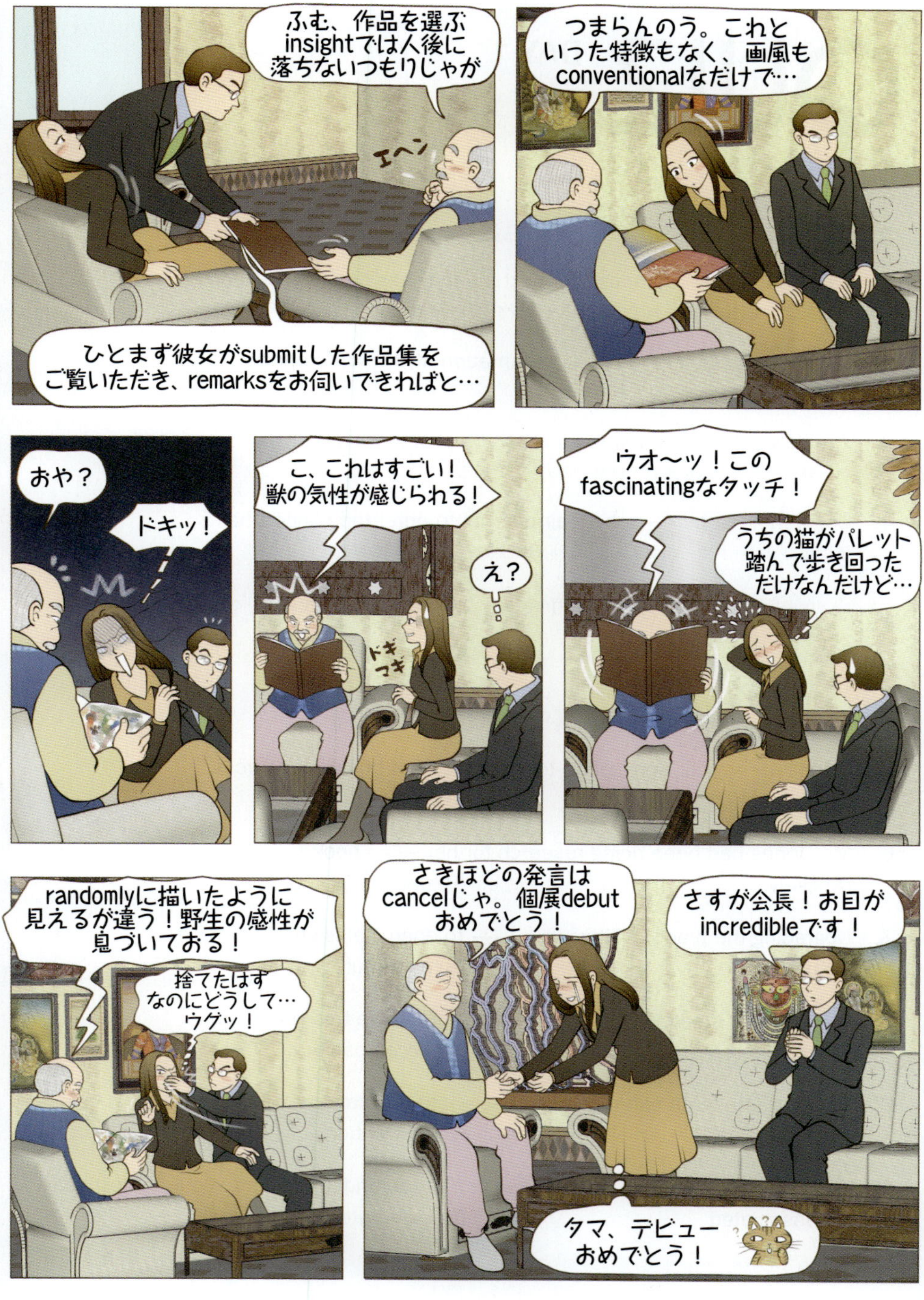
ふむ、作品を選ぶinsightでは人後に落ちないつもりじゃが
エヘン
ひとまず彼女がsubmitした作品集をご覧いただき、remarksをお伺いできればと…
つまらんのう。これといった特徴もなく、画風もconventionalなだけで…
おや？
ドキッ！
こ、これはすごい！獣の気性が感じられる！
え？
ドギマギ
ウオ〜ッ！このfascinatingなタッチ！
うちの猫がパレット踏んで歩き回っただけなんだけど…
randomlyに描いたように見えるが違う！野生の感性が息づいておる！
捨てたはずなのにどうして…ウグッ！
さきほどの発言はcancelじゃ。個展debutおめでとう！
さすが会長！お目がincredibleです！
タマ、デビューおめでとう！

QUIZ DAY 1

空所に当てはまる単語を下の選択肢から選びなさい。

1. The meeting ------- planned for next Monday has been cancelled.
   当初来週月曜日に予定されていたミーティングはキャンセルになった。

2. Ms. Grace gave a very ------- presentation at the conference.
   Grace氏は会議で大変有益な講演をした。

3. The new sales team will ------- reach its goal for this year.
   新しい営業チームは今年必ず目標を達成するだろう。

4. Children must be ------- by their parents to enter the concert hall.
   子供がコンサートホールに入るには、必ず両親に付き添われなければならない。

① informative　② definitely　③ originally　④ accompanied

空所に当てはまる単語を選びなさい。

5. Please ------- your application to the director of human resources.
   (A) submit　(B) achieve

6. Ms. Jones has been doing research for her ------- book.
   (A) likely　(B) upcoming

7. Upgrading the plant facilities will ------- to energy efficiency.
   (A) devote　(B) contribute

8. Our Chinese market is ------- to be more profitable this year.
   (A) considered　(B) accompanied

9. Today, all students can receive free ------- to the National Museum.
   (A) admission　(B) convention

10. Construction ------- with the replacement of the bridge will continue until next year.
    (A) associated　(B) celebrated

訳 ▶ p.414

| 正解 | 1.③ 2.① 3.② 4.④ 5.(A) 6.(B) 7.(B) 8.(A) 9.(A) 10.(A)

WEEK3 **DAY2** 旅行及び出張

Your payment for the tour package has been processed successfully.

お客様のパック旅行のお支払いは、間違いなく**処理されました。**

Information about your tour package is enclosed with this letter.

パック旅行の情報は、この手紙**に同封されています。**

Your tour itinerary is on the second page of the document.

お客様の**旅行日程**は、資料の2ページに載っています。

Please respond via e-mail to make any changes.

何か変更をされたい場合には、電子メールで**お返事ください。**

We will acknowledge your e-mail within 24 hours.

24時間以内に、お客様のメールを受け取った旨**ご連絡いたします。**

Providing the best possible service is our commitment to you.

可能な限り最高のサービスを提供することは、私どものお客様**に対する義務**です。

Tour package information

パック旅行の資料

★★
554 **process**

[prάses]

n. 過程、方法

vt. (書類などを)処理する
(食品を)加工する

be **in the process of** updating security systems
保安システムをアップデートしている最中だ

specialize in **processing** fresh fruit
新鮮な果実の加工を専門とする

CF **in (the) process of** 〜中、〜の進行中

★★★
555 **enclose**

[inklóuz]

vt. 〜を同封する

on page four of the **enclosed** contract
同封の契約書の4ページに

Enclosed are the shipment details.
主語
発送の明細は同封されている。

Enclosed you will find the workshop schedule.
目的格補語　目的語
ワークショップの日程表が同封されているのをご確認いただけると思います。

CF **enclose A with B** AをBに同封する

TIP enclosedは強調のためよく文頭に置かれるが、特に受動態の文では主語と倒置されることが多い。

★
556 **itinerary**

[aitínərèri]

n. 旅行日程(表)

a detailed **itinerary** for your trip
あなたの詳しい旅行日程

★★
557 **respond**

[rispάnd]

vi. 応答する、反応する(to)

respond to the client's request 顧客の要求に応える

I'm writing **in response to** your letter.
あなたのお手紙へのお返事を書いています。

the majority of **respondents** 回答者の大部分

派 **response** n. 応答、反応 **respondent** n. 回答者

CF **respond to** 〜に答える(= answer)、〜に反応する
in response to 〜に応えて

★
558 **acknowledge**

[əknάlidʒ]

vt. (手紙などの)受領を伝える
〜を認める、〜に感謝する

acknowledge receipt of the books I ordered
私が注文した本を受け取ったことを伝える

acknowledge their efforts over the last few months
ここ数か月の彼らの努力に感謝する

派 **acknowledgement** n. 受領

★★
559 **commitment**

[kəmítmənt]

n. 献身、専念、義務、意志、約束

her full **commitment to** our organization
我々の組織に対する彼女の全面的な献身

She **committed herself to** working for the poor people. 彼女は貧しい人たちのために働くことに身を捧げた。

be committed to providing excellent services
素晴らしいサービスを提供することに専念している

派 **commit** vt. 〜に献身する・専念する、〜を犯す

CF **commitment to** 〜に対する意志・専念・義務・約束
commit oneself to 〜に献身する、〜を引き受ける
be committed to + (動)名詞 〜に献身する、〜を約束する

Please pay attention to the following information for Swiss Air passengers.

Swiss Airの乗客の皆様は、以下のご案内**にご留意ください**。

Passengers should proceed to the departure gate fifteen minutes before departure.

乗客の皆様は出発15分前までに搭乗口**に向かっ**てください。

Passengers must fasten their seat belts during takeoff and landing.

乗客の皆様は、**離陸**・着陸の際には必ずシートベルトをお締めください。

Meals will not be served on short-distance domestic flights.

短距離の**国内**線では、お食事は提供しておりません。

Please do not leave any luggage in the aisles of the aircraft.

飛行機の**通路**には荷物を一切置かないでください。

Some souvenirs can be purchased on the plane.

一部の**土産物**は機内でお買い求めいただけます。

Please complete a customs declaration form and present it to the customs officer.

税関申告書をお書きになり、**税関職員**にご提出ください。

Information for Swiss Air passengers

Swiss Airの乗客への案内

★★★
560 **attention**

[əténʃən]

n. 注意、関心

Fred's superb **attention to** detail
細部事項に対するフレッドの抜きん出た注意力

examine trends in the data **attentively**
データに現れた傾向を注意深く検討する

Workers are likely to be less **attentive** during overtime shifts.
労働者は超過勤務の間は集中力が落ちやすい。

派 attentive a. 注意深い、傾聴する attentively ad. 注意深く
inattentive a. 不注意な

CF pay attention to ～に注意を払う

★★
561 **proceed**

[prəsí:d]

vi. 進む、進行する
始まる、続く

Developers **proceeded with** the housing plans.
開発業者は住宅計画に着手した。

proceeds from the charity events
チャリティーイベントからの収益

派 proceeds n. (必ず複数形で)収益、売り上げ
proceeding n. 進行、処理

CF proceed with ～に着手する、～を続ける
proceed to ～に進む

★
562 **takeoff**

[téikɔ̀:f]

n. 離陸、発進

notify the airline at least 48 hours before **takeoff**
遅くとも離陸48時間前までに航空会社に通知する

When is your flight scheduled to **take off**?
あなたの飛行機はいつ離陸する予定ですか。

CF ↔ landing n. 着陸
take off 離陸する

★★
563 **domestic**

[dəméstik]

a. 国内の、家庭の

strong **domestic** demands 堅調な国内需要

domestic dispute and divorce 家庭内紛争と離婚

派 domestically ad. 国内で
domesticated a. 飼いならされた、家庭的な

★
564 **aisle**

[áil]

n. 廊下、通路

The bread is in **aisle** 5.
パンは5番通路にあります

TIP 発音に注意しよう。sは読まない。

★
565 **souvenir**

[su:vəníər]

n. 土産物

the **souvenir** shop
土産物屋

★★
566 **custom**

[kʌ́stəm]

n. 税関、慣習
a. あつらえの、注文の

comply with **customs** regulations 税関規定に従う

in accordance with local **customs** 地方の慣習に従い

custom suits あつらえのスーツ

派 customary a. 通常の、慣習上の

CF customs declaration 税関申告 customs duties 関税

TIP 「税関」の意味では常に複数形で使う。

Mr. Arroyo arrived at the airport early in order to board his flight on time.

Arroyo氏は遅れずに飛行機に**乗る**ため、空港に早めに着いた。

The airport announcement said the flight would be delayed for two hours.

空港のアナウンスは、飛行機が2時間**遅れる**だろうと言っていた。

He had to pay extra charges because his luggage exceeded the baggage allowance.

彼は、手荷物が**許容重量**を超えたため追加料金を払わねばならなかった。

Mr. Arroyo put his carry-on baggage in the overhead compartments prior to takeoff.

Arroyo氏は、離陸前に手荷物を**頭上の収納棚**に入れた。

There was a space for small personal belongings under the seat.

座席の下には、小さな**荷物**を置くスペースもあった。

When he arrived at his destination, Mr. Arroyo found that his baggage had been damaged.

目的地に着いたとき、Arroyo氏は彼の手荷物が損傷していることに気がついた。

He decided to file a complaint about his damaged baggage.

彼は手荷物の損傷について**苦情を申し立てる**ことにした。

If his complaint is accepted, the airline must reimburse him for the damaged baggage.

彼の申し立てが受理されると、航空会社は損傷した手荷物**を賠償し**なければならない。

A business trip

出張 1

★★
567 **board**

[bɔ́:rd]

vt. 〜に搭乗する
vi. 搭乗する
n. 委員会、(掲示)板

before you **board** the bus バスに乗る前に
the **board** of directors 取締役会、理事会
the **boarding** pass 搭乗券

派 **boarding** n. 乗船、乗車

★★
568 **delay**

[diléi]

vt. 〜を延期する・遅らせる
n. 延期、遅延

Traffic will no longer **be delayed** on major roads.
主な道路ではもう交通渋滞は起きないだろう。

an unexpected **delay** in production
予期せぬ製造の遅延

★★★
569 **allowance**

[əláuəns]

n. 許容値、手当

make allowance for the costly investment
経費のかかる投資であることを見越す

overtime **allowance** 残業手当

Our online service **allows** you **to** view your account.
オンラインサービスでお客様の口座を確認することができます。

派 **allow** vt. 〜を許諾する・許可する・認める **allowable** a. 許諾できる
CF **make allowance for** 〜を見越す・考慮に入れる・大目に見る
allow A to do Aが〜するのを許す
baggage allowance 手荷物許容重量、手荷物制限

★
570 **overhead**

[óuvərhèd]

a. 頭の上の
(費用が)全部含まれた

overhead expenses
総経費

overhead compartments[bins]
座席上の収納棚

★
571 **belongings**

[bilɔ́:ŋiŋz]

n. 持ち物、所持品

personal effects and **belongings** 私物と所持品

CF **belong to** 〜に属する、〜の所有だ
TIP 「所持品」の意味では常に複数形で使われ、また「私物と所持品」という意味のeffects and belongingsも慣用句としてよく使われる。

★
572 **destination**

[dèstənéiʃən]

n. 目的地、行き先

a major tourist **destination**
主要観光名所

★★
573 **complaint**

[kəmpléint]

n. 苦情、告訴

handle the guests' **complaints**
顧客の苦情を処理する

派 **complain** vt. 〜と不満を言う vi. 不満を言う、訴える
CF **file a complaint** 苦情を申し立てる、告訴する
complain about 〜について不満を言う
complain that節 〜と不満を言う

★★★
574 **reimburse**

[rì:imbə́:rs]

vt. 〜を賠償する・払い戻す

be reimbursed for mileage マイレージの払い戻しを受ける
request for travel **reimbursement** 旅費の精算を請求する

派 **reimbursement** n. 賠償、払い戻し
CF **reimburse A for B** AにBに関して賠償する

The hotel Mr. Arroyo is staying at has excellent exercise **facilities.**

Arroyo氏が泊まっているホテルには、素晴らしいトレーニング**施設**が備わっている。

According to the hotel's **policy**, guests can use the hotel facilities free of charge.

ホテルの**規定**によれば、宿泊客はホテルの施設を無料で利用できる。

Due to faulty electrical wiring, Internet service has been **temporarily** suspended.

電気配線の不良で、インターネットサービスが**一時的に**中断している。

All **charges** for taking beverages from the refrigerator are the guest's responsibility.

冷蔵庫の中の飲み物の**代金**は宿泊客の負担だ。

Diverse **attractions** are within walking distance from the hotel.

色々な**名所**がホテルから歩いて行ける距離にある。

Mr. Arroyo has time to look around the attractions because the convention schedule **was altered.**

総会の日程が**変更になった**ので、Arroyo氏は名所を見て回る時間がある。

After the business trip, he needs to submit his travel **expense** report to his company.

出張の後、彼は会社に旅行**費用**の報告書を出す必要がある。

A business trip

出張 2

★★
575 **facility**

[fəsíləti]

n. 施設、設備

set up production **facilities**
生産設備を構築する

This program **facilitates** the training process.
このプログラムによって、トレーニングの進行が円滑になる。

派 **facilitate** vt. ～を容易にする・促進する

★★★
576 **policy**

[pɑ́ləsi]

n. 政策、方針

a revised **policy** for returns and exchanges
改訂された返品・交換方針

★★
577 **temporarily**

[tèmpərérəli]

ad. 一時的に、臨時に

Until his computer is repaired, he will **temporarily** be using this office.
コンピューターの修理が終わるまで、彼は一時的にこのオフィスを使う予定だ。

派 **temporary** a. 一時的な、臨時の

★★★
578 **charge**

[tʃɑ́ːrdʒ]

n. 請求金額、料金、責任
vt. (～に)(料金を)請求する
(責任を)負わせる
～を充電する

have a **charge** of $100 on my account
100ドルが私の口座に請求される

be in charge of organizing the retirement party
= **be charged with** organizing the retirement party
退職記念パーティーの準備を担当する

We **charge** our customers on an hourly basis.
時間単位で顧客に料金を課する。

charge the laptop's battery
ノートパソコンのバッテリーを充電する

CF **charge A with B** AにBの責任[義務]を負わせる
be in charge of = **take charge of** ～を担当する
at no extra charge = **free of charge** 追加費用なしで
recharge vt. ～を(再)充電する
overcharge vt. ～に不当な料金を要求する

★
579 **attraction**

[ətrǽkʃən]

n. 呼び物、名所

a world-famous tourist **attraction**
世界的に有名な観光名所

★
580 **alter**

[ɔ́ːltər]

vt. (性質・形を)直す・変える

alter the size of the brochure
小冊子のサイズを変える

派 **alteration** n. 修正、変更

★★★
581 **expense**

[ikspéns]

n. 費用、経費、手当

The company reimburses employees for any **expenses** incurred.
会社は社員の支払ったあらゆる経費を払い戻す。

派 **expensive** a. 高価な **inexpensive** a. 安価な
CF **at one's (own) expense** 自費で

At Sandringham Hotel, the satisfaction of our guests is our top priority.

Sandringhamホテルでは、お客様の**満足**が最優先です。

Our goal is to provide accommodation of the highest quality.

私たちの目標は、最高**品質**の宿泊施設を提供することです。

For the duration of your stay, our staff will be attentive to your needs.

ご宿泊の**間**、スタッフがお客様のご要望に十分耳を傾けるようにいたします。

Please enjoy the superb hospitality offered by the hotel.

当ホテルの最高級の**おもてなし**をお楽しみください。

We encourage guests to give feedback on the hotel.

当ホテルへの**ご意見**をお寄せくださるようお願いいたします。

We appreciate your suggestions for how we can improve our service.

サービスを向上させるための**ご提案**をいただき、ありがとうございます。

Please fill out a comment card at reception when you check out.

チェックアウトの際に、**フロント**備え付けのご意見カードにご記入ください。

Sandringham Hotel

Sandringhamホテル

582 ★★★
satisfaction
[sæ̀tisfǽkʃən]
n. 満足

customer **satisfaction** 顧客満足

satisfy customers' needs 顧客の要求を満たす

provide a **satisfactory** salary
満足な給与を払う

派 **satisfy** vt. ～を満足[充足]させる **satisfactory** a. 満足な
satisfying a. 満足を与える **satisfied** a. 満足した
CF **be satisfied with** ～に満足する

583 ★★★
quality
[kwɑ́ləti]
n. 品質、高級
a. 優秀な品質の

provide reliable and **quality** service
信頼できる良質のサービスを提供する

Any purchase over $100 **qualifies for** free shipping. 100ドル以上お買い上げの場合は、無料配送の対象となります。

Among the candidates, Mr. Jefferson is the most **qualified**. 候補者の中では、Jefferson氏が最も適任だ。

派 **qualify** vi. 資格を得る vt. ～に資格を与える
qualification n. 資格条件、資格証 **qualified** a. 資格の、適任の
CF **qualify for** ～の資格を得る

584 ★
duration
[djuréiʃən]
n. 期間

for the duration of the performance
公演の期間中

CF **for[throughout] the duration of** ～の期間中

585 ★
hospitality
[hɑ̀spətǽləti]
n. 歓待、手厚いもてなし

I appreciate the **hospitality** extended to me.
手厚いおもてなしをいただきありがとうございました。

586 ★★
feedback
[fíːdbæ̀k]
n. 反応、意見、評価

improve work performance through **feedback** from co-workers
同僚たちからのフィードバックを通じて、業務能力を向上させる

587 ★★★
suggestion
[səʤéstʃən]
n. 提案

offer advice and **suggestions** 助言と提案をする

They **suggested** to us **that** we **pave** the walkway.
彼らは私たちに歩道を舗装することを提案した。

派 **suggest** vt. ～を提案する・暗示する
CF **suggest doing** ～することを提案する
suggest (to + 目的語) that + 主語 + 動詞原形
(～に)…することを提案する

588 ★★
reception
[risépʃən]
n. 接待、歓迎会、受付、フロント

a welcome **reception** for the newly hired employees
新規採用社員の歓迎会

contact the **receptionist** at the front desk
フロントデスクの受付担当者に連絡する

派 **receptionist** n. 案内員、受付担当者
CF **the reception area** 受付

Hyland Hotel provides many **amenities** for the comfort of its guests.

Hylandホテルは、お客様にくつろいでいただくための多様な**アメニティー施設**を備えています。

We **boast** a newly renovated spa and fitness center.

当ホテルは改装されたスパとフィットネスセンター**が自慢です。**

Our fitness center **is equipped with** high quality exercise facilities.

フィットネスセンターには高級トレーニング器具**が備え付けられています。**

Our kitchen offers a wide range of international **cuisine**.

レストランでは各国の**料理**を幅広くご提供しています。

Guests can enjoy dining at our **elegant** rooftop restaurant.

お客様は**優雅な**屋上レストランでお食事をお楽しみいただけます。

All rooms are **spacious** and allow guests to relax comfortably.

どの部屋も**広々として**おり、お客様にゆっくりくつろいでいただけます。

Our rooms offer **exceptional** views of the city.

お部屋からは市内の**素晴らしい**眺めが得られます。

Please contact the hotel directly to **make a reservation**.

ご予約されるには、ホテルに直接ご連絡ください。

Hyland Hotel

Hylandホテル

★★
589 **amenities**

[əménətiz]

n. 便利な施設、文化施設

Amenities include a fitness center, business center and wireless Internet.

アメニティー施設には、フィットネスセンター、ビジネスセンター、無線インターネットが含まれます。

TIP 「アメニティー施設」という意味では常に複数形で使われ、PART 7の読解問題の長文に特によく出される。

★
590 **boast**

[bóust]

vt. (場所・物が)～を自慢とする

Sakura **boasts** first-rate Japanese cuisine.

Sakuraは一流の日本料理を自慢とする。

★★★
591 **equip**

[ikwíp]

vt. (～に必要なものを)備えつける

JP Manufacturing **equipped** its new plant **with** high tech equipment.

JP Manufacturingは新工場にハイテク装備を設置した。

a **fully-equipped** children's center 施設完備の児童センター

派 equipment n. 装備、設備

CF equip A with B AにBを設置する
be equipped with ～を備えている

★
592 **cuisine**

[kwizí:n]

n. 料理、料理法

authentic French **cuisine**

正統フランス料理

★
593 **elegant**

[éligənt]

a. 優雅な、格調高い、素敵な

The restaurant offers fine dining in an **elegant** atmosphere.

そのレストランは優雅な雰囲気の中で高級料理を出す。

派 elegantly ad. 優雅に

★
594 **spacious**

[spéiʃəs]

a. 広い、開かれた

offer **spacious** meeting rooms

広い会議室を提供する

★★
595 **exceptional**

[iksépʃənəl]

a. 特別な、並外れた、まれな

provide **exceptional** service

特別な[素晴らしい]サービスを提供する

have worked **exceptionally** hard over the past year

この1年間ことのほか一生懸命仕事をしてきた

派 exceptionally ad. 例外的に、非常に　exception n. 例外

★★★
596 **reservation**

[rèzərvéiʃən]

n. 予約

if a confirmed **reservation** is cancelled

確定した予約がキャンセルになった場合

Customers **reserve** the right to demand a refund.

顧客は払い戻しを要求する権利を持っている。

the **reserved** parking area 指定駐車場

派 reserve vt. ～を予約する、(権利等を)保有する
reserved a. 予約の、指定の

CF make a reservation 予約する

Many people are expected to attend the **opening** of Le Salli restaurant.

Le Salliレストランの**オープニング**には、たくさんの人々が参加すると予想される。

Chef Francois Jeunet obtained the **lease** to the restaurant last month.

シェフのFrancois Jeunetは、先月このレストランを**賃貸**で手に入れた。

He has received much **publicity** with his previous restaurant.

彼は以前のレストランで大変な**名声**を得た。

His first restaurant **was** favorably **reviewed** by critics.

彼の最初のレストランは、評論家たちから好意的に**評価された**。

Le Salli restaurant will serve dishes based on Mr. Jeunet's family **recipes**.

Le Salliレストランは、Jeunet氏の家庭の**レシピ**をもとにした料理を提供する予定だ。

The restaurant will serve **exquisite** seafood and desserts.

このレストランは**最高の**海鮮料理とデザートを提供する予定だ。

Le Salli restaurant **is surrounded by** a beautiful garden.

Le Salliレストランは美しい庭園**に取り囲まれている**。

Mr. Jeunet hopes diners will enjoy the restaurant's relaxed **atmosphere**.

Jeunet氏は、食事客がレストランのくつろいだ**雰囲気**を楽しんでくれることを望んでいる。

Le Salli restaurant

Le Salliレストラン

597 ★★ **opening**
[óupəniŋ]
n. 開場、開業、空席
a. はじめの、開始の

opening remarks 開会の辞
job **openings** in the marketing department
マーケティング部の求人

派 open vt. ～を開業する・開場する
CF (job) openings 空きポスト、求人広告

598 ★ **lease**
[lí:s]
n. 賃貸(契約)
vt. ～を賃貸する・賃貸しする

be available for **lease**
賃貸可能だ
The equipment **was leased** from DNB engineering.
その装備はDNBエンジニアリングからリースされたものだ。

599 ★ **publicity**
[pʌblísəti]
n. 名声、広告、宣伝

promote the hotel's image through **publicity**
広告を通じてホテルのイメージを改善する
make public his early retirement 彼の早期退職を発表する
announce the decision to the **public**
人々に決定を伝える

派 public a. 大衆の、公共の n. 大衆、公衆
publicize vt. ～を広く伝える・広告する
CF make public ～を発表する・公表する
public opinion 世論

600 ★★★ **review**
[rivjú:]
n. 批評、評価、検討
vt. ～を批評する・検討する

annual **reviews** of job performances
年次業務実績評価
The terms of the contract must **be** thoroughly **reviewed**. 契約条件はじっくり検討するべきだ。

601 ★★ **recipe**
[résəpì]
n. 調理法、料理法、コツ

recipes for special occasions
特別行事のためのレシピ

TIP 発音に注意しよう。

602 ★ **exquisite**
[ikskwízit]
a. 最高の、この上なく素晴らしい

an **exquisite** dining experience
最高の晩餐の経験

603 ★ **surround**
[səráund]
vt. ～を囲む

friendly service and comfortable **surroundings**
親切なサービスと心地よい環境
in the **surrounding** area 周辺地域で

派 surrounding n. (複数形で)環境 a. 周囲の
CF be surrounded by ～に囲まれている
TIP surroundingは「環境」という意味では複数形で使われる。

604 ★ **atmosphere**
[ǽtməsfiər]
n. 雰囲気、空気

create a warm **atmosphere** for clients
顧客のために暖かい雰囲気を醸し出す

あの年の秋

やあ、お帰り！
ただいま
現地の支社でwarm hospitalityを受けたかい？
本社の社員が来たからってreceptionでもしてくれると思ってるの？
spaciousなホテルの部屋でexquisiteなディナーぐらいは出てもいいんじゃない？
ポリ ポリ
出張expensesの超過分は月給から引かれるって知らないの？
attractionの多い場所だから、帰国予定をdelayして遊んで来ればよかったのに…
あたし別に遊びに行った訳じゃないのよ！
飛行機のtakeoff前にoverhead compartmentに荷物を載せられたか心配してたんだよ。手が届いた？
心配してくれてありがとう。でも背が低いからってからかわないで
次の出張は僕みたいに背の高い人と一緒に行かせてくれってsuggestしてみたら？
会社の出張policyにcomplaintsがあるなら自分で言ったら？

あの年の秋こうして私に愛の手がさしのべられたのでした

QUIZ DAY 2

空所に当てはまる単語を下の選択肢から選びなさい。

1. There is a(n) ------- for an experienced store manager.
   ベテランの店長経験者の空きポストがある。

2. There was a(n) ------- sharp drop in the sales of new vehicles.
   新型車の売り上げが極めて急激に落ちた。

3. Please check the ------- agenda before Friday's meeting.
   金曜日の会議の前に同封の議題を確認してください。

4. Our restaurant's ------- to top-quality service is well known throughout the city.
   私どものレストランが最高品質のサービス提供を第一に考えていることは、街中に知れ渡っている。

① opening	② enclosed	③ exceptionally	④ commitment

空所に当てはまる単語を選びなさい。

5. I am writing this letter to ------- receipt of the document I requested.
   (A) acknowledge (B) suggest

6. The ------- for your trip includes stops in Tokyo and Singapore.
   (A) custom (B) itinerary

7. The front row seats are ------- for the presenters.
   (A) reserved (B) processed

8. We will alter the size of the brochure at no extra -------.
   (A) reimbursement (B) charge

9. We want to receive instant ------- from our customers.
   (A) reception (B) feedback

10. The Royal Hotel's staff is ------- to the needs of its customers.
    (A) attentive (B) surrounding

訳 ▶ p.414

| 正解 | 1.① 2.③ 3.② 4.④ 5.(A) 6.(B) 7.(A) 8.(B) 9.(B) 10.(A)

WEEK3 DAY3 各種サービスの広告

Vona Telecom is offering customers an incentive to renew their contracts.

Vona Telecomでは、契約更新に際しお客様に**特典**を差しあげています。

The incentive only applies to existing customers of Vona Telecom.

この特典は、Vona Telecomの**既存の**お客様に対してのみ適用されるものです。

Customers who renew their cell phone contracts will receive a new phone for free.

携帯電話の契約を**更新する**お客様は、無料で新しい電話機がもらえます。

We will also reward loyal customers with cheaper local and national call rates.

また長期契約のお客様には、地域および国内割引通話料**の特典を差しあげます。**

International call rates do not differ from the usual rates.

国際通話料金は、通常料金**と差があり**ません。

Please be reminded that the cheaper rates will only be applicable to domestic phone calls.

割引価格は国内通話にのみ適用されること**にご注意ください。**

More information about call rates is available in the enclosed brochure.

通話料金に関するより詳しいご案内は、同封の**小冊子**に載っています。

Vona Telecom's incentive

Vona Telecomの特典

★★
605 **incentive**
[inséntiv]
n. 奨励金、補償、特典

offer financial **incentives** for purchasing items in bulk
物品の大量購入に対し金銭的なインセンティブを提供する

★★
606 **existing**
[igzístiŋ]
a. 現存の、既存の

improve the **existing** facility
既存施設を改善する

★★★
607 **renew**
[rinjú:]
vt. ～を更新する
　～の期限を延長する

renew their subscription to Style magazine
雑誌Styleの購読を更新する

renewable energy sources　再生可能エネルギー資源

urban **renewal**　都市再開発

派 **renewal** n. 更新、再開、再開発
renewable a. 更新できる、再利用できる

★★
608 **reward**
[riwɔ́:rd]
vt. ～に褒美を与える
n. 報賞、利益

believe our efforts will **be rewarded**
我々の努力が報われることを信じる

bring considerable **rewards** to a firm
会社に相当な利益をもたらす

a **rewarding** project　やりがいのあるプロジェクト

派 **rewarding** a. やりがいのある、～する価値のある
CF **reward A with B** AにBを(報賞として)与える

★★
609 **differ**
[dífər]
vi. 異なる

Applicants from different parts of the world **differ in** their work ethic.
世界の各地域から来た応募者たちは、職業意識が異なる。

We are looking for applicants with a desire to **make a difference**.
変化を起こすことを熱望する応募者を探しています。

派 **difference** n. 違い、差
CF **differ in** ～が異なる　**differ from** ～と異なる
make a difference 違いを生じる、影響を及ぼす、重要である

★★
610 **remind**
[rimáind]
vt. ～に思い出させる・気づかせる

I want to **remind** you **that** I will be absent from the office next week.
私は来週会社を休みますので、お忘れなく。

This is a **reminder** to all employees.
これは全社員への通達事項だ。

派 **reminder** n. 思い出させるもの、督促状
CF **remind A that節** Aに～であることを思い出させる
remind A of B AにBを思い出させる
remind A to do Aに～することを思い出させる

★★
611 **brochure**
[brouʃúər]
n. パンフレット、小冊子

This **brochure** contains information about accommodations in the area.
この小冊子には地域の宿泊施設に関する情報が載っています。

King's Cross station has received praise for its customer service.

King's Cross駅は、その顧客サービスを**賞賛**された。

The train station, located in central London, topped a national poll.

ロンドンの中心部に位置する同駅は、全国**世論調査**で1位になった。

Travelers commented on a variety of UK train stations in the poll.

旅行客たちは調査で、英国の様々な駅**について意見を述べた。**

King's Cross received over 55 percent of nominations in the poll.

King's Crossは調査で55%以上の**支持**を得た。

It showed that the customer service employees were always cooperative when dealing with passengers' problems.

調査で、顧客サービス担当者が乗客の問題に対処する際にいつも**協力的で**あったことがわかった。

The station's staff was recognized for providing the most helpful service to travelers.

この駅の駅員は、旅行客に対する最も親切なサービスを提供した**と認められた。**

The station staff stated that they were extremely proud of the poll results.

駅員たちは、調査の**結果**をたいへん誇りに思うと述べている。

King's Cross station

King's Cross駅

612 ★ **praise**
[préiz]
vt. ～を褒める n. 賞賛

praise the employees **for** their contribution
社員たちの貢献を讃える

CF **praise A for B** Bに関してAを褒める

613 ★ **poll**
[póul]
n. 投票、世論調査

according to a recent opinion **poll** 最近の世論調査によると

an independent **polling** firm 独立した世論調査会社

派 **polling** n. 投票、世論調査

614 ★★ **comment**
[káment]
n. 論評、注釈
vi. 論評する、意見を述べる (on, about)
vt. ～を論評する

The critics **have commented that** David Jang's new movie will not be successful.
評論家たちはDavid Jangの新作映画は成功しないだろうと論評した。

their **comments on** the subject テーマに対する彼らの意見

CF **comment on** ～について論評する
comments on ～に対する意見・論評
comment that節 ～と論評する

615 ★ **nomination**
[nàmənéiʃən]
n. 推薦、指名

solicit **nominations** for this year's best novelist
本年度の最優秀作家の推薦を求める

engineers who **have been nominated** for the Design Award Design Awardにノミネートされた技術者

派 **nominate** vt. ～を(候補に)指名する

616 ★★ **cooperative**
[kouápərətiv]
a. 協力的な、共同の

a long-term **cooperative** relationship 長期協力関係

create an atmosphere of trust and **cooperation**
信頼と協力の雰囲気を作る

派 **cooperate** vi. 協力する、共同する **cooperation** n. 協力、共同
CF **cooperate with** ～と協力する

617 ★★ **recognize**
[rékəgnàiz]
vt. ～を認める・表彰する

an internationally **recognized** advertising firm
国際的に認められた広告会社

a logo that is universally **recognizable**
広く認識され得るロゴ

In recognition of the new product's success, the company will reward employees with bonuses.
新製品の成功に対する褒賞として、会社は社員にボーナスを支給するだろう。

派 **recognizable** a. 認識できる **recognition** n. 認定、承認
CF **be recognized for** ～に関して認められる
in recognition of ～を認めて、～の褒賞として

618 ★★★ **result**
[rizʌ́lt]
n. 結果、成果
vi. 結果として生じる、起因する

the **results** of the recent survey 最近の調査結果

The company's new strategy will **result in** an increase in sales. 会社の新戦略は売り上げ増加につながるだろう。

CF **result from** ～に起因[由来]する
result in ～をもたらす、結局～になる
as a result その結果 **as a result of** ～の結果として

Deluxe Print offers customers a choice of paper, colors and designs for their business cards.

Deluxe Printでは、お客様が名刺の紙・色・デザインを**選ぶ**ことができます。

Our company can produce duplicates of existing business cards.

我が社では、既存の名刺の**複製**もお作りできます。

By using advanced technology, Deluxe Print produces elaborate designs.

Deluxe Printは、先進技術を使った**精巧な**デザイン作成が可能です。

We are known for reproducing business cards that look exactly like the originals.

我が社は、原本と**まさに**そっくりの名刺が作れることで定評があります。

We promise a reliable service at an affordable price.

お手頃な価格で**信頼できる**サービスをご提供します。

Besides business cards, we also produce posters and pamphlets.

名刺**以外に**、ポスターやパンフレットも制作しています。

A large part of Deluxe Print's income comes from producing flyers.

Deluxe Printの収益の大部分は**チラシ**の制作によるものです。

Deluxe Print

Deluxe Print社

★★★
619 **choice**
[tʃɔ́is]
n. 選択(権)、種類

the ideal **choice** for families 家族のための理想的な選択
the bank **of your choice** あなたの選んだ銀行
Thank you for **choosing** Sky Tours.
Sky Toursをご利用いただきありがとうございます。

派 **choose** vt. ～を選ぶ vi. 選ぶ
CF **of one's (own) choice** ～が(自ら)選んだ

★
620 **duplicate**
[djú:plikət]
n. 写本、複製
a. 写本の、複製の
[djúplikèit]
vt. ～を複写する・二重にする

submit the document **in duplicate**
文書を正副2通提出する
reduce **duplication** of work 仕事の重複を減らす
the **duplicated** charge 二重課金

派 **duplication** n. 重複、二重
CF **in duplicate** (正本と副本)2通で

★
621 **elaborate**
[ilǽbərət]
a. 念入りな、精巧な

The stage costumes are **elaborate**.
舞台衣装は精巧なものだ。

★★
622 **exactly**
[igzǽktli]
ad. 正確に、厳密に、ぴったり

know **exactly** what their duties are
自分たちの義務が何なのかを正確に知る
inform the customer of the **exact** shipment date
顧客に正確な発送日を伝える

派 **exact** a. 正確な **inexact** a. 不正確な

★★★
623 **reliable**
[riláiəbl]
a. 信頼できる、頼りになる

reliable products 信頼できる製品
rely on the specialized knowledge of outside consultants 外部コンサルタントの専門知識に頼る
the **reliability** of our products 我が社の製品の信頼性
South Africa **is reliant on** diamond exports.
South Africaはダイアモンドの輸出に依存している。

派 **rely** vi. 頼る **reliability** n. 信頼性、信頼度
reliant a. 信頼する、頼る
CF **rely on** = **be reliant on** ～に頼る

★★
624 **besides**
[bisáidz]
prep. ～以外に
ad. その上に、さらに

Besides working as a translator, Shawn teaches at a university.
Shawnは翻訳家として働く以外に、大学でも教えている。
be posted **beside** the elevators
エレベーターの横に掲示される

CF **beside** prep. ～の横に

★
625 **flyer**
[fláiər]
n. チラシ、広告
旅客機の乗客

The promotional **flyer** is ready for printing.
宣伝用のチラシは、印刷の準備ができている
frequent **fliers** 旅客機の固定客たち

CF = **flier**

The Platinum credit card offers a credit limit of 10,000 dollars.

The Platinumクレジットカードは、10,000ドルの**限度**額までクレジットをご提供しています。

Our interest rates are less than those of other major credit cards.

我が社の利率は、他の主なクレジットカード**よりも低く**なっています。

The credit card repayment plan is very flexible and convenient.

このクレジットカードの返済制度は非常に**融通がきき**便利です。

Our credit card holders can choose to be billed either monthly or quarterly.

我が社のクレジットカードをお持ちの方は、**請求書の発送**について毎月あるいは四半期ごとのいずれかをお選びになれます。

Your credit card bill will list your transactions and current balance.

クレジットカードの請求書には、お客様の取引内容と現在の**残高**が記載されます。

To apply for the credit card, just follow the steps outlined on the Web site.

クレジットカードのお申し込みは、ウェブサイトに要約されている**手順**に従ってください。

Applicants with a poor credit history will automatically be rejected.

不良債務者の申し込みは自動的に**却下されます**。

The Platinum credit card

The Platinumクレジットカード

626 ★★★ **limit**

[límit]

n. 限界、限度
vt. ～を制限する

have **limited** experience 経験豊富ではない

for a **limited** time 限られた時間の中で

Seating **is limited to** 50 participants.
参加者の座席は50席に限られている。

派 **limitation** n. 限界、限定 **limited** a. 限定された、有限な
unlimited a. 制限のない、無条件の

CF **be limited to** ～に限られる
limit A to B AをBに制限する

627 ★★★ **less**

[lés]

a. より少ない
ad. より少なく

be more durable than earlier models and costs **less**
旧モデルよりも丈夫でコストも安い。

attend **at least** two business seminars
少なくとも二つのビジネスセミナーに参加する

CF **little** a. (量が)少ない ad. 少し
least a. (量が)最も少ない ad. 最も少なく
at least 少なくとも

TIP littleの比較級がless、最上級がleastだ。

628 ★ **flexible**

[fléksəbl]

a. 融通のきく、弾力的な

My schedule is pretty **flexible** tomorrow.
私の明日のスケジュールは非常に流動的だ。

flexible work hours
フレックスタイム制

派 **flexibility** n. 融通性

629 ★★ **bill**

[bíl]

n. 請求書、計算書
vt. ～に請求書を送る

utility **bill** payment 公共料金の納付

a **billing** statement 請求書

派 **billing** n. 請求書作成[発送]

630 ★★★ **balance**

[bǽləns]

n. 残高、残額、バランス

pay the outstanding **balance**
未払い残高を支払う

a **balance** between profits and ethics
利潤と倫理のバランス

631 ★★ **step**

[stép]

n. 歩み、段階、措置、手順
vi. 足を踏み出す

Watch your **step**. 足下に気をつけてください。

step-by-step guide 段階的な指導

take preventive **steps** 予防措置をとる

Please **step** this way. こちらに来てください。

CF **step-by-step** 段階的な
take steps 措置をとる

632 ★★ **reject**

[ridʒékt]

vt.～を拒否する・拒絶する

The demand for a 15% pay raise **was rejected**.
15%の賃上げ要求は拒否された。

派 **rejection** n. 拒否、拒絶

QuickXPress specializes in the rapid delivery of important **documents**.

QuickXPressは重要**書類**の迅速な配達を専門としている。

The firm employs **couriers** to deliver items quickly over short distances.

この会社は、短距離の迅速な配達のために**配達員**を雇っている。

Couriers use motorcycles as **transport** and deliver packages by hand.

配達員は**輸送手段**としてオートバイを利用し、荷物を手渡しする。

Fragile items are handled with care to prevent any damage.

壊れやすい物は、損傷を防ぐために丁寧に扱われる。

All documents delivered by QuickXPress are treated as **confidential**.

QuickXPressにより配達されるすべての文書は、**機密**扱いとされる。

When delivering a **parcel**, couriers must obey road safety rules.

小包を配達する際に、配達員は交通規則に従わなければならない。

Motorcycle drivers in large cities **are vulnerable to** traffic accidents.

オートバイ配達員は、大都市では交通事故**の危険にさらされている**。

QuickXPress expects its couriers to **use caution** on busy streets.

QuickXPressは、混雑する市街地では**気をつける**よう配達員に求めている。

QuickXPress delivery service

QuickXPressの配達サービス

★★
633 **document**

[dákjumənt]

vt. ～を文書化する
n. 文書、書類

We will **document** all the customer complaints we have received.
受け付けた顧客の苦情は、すべて文書化する予定です。

派 **documentary** a. 文書の、書類の n. ドキュメンタリー

★
634 **courier**

[kúriər]

n. 運送会社、配達員

use **courier** services
配達サービスを利用する

★★★
635 **transport**

[trǽnspɔ̀ːrt]
n. 輸送(手段)
[trænspɔ́ːrt]
vt. ～を輸送する・運送する

transport all the orders on time
すべての注文品を時間に合わせて(スケジュール通りに)運ぶ

every means of public **transportation**
すべての公共交通機関

派 **transportation** n. 交通、輸送

★★
636 **fragile**

[frǽdʒəl]

a. 壊れやすい

Please do not touch any of the objects on display as the exhibits are **fragile**.
展示品は壊れやすいので、展示中のものには触らないでください。

★★
637 **confidential**

[kɑ̀nfədénʃəl]

a. 秘密の、機密の

documents of a **confidential** nature
機密文書

treat the customers' private information with the highest degree of **confidentiality**
顧客の個人情報を最高レベルの機密として扱う

派 **confidentiality** n. 秘密性、機密性

★
638 **parcel**

[pɑ́ːrsl]

n. 小包

affix the address label to the **parcel**
小包に住所ラベルを貼る

cf = **package**

★
639 **vulnerable**

[vʌ́lnərəbl]

a. 傷つきやすい、攻撃を受けやすい

Older storage systems **are** more **vulnerable to** damage.
古い保管システムは損傷に弱い。

cf **be vulnerable to** ～に弱い

★★★
640 **caution**

[kɔ́ːʃən]

n. 注意
vt. ～に注意させる・警告する

use extreme **caution** 細心の注意を払う

His coworkers describe him as **cautious**.
同僚たちは彼を慎重だと評している。

drive **cautiously** 注意して運転する

派 **cautious** a. 注意する、慎重な
cautiously ad. 注意深く

cf **use[exercise] caution** 注意を傾ける

The new Web site, Datajournal, contains a wide array of research papers and provides a journal and abstract service.

新しいウェブサイトDatajournalは多数の研究論文を所蔵しており、定期刊行物と**抄録**サービスを提供しています。

Research papers are divided into business and science categories.

研究論文はビジネスと科学のカテゴリー**に分けられています**。

Web site users can find specific documents with our search engine.

ウェブサイトの利用者は**検索**エンジンを使って特定の文書を探すことができます。

To access our data you must buy a year's subscription to the Web site.

データを**利用する**には、ウェブサイトの年間会員権をお買い求めください。

When you buy a subscription you will receive an account and password.

会員権をお買い求めになると、**アカウント**とパスワードが送られます。

The new Web site, Datajournal

新ウェブサイト
Datajournal

★
641 **abstract**
[ǽbstrækt]
n. 概要、抜粋、要約(文)
a. 抽象的な

submit a two-page **abstract** of the proposal
提案に関する2ページの要約文を提出する

abstract painting
抽象絵画

★
642 **divide**
[diváid]
vt. ～を分ける・分離する
vi. 分かれる

We should **divide into** smaller groups for discussion.
討論するには、我々はもっと小さなグループに分かれるべきだ。

派 **divided** a. 分割された、分離された **dividend** n. 配当(金)
CF **be divided into** ～に分ける **divide A into B** AをBに分ける
divide into ～に分かれる

★★★
643 **search**
[sə́ːrtʃ]
n. 調査、検索
vi. 調査する
vt. ～を探す・調査する

search for qualified candidates
能力のある候補者を探す

in search of creative ways
創意的な方法を探して

CF **search for** ～を探す
in search of ～を探して

★★★
644 **access**
[ǽkses]
n. 接近・利用(権限)
vt. ～に接近する、～を利用する

I **have access to** confidential information.
= I can **access** confidential information.
私は機密情報を閲覧できる。

be **accessible** through the Internet
インターネットを通して利用できる

派 **accessible** a. 接近できる、利用できる
CF **have access to** ～への接近[利用]権限がある
TIP 名詞accessは不可算名詞なので、have an access toは間違った表現だ。
動詞accessは他動詞なので、前置詞なしに直に目的語をとる。

★★★
645 **account**
[əkáunt]
n. 口座、アカウント、考慮、取引先
vi. ～の理由を説明する・原因になる
(比率を)占める

take into account the limited amounts
量的制限を考慮に入れる

The recent unusual weather **accounts for** the increase in the price of coffee.
最近の異常気象は、コーヒー価格上昇の原因となっている。

account for 50 percent of the total sales
総売上の50%を占める

All of the store's inventory **have been accounted for.**
店のすべての在庫が点検された。

be absent from duty **on account of** illness
病気で欠勤する

派 **accounting** n. 会計 **accountant** n. 会計士
accountable a. 責任のある、説明できる
CF **take into account** ～を考慮する
account for ～について説明する、～の原因になる、(比率を)占める
A is accounted for Aが把握される、Aが点検される
on account of ～のために

Harbor Shopper's premium members can receive special benefits.

Harbor Shopperの**特別**会員の皆様には特典が与えられます。

Items ordered by premium members will be delivered within two days.

特別会員の方が**注文された**品物は、2日以内に配達されます。

Postage will be free on all orders over one hundred dollars.

100ドルを超えるご注文は、**送料**が無料になります

To become a member you must pay a deposit of fifty dollars.

会員になられるには、50ドルの**保証金**をお支払いになる必要があります。

Premium members pay Harbor Shopper a regular amount of money each month.

特別会員の皆様は、Harber Shopperに毎月一定**金額**を納めていただきます。

If members fail to make regular payments, they will incur additional charges.

会員の皆様が定期の支払いをされませんと、追加料金が**付加さ**れます。

Each order will be accompanied by an invoice.

ご注文ごとに**請求書**が同封されます。

Harbor Shopper's premium service

Harbor Shopperのプレミアムサービス

★
646 **premium**

[príːmiəm]

a. 上等な、高級の
n. 手数料、保険料

premium candy products
高級キャンディー

home insurance **premiums**
住宅保険料

★★★
647 **order**

[ɔ́ːrdər]

vt. ～を注文する
n. 注文(書)、注文品
　順序、整頓

place an order for reference materials
参考資料を注文する

an original copy of the purchase **order**
購入注文書の原本

in an **orderly** fashion[manner]
秩序正しく、正しい手順で

Her telephone is **out of order**.
彼女の電話が故障した。

in order to attract customers
顧客を惹きつけるため

派 **orderly** a. 整頓された、秩序のある、規則正しい
CF **out of order** 故障した
in order to do ～するために
place an order 注文する

★
648 **postage**

[póustidʒ]

n. 郵送料

a **postage-paid** envelope
郵送料の含まれた封筒

We have already paid for the **postage**.
郵送料はすでに払いました。

★★
649 **deposit**

[dipázit]

n. 保証金、預金
vt. ～を預金する・保証金として払う

A check **was deposited** at the Monarch Bank.
小切手はMonarch Bankに入金された。

deposit slips　預金伝票

派 **depositor** n. 預金者

★★
650 **amount**

[əmáunt]

n. (総)額・量
vi. 合計が～になる
　(金額が)～に達する

a considerable **amount** of work
相当な作業量

Usable water **amounts to** less than 3% of the total water on Earth.
地球上の利用可能な水は、全体の3%にもならない。

CF **amount to** ～に達する

★
651 **incur**

[inkə́ːr]

vt. (借金を)負う、(損失を)被る

expenses **incurred** while we were at the convention
私たちが総会に参加した際に生じた費用

★★
652 **invoice**

[ínvɔis]

n. 送り状
　(運送貨物の内訳を含む)請求書

Please confirm receipt of the **invoice**.
送り状の受領を確認してください。

send out **invoices** quarterly
年4回送り状を発送する

壁に耳あり

今月の社内報見た？
まだだけど…
ヒョンジュ先輩が本社の推薦で今月の優秀社員に選ばれたんだって
本当？ incentiveで何かおごってもらわなきゃ
店長がnominateしたらしいんだけど、社内報のpraiseのすごいことったら…
たとえば…？
業務内容をexactly理解しているとてもreliableな社員だ。他の社員とは全然differだって
それは私たちもrecognizeしてるけど…
お客さんの相手をするのが好きで、管理職の話もrejectしたんだって
え〜っ、本当？
そこが問題よね。先輩はflexibleなところが全然ないから
それがどうして問題なの？

お互いに契約社員なんだから
契約をrenewするまで無難に
仕事すればみんなが楽じゃない？
何かrewardがもらえる
わけでもないのに、残業までして
顧客の苦情をdocumentする
ことなんてないじゃない？
みんなとbalanceをとる
感覚が先輩には欠けてるのよ
Besides、先輩がときどき
席を外してるのを店長は
知らないみたいね
スーッ
ちょっと！
悪かったわね。
ちょっと便秘な
もんで…
ゲッ！
ヒョンジュ先輩！
会社のうわさ話の
震源地は
ここだったのね？
その…先輩の悪口を
言ってたんじゃなくて、
ただ羨ましくて…
confidentialな話を
するときはcautionが必要ね。
今回は多めに見とくけど…
先輩って
ほんと大人
ですね
今年の優秀社員に
選ばれるのも間違い
なしですね

QUIZ DAY 3

空所に当てはまる単語を下の選択肢から選びなさい。

1. The outstanding ------- must be paid promptly.
   未払いの残額はすぐに支払われなければならない。

2. The demand for a 15% pay raise was -------.
   15%の賃上げ要求は拒否された。

3. I have decided not to ------- my subscription to Style magazine.
   雑誌Styleの定期購読は更新しないことにした。

4. Please open an account at the bank of your -------.
   あなたの選んだ銀行に口座をお開きください。

① rejected	② renew	③ choice	④ balance

空所に当てはまる単語を選びなさい。

5. After the concert, the audience left the hall in a(n) ------- fashion.
   (A) orderly　(B) specific

6. Hurry up and place your order because our supplies are -------.
   (A) limited　(B) existing

7. The company will reward employees ------- performance bonuses.
   (A) with　(B) for

8. Ace, Inc. is an internationally ------- consulting firm.
   (A) exact　(B) recognized

9. We are committed to providing ------- products at an affordable price.
   (A) vulnerable　(B) reliable

10. Numerous ------- documents are safely locked in the filing cabinets.
    (A) cooperative　(B) confidential

訳 ▶ p.415

| 正解 | 1.④ 2.① 3.② 4.③ 5.(A) 6.(A) 7.(A) 8.(B) 9.(B) 10.(B)

WEEK3 DAY4 新製品及びイベントの案内

A 092 B 092

The latest Avalon laptop computer, the ZX500, was launched yesterday.

最新のAvalonノートパソコンZX500が昨日**発売された**。

The product has received largely favorable reviews.

この製品は**おおむね**好評を得ている。

Many publications have praised the laptop computer's graphics.

多くの**出版物**がこのノートパソコンのグラフィック性能を高く評価している。

Previous Avalon laptops had sluggish graphics.

AvalonのノートパソコンのI日モデルはグラフィック機能の速度が**遅かった**。

Avalon's ZX400 laptop computer was criticized for its poor performance.

AvalonのZX400ノートパソコンは、**性能**が悪いと非難された。

Avalon has modified the graphics system for the ZX500 computer.

AvalonはZX500のためにグラフィクシステムを**手直しした**。

ZX500 laptop computers are packaged with assorted programs and software.

ZX500ノートパソコンは、**多様な**プログラムとソフトが搭載されている。

The new ZX500 Avalon laptop computer offers incredible value for the money.

新しいAvalonのZX500は、この価格ながら素晴らしい**価値**を持っている。

Avalon's new laptop computer

Avalonの新型ノートパソコン

★★
653 **launch**
[lɔ́:ntʃ]
vt. ～を発売する・始める
n. 発売、開始

will **launch** a new advertising campaign
新たな広告キャンペーンを始めるだろう

the **launch** of our new Internet game
新しいインターネットゲームの発売

★★
654 **largely**
[lá:rdʒli]
ad. おおむね、主として、大きく

be **largely** responsible for the increase in sales
売り上げ増への貢献度(責任)が大きい

largely due to general interest in health
主として健康に対する一般的な関心のために

派 large a. 大きい、多い
TIP largelyが前置詞句を修飾するときは、前置詞の直前に置かれる。

★★
655 **publication**
[pʌbləkéiʃən]
n. 出版(物)、発行、発表

articles selected for **publication** 出版用に選ばれた記事
Letters from its readers will **be published.**
読者からの手紙が出版されることになった。

派 publish vt. ～を出版する・発表する
publishing a. 出版業の n. 出版業

★
656 **sluggish**
[slʌ́giʃ]
a. 遅い、不振な、不景気の

outcomes of the **sluggish** economy
不景気の結果

★★★
657 **performance**
[pərfɔ́:rməns]
n. 成果、性能、演奏、公演

employees' work **performance** 社員たちの業務実績
a **performance** of eight different pieces of music
8つの異なる曲の演奏

派 perform vt. (仕事を)遂行する、公演する、演奏する
CF performance appraisals 業務評価

★
658 **modify**
[mádəfài]
vt. ～を直す・修正する

modify investment strategies 投資戦略を見直す
a plan for the **modification** of the Royal Building
Royal Buildingの改築計画

派 modification n. 変更、変形

★
659 **assorted**
[əsɔ́:rtid]
a. 各種の、多彩な

articles covering **assorted** topics
様々な話題を扱う記事

a wide **assortment** of fresh fruits
多様な種類の新鮮な果実

派 assortment n. 取り合わせたもの

★★★
660 **value**
[vǽlju:]
n. 価値、価格
vt. ～に値をつける
～を大切にする・高く評価する

good **value** for the money 金額に相当する価値があるもの
We **value** your opinion. 我々はあなたの意見を尊重します。
a very **valuable** employee とても大切な社員
a **valued** member of the team チームの大切なメンバー
派 valuable a. 大切な、価値のある valued a. 大切な、評価された

A 093 B 093

Audiotek announced the launch of their revolutionary new MP3 player.

Audiotekは**画期的な**新MP3プレーヤーの発売を発表した。

A spokesperson said it will be the finest audio-visual device available on the market.

広報担当者は、これは市販品としては最高のAV機器になるだろうと述べた。

The MP3 player utilizes advanced technology to produce better sound.

このMP3プレーヤーは、良い音作りのために先進技術を**使っている**。

Market experts believe the MP3 player will surpass all other models in popularity.

市場の専門家たちは、このMP3プレーヤーは人気面で他のモデルを**凌駕する**だろうと考えている。

Audiotek sales representatives proudly introduced their new product.

Audiotekの**営業社員たち**は、自社の新製品を自信を持って紹介した。

The new Soundwave Pro MP3 player has many superb features.

この新型のSoundwave Pro MP3プレーヤーは、いくつもの**素晴らしい**特徴がある。

National electronics stores will receive their first shipments of the MP3 player next week.

全国の家電製品代理店は、来週このMP3プレーヤーの最初の**配送**を受ける。

The product will be exported to over 80 countries around the world.

この製品は全世界の80以上の国**に輸出されるだろう**。

The launch of a new MP3 player

新型MP3プレーヤーの発売

★
661 **revolutionary**
[rèvəlúːʃənèri]
a. 革命的な、大変革の

develop a **revolutionary** new printing system
画期的な新しい印刷システムを開発する

派 **revolution** n. 革命

★
662 **spokesperson**
[spóukspə̀ːrsn]
n. 広報担当者、代表者

a respected **spokesperson**
評判の良い広報担当者

★
663 **utilize**
[júːtəlàiz]
vt. ～を利用する・活用する

Computer technology **is utilized** throughout the manufacturing process.
全製造過程においてコンピューター技術が利用されている。

effective **utilization** of personnel at all levels
すべての職位の社員の効率的な活用

派 **utilization** n. 利用、活用

★
664 **surpass**
[sərpǽs]
vt. ～を凌駕する、～より良い

Nick's sales figures **surpassed** those of everyone else in the team.
Nickの売上高はチームの誰よりも多かった。

★★★
665 **representative**
[rèprizéntətiv]
n. 代表者、販売代理人、社員
a. 代表的な、代表する

a customer-service **representative**
顧客サービスの社員

a person who can **represent** the organization
組織を代表し得る人物

派 **represent** vt. ～を代表する、～の代理となる
representation n. 表示、説明、代表
CF **sales representative** 営業社員

★
666 **superb**
[suːpə́ːrb]
a. 最高の、素晴らしい

superb hospitality
最高のもてなし

★★
667 **shipment**
[ʃípmənt]
n. 運送、船積み、配送貨物

keep track of all domestic **shipments**
すべての国内輸送貨物を追跡する

test all products before they **are shipped** to retail outlets
小売店に送られる前にすべての製品を検査する

派 **ship** vt. ～を運送する・輸送する

★
668 **export**
[ikspɔ́ːrt]
vi. 輸出する
vt. ～を輸出する
[ékspɔːrt]
n. 輸出

export goods **to** neighboring countries
物資を隣国に輸出する

profits from **exports** 輸出で得た収益

CF ↔ **import** n. 輸入 vt. ～を輸入する
export A to B AをBに輸出する

A 094 B 094

Businessman Lionel Phillips is planning to publish his memoirs.

事業家のLionel Phillipsは**自叙伝**の出版を計画している。

Oxbridge Publishers received the final manuscript last week.

Oxbridge Publishersは先週最終**原稿**を受け取った。

The book describes Phillips' rise from bank clerk to chairman.

この本には、Phillipsが銀行員から会長に出世するまでが**書き綴ら**れている。

In the book, the author offers his perspective on the business world.

この本で、著者はビジネス界に対する**見解**を示している。

Mr. Phillips made a huge impact on the banking industry.

Phillips氏は銀行業に非常に大きな**影響を及ぼした**。

Regrettably, Mr. Phillips recently resigned as chairman due to illness.

残念ながら、Phillips氏は最近病気のため会長職を退いた。

Advance orders for the book have exceeded the author's expectations.

この本の予約注文部数は、著者の予想を**上回っ**ている。

Lionel Phillips' memoirs

Lionel Phillipsの自叙伝

★
669 **memoir**
[mémwɑːr]
n. 自叙伝、回顧録

his recently published **memoirs**
最近刊行された彼の自叙伝

CF = autobiography

★
670 **manuscript**
[mǽnjuskrìpt]
n. 原稿、写本

edit his **manuscript**
彼の原稿を修正[編集]する

★★
671 **describe**
[diskráib]
vt. ～を説明する・評する

His coworkers **describe** him **as** cautious.
同僚たちは彼を慎重だと評している。

job **description** 職務説明書

派 description n. 記述、叙述、説明(書)
CF describe A as B AをBだと評する

★
672 **perspective**
[pərspéktiv]
n. 見解、観点、考え方

if the management maintains such a rigid **perspective**
経営陣がそのような凝り固まった考えにとらわれていると

political **perspectives** 政策的観点

★★
673 **impact**
[ímpækt]
n. 影響(力)、効果
[impǽkt]
vt. ～に影響を与える
vi. 影響を与える(on)

have a considerable **impact on** the economy
経済に相当な影響を与える

can negatively **impact** the market
市場に悪影響を与えることもある

CF = influence
have[make] an impact on ～に影響を与える
impact on ～に影響を与える

★★
674 **regrettably**
[rigrétəbli]
ad. 残念ながら

We **regrettably** announce the cancellation of the Renoir exhibition.
残念ですが、Renoir展が中止になったことをお知らせします。

I **regret** that I must decline your offer.
あなたの提案を受け入れられなくて残念です。

派 regrettable a. 残念な regretful a. 残念そうな
regret vt. ～を後悔する n. 後悔、残念

★★
675 **exceed**
[iksíːd]
vt. ～を超過する・凌駕する

must not **exceed** the size of a standard display table
標準的な展示台の大きさを超えてはならない

monetary aid **in excess of** $2 million
200万ドルを超す資金援助

be **excessively** concerned with short-term profits
短期収益に過度に関心を持つ

派 excess n. 超過、過剰 excessive a. 過度の、法外な
excessively ad. 過度に
CF = surpass
in excess of ～を超過して

You will get a complimentary mug with any purchase over $100.

100ドル以上**お買い求め**の場合には無料のマグカップを差し上げます。

You also have the option to pay in installments.

分割払いのオプションもご利用いただけます。

Keep the original store receipt as proof of purchase.

購入の証拠として**レシート**の原本を保管してください。

If you become a member of our store, we will send you a gift voucher worth $50.

当店の会員になられますと、50ドル相当の**商品券**をお送りします。

This voucher may not be used in conjunction with any other discount or rebate.

この商品券は他の割り引きや**払い戻し**とともにご利用になることはできません。

It may take two to four business days for your order to be delivered.

お客様のご注文になった商品が**配達される**まで、2営業日から4営業日かかります。

To receive a refund, you must return the merchandise within 30 days of purchase.

払い戻しを受けるには、購入後30日以内に商品をご返品ください。

Information about purchases

商品購入案内

★★★
676 **purchase**

[pə́:rtʃəs]

n. 購入・購買(品)
vt. ～を購入する

a 10% discount on **purchases** of $50 or more
50ドル以上の購入品に対する10%割引

every time you **make a purchase**
お買い物をされるたびに

purchase tickets for the concert
コンサートのチケットを購入する

CF make a purchase 購入する

★
677 **installment**

[instɔ́:lmənt]

n. 分割払い
連載などの1回分

pay **in installments**
分割払いをする

the final **installment** in the popular mystery series
人気のミステリーシリーズの最終回

CF in[by] installments 分割払いで

★★★
678 **receipt**

[risí:t]

n. 領収書、受領

acknowledge **receipt** of the invoice
送り状の受領を知らせる

receive a promotion
昇進する

派 receive vt. ～を受け取る
TIP 発音に注意！ pは発音されない。

★
679 **voucher**

[váutʃər]

n. 商品券、割引券

a **voucher** for one free night at our hotel
当ホテルの1泊無料宿泊券

CF gift voucher[certificate] 商品券

★
680 **rebate**

[rí:beit]

n. 払い戻し、割り戻し
vt. (支払った金額の一部を)払い戻す

To receive the **rebate**, please complete this form.
払い戻しを受けるには、この書類にご記入ください。

TIP rebateとは、支払った金額の一部を払い戻す方式の割り引きで、価格自体を引き下げるdiscountとは異なる。

★★
681 **deliver**

[dilívər]

vt. ～を配達する
(演説・発表等を)する

deliver your online purchase
あなたのオンライン購入品を届ける

deliver a presentation 発表する

to ensure timely **delivery**
スケジュール通りの配送を確保するため

派 delivery n. 配達

★★★
682 **refund**

[rí:fʌnd]

n. 払い戻し(額)

[rifʌ́nd]

vt. (金銭を)払い戻す

I would like a full **refund**.
全額払い戻しを受けたいです。

We will have your deposit **refunded**.
保証金をお返しします。

派 refundable a. 払い戻しのできる
TIP refund(払い戻し)は可算名詞である。

The new book *Master Your Time* offers tips on time-management.

新刊*Master Your Time*では時間管理のコツを**提案している**。

In an interview, the author summarized the advice given in the book.

あるインタビューで、著者は本に書かれているアドバイスを**かいつまんで話している**。

You should file all of your paperwork systematically.

すべての**文書**は体系的に保管するべきだ。

The economical use of time can help you to avoid stress.

経済的な時間の使い方は、ストレスを避ける助けになる。

People who manage their time have an advantage over those who don't.

時間管理をしている人は、していない人よりも**有利な立場**にある。

Before starting a new project, write down a simple strategy.

新たなプロジェクトに着手する前に、簡単な**戦略**を書き留めてみよう。

By following time-management guidelines, you can accomplish more.

時間管理のガイドラインに従うことにより、あなたはより多くのことを**成し遂げる**ことができる。

A new book on time management

時間管理についての新刊書

683 ★★★ **offer**
[ɔ́:fər]
vt. ～を提供する・提案する
n. 提供、提案、(割引等の)特典

offer Mr. Suzuki a job in Malaysia
Suzuki氏にマレーシアでの仕事を持ちかける
offer to compensate the passengers
乗客に補償を申し出る
I would like to accept your kind **offer.**
親切なご提案を受け入れたいと思います。
CF offer A B AにBを提供する offer to do ～することを提案する

---

684 ★ **summarize**
[sʌ́məràiz]
vt. ～を要約する・簡略に述べる

summarize the important findings
重要な研究結果を要約する
a **summary** of events planned for the weekend
週末に予定されている行事の概要
派 summary n. 要約、概要

---

685 ★ **paperwork**
[péipərwə̀:rk]
n. 書類、文書業務、書類事務

submit their completed **paperwork** to the personnel office
完成した文書を人事部に提出する

---

686 ★★ **economical**
[èkənámikəl]
a. 経済的な、節約する

It is more **economical** to buy goods in bulk.
物品を大量に購入する方が経済的だ。
fuel **economy** 燃料節約
both safe and **economically** beneficial
安全面でも経費的に有利な面でも
派 economic a. 経済の economically ad. 経済的に
economy n. 経済、節約

---

687 ★★★ **advantage**
[ədvǽntidʒ]
n. 有利(な立場)、利点

one of the **advantages** of online bookstores
オンライン書店の長所の一つ
Feel free to **take advantage of** our exercise facility.
私どものトレーニング施設をいつでもご利用ください。
派 advantageous a. 有利な
CF take advantage of ～を利用する・活用する

---

688 ★ **strategy**
[strǽtədʒi]
n. 戦略

a creative advertising **strategy** 独創的な広告戦略
the **strategic** acquisition of iKE Solutions, Inc.
iKE Solutions社の戦略的な買収
派 strategic a. 戦略の、戦略的な strategically ad. 戦略的に
strategize vi. 戦略を練る

---

689 ★★ **accomplish**
[əkámpliʃ]
vt. ～を成し遂げる・成就する

accomplish our goals 目標を達成する
an **accomplished** violinist 熟練のバイオリン奏者
the many **accomplishments** listed on Laura's résumé Lauraの履歴書に列挙されている数々の業績
派 accomplished a. 完成された、熟練した
accomplishment n. 成果、完成

This winter Alpine Camping Store will offer discounts on **specific** items.

この冬、Alpine Campingストアは**特定**商品の割引を行う予定だ。

The store will **lower** their prices for a limited time.

店は期間限定で価格を**下げる**予定だ。

Cooking **utensils** will be discounted by ten percent.

調理**器具**は10%割引になる。

Prices will **be reduced** on selected hiking boots and clothing.

一部のハイキングシューズや登山服は価格が**下げられる**。

Tents and camping **fuel** will be sold for half their original price.

テントとキャンプ用の**燃料**は半額で売られる。

The **sale** will take place during the first week of December.

セールは12月の最初の週に予定されている。

Alpine Camping Store **accepts** all major credit cards.

Alpine Campingストアはすべての主要クレジットカードに**対応します**。

Alpine Camping Store

Alpine Campingストア

★★★
690 **specific**

[spisífik]

a. 具体的な、特定の

specific instructions 具体的な指示

batteries **specifically** designed for this type of camera
このようなタイプのカメラに合わせて特別に設計されたバッテリー

the guidelines **specified** in the manual
マニュアルに明記された指針

派 **specifically** ad. 特に **specify** vt. ～を詳述する
specified a. 明記された、列記された
specification n. 詳述、明細書

★★
691 **lower**

[lóuər]

vt. (価格・速度を)落とす・下げる
a. 下の方の、劣等な

numerous ways to **lower** costs
費用を減らすための様々な方法

higher prices and **lower** quality
高値で低品質

TIP 形容詞として使われる場合、意味はlowの比較級である。

★
692 **utensil**

[juːténsəl]

n. 器具、用具

a wide variety of kitchen **utensils**
非常に多様な種類の台所器具

★★★
693 **reduce**

[ridjúːs]

vt. (量・額・程度などを)減らす

reduce the volume of unnecessary photocopying
不必要なコピーの量を減らす

work **reduced** hours on Fridays
金曜日は短縮勤務をする

派 **reduced** a. 減らした、縮小した **reduction** n. 減少、縮小
CF = **cut**

★★
694 **fuel**

[fjúːəl]

n. 燃料、動力エネルギー源

a **fuel**-efficient car
燃費の良い自動車

The car is being filled with **fuel**.
自動車は給油中だ。

★★★
695 **sale**

[séil]

n. 販売、在庫整理販売
(複数形で)売上額、営業

report the quarterly **sales figures**
四半期ごとの売上高を報告する

All office supplies are **on sale**.
すべての事務用品はセール中だ。

He works in **sales**. 彼はセールスの仕事をしている。

CF **for sale** 販売中の **on sale** 販売中の、割引中の

★★★
696 **accept**

[æksépt]

vt. (提案・招待などを)
受け入れる・受諾する
(意見などを)容認する

accept the full time position
正社員の職を受け入れる

my official **acceptance** of your offer
あなたの提案に対する私の公式な受諾

Casual attire is **acceptable**. カジュアルな服装が容認される。

派 **acceptance** n. 受諾、容認
acceptable a. 受け入れられる

Economical Times is a new periodical published four times a year.

*Economical Times*は年4回発行される新**雑誌**だ。

The journal provides an outlook on business trends.

この雑誌は業界の動向の**展望**を伝えるものだ。

The journal will look ahead to upcoming business conventions.

この雑誌は、予定されているビジネス会議を**事前に**扱う予定だ。

A team of experts will contribute articles concerning the economy.

専門家のチームが経済**関連の**記事を寄稿する。

The first issue will focus on recent changes to tax policy.

創刊**号**は、最近の税政策の変更に焦点を合わせる予定だ。

The magazine will also publish interviews with politicians talking about tax reform.

また、税制**改革**に関する政治家のインタビューを載せる予定だ。

Economical Times is an independent publication with no political bias.

Economical Timesは政治的な偏りのない**独立した**出版物だ。

Economical Times

新雑誌Economical Times

★ 697 **periodical**
[pìəriádikəl]
n. 定期刊行物、雑誌
a. 定期刊行の

have access to the **periodical** collection
定期刊行物のコレクションにアクセスできる

periodic employee training
定期的な社員研修

clean the recycling bins **periodically**
リサイクル用ゴミ箱を定期的に掃除する

派 period n. 期間
periodic a. 周期的な、定期的な
periodically ad. 周期的に、定期的に

★ 698 **outlook**
[áutlùk]
n. 展望、予測

be optimistic about the business **outlook**
事業の展望に関して楽観的だ

cf = prospect

★★ 699 **ahead**
[əhéd]
ad. (時間・空間的に)前に

finish the project a week **ahead of** schedule
プロジェクトを予定よりも1週間早く終える

call **ahead** for reservations
予約するためにあらかじめ電話する

cf ahead of (時間・空間的に)〜より前に

★★ 700 **concerning**
[kənsə́:rniŋ]
prep. 〜に関して

further information **concerning** the conference schedule
会議日程に関するさらなる情報

cf = about, regarding

★★★ 701 **issue**
[íʃu:]
n. (出版物の)〜号・版、発行
問題、争点
vt. 〜を発行する
(声明などを)発表する

next **issue** of the magazine 雑誌の次の号

the major **issue** in the union negotiations
組合交渉の主な争点

We will **issue** a refund check to you.
払戻小切手を発行します。

★ 702 **reform**
[rifɔ́:rm]
n. (制度などの)改訂・改革
vt. (制度などを)改革する

the president's proposed economic **reforms**
大統領が提案した経済改革

派 reformatory a. 改革の、革新的な
reformer n. 改革論者

★★ 703 **independent**
[ìndipéndənt]
a. 独立した、独自の、自営の

a completely **independent** agency
完全な独立機関

work both **independently** and as a member of a team
独自に活動しながらチームのメンバーとしても活動する

派 independently ad. 独立して、独自に
independence n. 独立、自主

社会人の夢

季節の変わり目だなあ。最近会社辞めたいとか思わない？
何かあったのか？
そうじゃないんだけど、うちの会社僕のvalueに無関心過ぎるような気がして…
会社員なら誰でもそう思うさ
いつまでも上からの命令でpaperworkばかりしている訳にはいかないじゃないか
会社辞めて何をしようっていうんだい？
publication系の仕事かな？periodicalを発行するとか…
今は景気もsluggishなのにうまくいくかなあ…
既存のperspectiveをくつがえすrevolutionaryなアイテムで勝負すれば勝算はあるはずだよ
そんな画期的なアイテムがあるかい？
毎週家庭にdeliverする生活情報誌はどうだろう？
どこの雑誌でも配送はしてくれるじゃないか

毎週specificなテーマを扱って価格を大幅にlowerするとか？rebateも出して…
今はインターネットでいくらでも必要な情報が手に入るのに、金を出してpurchaseする人なんているかい？
うーん、そうでなければ平凡な人たちのmemoirsをシリーズで出すのはどうだろう
もう出版されてるじゃないか。既存のものをsurpassするsuperbなアイテムじゃなきゃ…
臭いを出しながら動く本はどうだろう。海外にもexportできる画期的なアイデアかも…
おまえ頭大丈夫か？
ああ、僕にはまだ事業は無理らしい。どうしてアイデアが浮かばないんだろう…
Regrettably認めざるを得ないね
僕が現実的なアドバイスを一つofferしようか
何？
考えてばかりいないで、具体的に市場調査をlaunchしてみて、その結果をもとにstrategyを練ったらどうだい
きちんと準備ができるまでは、ここで首の皮をつなぐことだな
がんばって仕事しなきゃ

QUIZ DAY 4

空所に当てはまる単語を下の選択肢から選びなさい。

1. We will ------- a refund check to you next week.
   来週、払戻小切手を発行する予定です。

2. The ------- of our new dryer will be delayed two months.
   我が社の新型乾燥機の発売が2か月遅れる見込みです。

3. Ms. May is ------- responsible for the increase in sales of our winter jackets.
   May氏は冬物ジャケットの売り上げ増に大きな功績を上げています。

4. The proposed economic ------- will be approved by lawmakers.
   提案された経済改革案は国会議員たちに承認されるだろう。

① largely	② issue	③ launch	④ reforms

空所に当てはまる単語を選びなさい。

5. If you are not satisfied with our product, you can return it for a full -------
   (A) refund　　(B) purchase

6. Our firm's ------- use of office space has been praised in the newspaper.
   (A) lower　　(B) economical

7. Please take ------- of our fully-equipped exercise facility.
   (A) advantage　　(B) an advantage

8. Please acknowledge ------- of this document by signing the form.
   (A) installment　　(B) receipt

9. Liu's sales figures ------- those of everyone else in the team.
   (A) surpassed　　(B) utilized

10. Our lawn mowers are extremely durable and are therefore a good ------- for the money.
    (A) value　　(B) sale

訳 ▶ p.415

正解 | 1.② 2.③ 3.① 4.④ 5.(A) 6.(B) 7.(A) 8.(B) 9.(A) 10.(A)

WEEK3 **DAY5** 各種お知らせ及び規定

Forbes Bank would like to notify customers of upcoming changes.

Forbes銀行からお客様に、今後予定されている変更事項**についてお知らせします。**

A state-of-the-art security system will be added to the Web site.

最新式のセキュリティーシステムがウェブサイトに搭載されます。

The online security system will feature advanced data protection technology.

このオンラインセキュリティーシステムは、先進のデータ保護技術を**特色とする**ものです。

Customers will not be able to make online transactions until July 4th.

お客様は7月4日までオンライン**取引**をすることができません。

Forbes Bank is dedicated to providing the highest quality of service.

Forbes銀行は最高品質のサービスの**提供に専念しております。**

The bank intends to systematically introduce further security measures over the next two years.

当行は今後2年にわたり、さらにセキュリティー対策を**組織的に**導入してゆく考えです。

Please excuse any inconvenience this may cause.

これにより**ご迷惑**をおかけすることをお詫び申しあげます。

Forbes Bank's online banking

Forbes銀行のオンラインバンキング

★★★
704 **notify**
[nóutəfài]
vt. ～に通知する

Please **notify** Ms. Gomez **that** her package has arrived. Gomezさんに荷物が着いたと伝えてください。

Kent Books will **notify** you when the item becomes available for delivery.
Kent Booksは、お客様にいつ商品の発送が可能になるかお知らせします。

派 **notification** n. 通知、公告
CF **notify A of B** AにBについて知らせる
notify A that節 Aに～だと知らせる

★
705 **state-of-the-art**
[stéitəvðiá:rt]
a. 最先端の、最新式の

state-of-the-art fitness center
最新式フィットネスセンター

★★★
706 **feature**
[fí:tʃər]
n. 機能、特色
vt. ～を呼び物とする・特集する

several new **features** いくつかの新しい機能[特色]

The festival **features** a performance by famous hip hop dancers.
フェスティバルは有名なヒップホップダンサーの公演を呼び物にしている。

among its **featured** attractions
メインの観光名所の中で

派 **featured** a. 呼び物の

★
707 **transaction**
[trænzǽkʃən] [trænsǽkʃən]
n. 業務、(商)取引

report any unusual **transactions** to the manager
異常な取引内容を管理者に報告する

★★
708 **dedicate**
[dédikèit]
vt. ～に献身する

a decade of **dedicated** service 10年間の献身的サービス

dedicated representatives with thorough knowledge of company products
会社の製品に関する詳しい知識を持った販売員たち

派 **dedicated** a. 献身的な **dedication** n. 献身
CF **= devote**
be dedicated[devoted] to + (動)名詞 ～に献身する・専念する

★
709 **systematically**
[sìstəmǽtikəli]
ad. 体系的に、組織的に

The engineers **systematically** tested the emergency lighting equipment.
技術者たちは非常照明設備を組織的に点検した。

★★
710 **inconvenience**
[ìnkənví:njəns]
n. 不便(さ)、迷惑

apologize for any **inconvenience**
不便をかけたことを詫びる

a **convenient** way to transfer money
資金を動かす便利な方法

be **conveniently** located near a major shopping district 主要なショッピング地域の近くという便利な場所にある

派 **inconvenient** a. 不便な、迷惑な **convenient** a. 便利な
convenience n. 便利、便宜 **conveniently** ad. 便利に

Engineers were rushed out to the Chengdu drinking water treatment facility yesterday.

技術者たちが昨日Chengdu浄水処理施設に**急遽派遣された**。

The facility is located in the Sichuan province in China.

この施設は中国のSichuan**地方**に位置している。

The malfunction occurred in the plant's water purification system.

故障は工場の水質浄化システムで起きた。

A series of malfunctions resulted in a loss of power at the factory.

相次ぐ誤作動は、工場の電力の**喪失**(停電)につながった。

Engineers hope to repair the broken machinery by the end of this week.

技術者たちは、今週末までに故障した機械を**修理する**のが望ましいと思っている。

The breakdown at the factory will greatly affect nearby cities.

この処理場の**故障**は、近隣都市に多大な影響を及ぼすだろう。

The Chengdu plant is the largest water treatment plant in southern China.

Chengdu処理場は、中国**南部**で最大の浄水処理施設だ。

Water treatment facility

浄水処理施設

★
711 **rush**

[rʌ́ʃ]

n. 急ぐこと、殺到
vi. 急ぐ、急行する
vt. ～を急がせる

The team **rushed** to finish the project before the deadline.
チームは、締め切り前にプロジェクトを終えるために大忙しだった。

We **are in a rush** to find somebody to fill the editor position.
我々は編集者のポストに就く人を急遽探している。

cf **be in a rush** 急いでいる

★
712 **province**

[prάvins]

n. 地方、田舎

one of the oldest cities in the **province**
この地方で最も古い街の一つ

★
713 **malfunction**

[mælfʌ́ŋkʃən]

n. 故障、機能不全
vi. きちんと作動しない

an electrical system **malfunction**
電気システムの故障

★
714 **loss**

[lɔ́(:)s]

n. 損失、紛失

suffer **losses** in revenue
収入において損失を被る

lose one's health
健康を損なう

派 **lose** vt. ～を失う、(道に)迷う、(試合に)負ける

★★★
715 **repair**

[ripέər]

n. 修理、修繕
vt. ～を修理する

repairs of damaged vehicles
壊れた車両の修理

The restaurant will be closed for **repairs** during the month of April.
レストランは補修のため4月の間休業する予定だ。

★★
716 **breakdown**

[bréikdàun]

n. (機械の)故障・破損
決裂、没落

the **breakdown** in communication
意思疎通の断絶

the **broken** washing machine
壊れた洗濯機

My computer **broke down** yesterday.
私のコンピューターは昨日壊れた。

派 **break** vi. 壊れる、故障する vt. ～を壊す、故障させる
(break - broke - broken)
broken a. 壊れた、故障した

cf **break down** 故障する

★
717 **southern**

[sʌ́ðərn]

a. 南の、南部地方の

A heavy storm hit the **southern** part of the city.
強い嵐が都市の南部を襲った。

派 **south** n. 南

cf **northern** a. 北の、北部地方の

Eton Bank's online service will be down due to urgent maintenance.

Eton銀行のオンラインサービスは、**緊急**保守整備のため中断する。

The site apparently suffered technical problems after recent upgrades.

このサイトは、最近のアップデート後に技術的な問題が**明らかに**起きていた。

These problems impeded clients from conducting online transactions.

これらの問題は、顧客のオンライン取引の**妨げとなっていた**。

According to an anonymous source, a virus had infected the Web site.

匿名の情報筋によると、ウイルスがウェブサイトに感染していたようだ。

Experts said the Web site faults may be the result of deliberate action.

専門家たちは、このウェブサイトの障害は**意図的な**行為によるものである可能性があるという。

An Eton Bank spokesman neither confirmed nor denied the rumors.

Eton銀行のスポークスマンは、噂を**肯定**も否定もしなかった。

Eton Bank will upgrade its online banking system to fortify Web site security against viruses.

Eton銀行はウェブサイトのウイルスに対するセキュリティーを**強化する**ため、オンラインバンキングシステムをアップグレードする予定だ。

Eton Bank's online service

Eton Bankのオンラインサービス

★
718 **urgent**
[ə́ːrdʒənt]
a. 緊急な、切迫した

deal with an **urgent** matter
緊急な問題を処理する

be **urgently** seeking a tennis instructor
テニスのインストラクターを急いで探している

派 **urgency** n. 緊急(性)
urgently ad. 急いで(= in a hurry)

★
719 **apparently**
[əpǽrəntli]
ad. 明らかに、明白に
一見して、外見上は

Apparently the light is broken.
一見したところその照明は壊れている。

It became **apparent** that we needed more assistance after we missed several deadlines.
何度か締め切りに間に合わなかったことで、我々にもっと支援が必要なことが明らかになった。

派 **apparent** a. 明らかな、明白な

★
720 **impede**
[impíːd]
vt. ～を妨害する・遅らせる

impede the flow of traffic
交通の流れを妨げる

★
721 **anonymous**
[ənɑ́nəməs]
a. 匿名の

an **anonymous** donation
匿名の寄付

★★
722 **deliberate**
[dilíbərət]
a. 慎重な、故意の、計画的な
[dilíbərèit]
vi. 熟考する

make a **deliberate** effort
計画的な努力をする

deliberate on[over] a problem
問題について熟考する

派 **deliberately** ad. 慎重に、故意に

★★★
723 **confirm**
[kənfə́ːrm]
vt. ～を確認する・承認する

confirm the delivery of a package
小包の配達を確認する

confirmation of the online orders
オンライン注文の確認

a **confirmed** reservation
確認済みの予約

派 **confirmation** n. 確認、確証
confirmed a. 確認された
reconfirm vt. ～を再確認する vi. 再確認する

★
724 **fortify**
[fɔ́ːrtəfài]
vt. ～を強化する
～の栄養価を高める

The tea **was fortified** with minerals and vitamins.
そのお茶はミネラルとビタミンが強化されている

Culver City councilman Tony Slater urged the city council to establish new traffic laws.

Culver市の市議会議員Tony Slaterは、市議会に新たな交通法規を**制定するよう促した**。

Weston Avenue is an exceptionally narrow street in Culver City.

Weston通りはCulver市で特に**狭い**道路だ。

Mr. Slater wants a law prohibiting parking on the street to be enforced.

Slater氏は、路上駐車を禁止する法令が**施行される**ことを望んでいる。

Cars that illegally park on Weston Avenue will be towed away.

Weston通りに違法駐車した自動車は**牽引される**ことになる。

The law will apply to everyone with the exception of disabled drivers.

この法令は障害者ドライバーを**例外**とするすべての人に適用される。

The mayor's consent is needed to put this law into effect.

この法令を施行するには市長の**同意**が必要だ。

Therefore, Mr. Slater hopes the mayor will give his absolute approval to the proposal.

そのため、Slater氏は市長がこの提案に**全面的に**賛成してくれることを望んでいる。

New traffic laws

新交通法規

★
725 **urge**
[ə́:rdʒ]
vt. 〜に催促する・促す

I **urge** you **to attend** the conference.
会議に是非参加してください。

CF **urge A to do** Aに〜するよう促す

★★
726 **narrow**
[nǽrou]
a. 狭い
vt. 〜を狭める

the **narrow** aisle 狭い通路
narrowly miss the deadline
締め切りに一歩間に合わない
narrow down the list of potential contractors
潜在契約者をリストから絞り込む

派 **narrowly** ad. かろうじて、間一髪で
CF **narrow down** (範囲を)狭める

★
727 **enforce**
[infɔ́:rs]
vt. (法律などを)施行する

be strictly **enforced** 厳格に施行される
the **enforcement** of environmental laws 環境法の施行

派 **enforcement** n. 施行

★
728 **tow**
[tóu]
vt. (自動車・船を)引っ張る

Some ships **are being towed** out to sea.
数隻の船が沖の方に引っ張られている。

★★★
729 **exception**
[iksépʃən]
n. 例外、異例、除外

No **exceptions** can be made to this rule.
この規則にはいかなる例外も適用されない。
The articles are **exceptionally** well written.
それらの記事はことのほかよく書かれている。
Parking is free for all events **except for** the afternoon concert series.
駐車は、午後行われる一連のコンサートを除くすべての行事で無料だ。

派 **exceptional** a. 例外的な **exceptionally** ad. 例外的に、非常に
CF **make an exception** 例外とする **except (for)** 〜を除いて
except that節 〜という点を除いて
TIP exceptionは「例外」という意味では可算名詞。

★
730 **consent**
[kənsént]
n. 同意、許可、承諾
vi. 同意する(to)

obtain the written **consent** 同意書をもらう
without customers' **consent** 顧客の同意なしに
consent to the suggestion 提案に同意する

★★
731 **absolute**
[ǽbsəlù:t]
a. 絶対的な、完全な

have **absolute** confidence in Ms. Luna's ability
Luna氏の能力を絶対的に信じる
absolutely free (of charge) 一切無料で
A: Do you have time to stop by the bank?
銀行に寄る時間がありますか？
B: **Absolutely**! もちろん。

派 **absolutely** ad. 完全に、絶対的に、もちろん

New security measures have been implemented at La Paz Airport.

La Paz空港で新たなセキュリティー対策が**施された。**

Improvements were made following recent security failures.

最近起きたセキュリティー障害**の後に**改善が施された。

The security upgrades are designed to boost passenger confidence.

セキュリティーのアップグレードは、乗客の信頼を**高める**ためのものだ。

Regulations will be set that restrict the size and weight of luggage.

手荷物の大きさ・重さを**制限する**規則が定められる予定だ。

All baggage will undergo an improved screening process.

すべての**手荷物**は改良された検査プロセスを経ることになる。

Existing security systems will be replaced throughout September.

既存のセキュリティーシステムは9月中に**取り替えられる**予定だ。

Maintenance will not interfere with the airport's normal service.

メンテナンスが空港の通常業務**を妨げる**ことはないだろう。

New security measures

新たなセキュリティー対策

★★
732 **implement**
[ímpləmənt]
vt. ～を実行する・履行する

implement several new policies
いくつかの新たな方針を実行に移す

implementation of the new policy
新たな政策の実施

派 **implementation** n. 実行、履行

★★★
733 **following**
[fάlouiŋ]
prep. ～の後に
a. 次の、後に続く

following the reception レセプションの後に

the **following** Friday この次の金曜日

follow the guidelines ガイドラインに従う

派 **follow** vt. ～に従う
CF = **after** ～の後に(前置詞)

★
734 **boost**
[bú:st]
vt. ～を持ち上げる・引き上げる
n. 上昇、増大

boost employees' morale
社員の士気を高める

a **boost** in sales
売り上げ増大

★★★
735 **restrict**
[ristríkt]
vt. ～を制限する

Access to our client database **is restricted to** managers.
顧客データベースへのアクセスは管理者だけに制限されている。

the **restrictions** imposed by the budget
予算による制限

派 **restriction** n. 規定、制約、制限
CF **be restricted to + 名詞** ～に限定される
impose restrictions on ～に制限を加える

★
736 **baggage**
[bǽgidʒ]
n. 手荷物

lost or damaged **baggage** 紛失または損傷した手荷物

CF = **luggage**
baggage claim (空港などの)手荷物受取場
TIP baggage, luggageはともに不可算名詞だ。
飛行機に乗る前に預ける手荷物はchecked luggage
機内に持ち込む手荷物はcarry-on luggage

★★★
737 **replace**
[ripléis]
vt. ～を取り替える、交換する
～に取って代わる
～の後任になる

The defective machine will **be replaced with** a new one. 欠陥のある機械は新品に交換される。

the **replacement** parts 交換部品

find the temporary **replacement** for the receptionist
受付係の一時的な交代要員を探す

派 **replacement** n. 交代、交換品、後任者
CF **replace A with B** AをBに取り替える

★
738 **interfere**
[ìntərfíər]
vi. 妨害する(with)

Dust can **interfere with** your computer's cooling system.
ほこりはコンピューターの冷却装置に支障をきたすことがある。

CF **interfere with** ～を妨害する・損傷させる、～と対立する
TIP interfere withのwithが空所になって出題されることが多い。

Tenants of Sunset Villa Apartments must keep the building clean.

Sunset Villaアパートの**入居者の皆さんは**、建物を清潔に保たなければなりません。

Please do not leave garbage bags on the street outside the building.

建物の外の道路にゴミ袋を**置か**ないでください。

Garbage should be properly disposed of at the rear of the building.

ゴミは建物の裏で**きちんと**処理してください。

Remember to separate glass and metal waste for recycling.

ガラスや金属ゴミは、**リサイクル**のため忘れずに分別してください。

The main entrance area must be kept free of obstacles.

玄関付近に**障害物**を置いてはいけません。

Tenants should not lean bikes against the walls.

入居者は自転車を壁**に立てかけて**はいけません。

Remember to sweep your hallway at least once a week.

廊下を1週間に1度は**掃除する**ことをお忘れなく。

Sunset Villa Apartments' regulations

Sunset Villaアパートの決まり

★★
739 **tenant**

[ténənt]

n. 居住者、賃借人

tenants who plan to vacate the property before the lease expires
賃貸契約が満了する前に不動産を明け渡す計画の賃借人

CF = resident

★★★
740 **leave**

[lí:v]

vt. ～を残す
～を離れる・辞める
～を…の状態のままにする
vi. 出発する
n. 休暇

leave a strong impression on viewers
視聴者たちに強い印象を残す

leave work at 5:00 P.M. 午後5時に退社する

leave visitors excited 訪問客たちを喜ばせる

leave for Bangkok バンコクに出発する

be on **sick leave** 病気休暇中だ

CF leave + 目的語 + 補語 ～を…の状態のままにする

★★
741 **properly**

[prάpərli]

ad. 適切に、きちんと

ensure all fire equipment operates **properly**
すべての防火装置がきちんと稼働するか確認する

proper safety procedures
適切な安全手順

派 proper a. 適切な
improper a. 不適切な

CF = appropriately

★
742 **recycling**

[rì:sáikliŋ]

n. リサイクル、再生

the **recycling** bin リサイクルゴミ箱

recycle waste cooking oil
廃食用油をリサイクルする

派 recycle vt. ～をリサイクルする

★★
743 **obstacle**

[άbstəkl]

n. 障害物、障害要素、邪魔

Some **obstacles** are preventing the merger from proceeding.
いくつかの障害要素が合併の進展を妨げている。

★
744 **lean**

[lí:n]

vt. ～を寄りかからせる
vi. 寄りかかる、上体を曲げる

The woman **is leaning** back in her chair.
女性は椅子の背もたれにもたれかかっている。

A woman **is leaning** over the baskets.
女性がカゴの上に上体をかがめている。

CF lean A against B AをBに寄りかからせる

★
745 **sweep**

[swí:p]

vt. ～を掃除する、(ほこりを)払う

sweep the stairs
階段を掃除する

Japan Rail Group is one of the biggest transit firms in the world.

Japan Rail Groupは世界最大の**運輸**会社の一つだ。

The rail company plans to raise fares on the Shimizu High-Speed line.

この鉄道会社は、Shimizu High-Speed線の**運賃**値上げを計画している。

Thousands of people use the Shimizu rail line to commute to Tokyo.

多くの人々が東京に**通勤する**のにShimizu線を利用している。

Commuters have protested against the planned price increases.

通勤者たちは運賃値上げ案**に抗議している。**

JR Group tried to justify the fare increase by blaming the poor economy.

JR Groupは、不況を理由に運賃値上げを**正当化し**ようとした。

Elderly passengers will be exempt from paying the higher rail fares.

高齢の乗客は、値上げ運賃の支払い**が免除される**予定だ。

Discounted rates for students will continue to be offered.

学生**割引**運賃は引き続き適用される。

The Japan Rail Group's fare increases

The Japan Rail Groupの
運賃値上げ

★★
746 **transit**

[trǽnzit]

n. 運送・交通(手段)

increased use of mass **transit**
公共交通機関の利用の増加

get broken **in transit**
運送中に壊れる

make a **transition** to a computerized accounting system
電算会計システムに移行する

派 **transition** n. 変遷、移行、過渡期
CF **in transit** 輸送中、移動中

★★
747 **fare**

[fέər]

n. (交通手段の)料金、運賃

the round trip **fare** 往復運賃

air **fare** 航空運賃

TIP fine: 罰金
charge[fee]: サービスに対する料金、手数料
price: (売られている)価格
fare: 運賃、乗車賃

★
748 **commute**

[kəmjúːt]

vi. 通勤する
n. 通勤

be tired of the long **commute** to work
長距離通勤で疲れる

suburban **commuters** 郊外の通勤者

派 **commuter** n. 通勤者

★
749 **protest**

[prətést]

vt. ～に抗議する
vi. 異議を申し立てる(against)

[próutest]

n. 抗議、異議申し立て

protest the sale of the magazine
その雑誌の販売に抗議する

CF **protest against** ～に対し抗議する

★
750 **justify**

[dʒʌ́stəfài]

vt. ～を正当化する
～の正当な理由になる

The profit opportunities are not significant enough to **justify** the extra cost.
この収益チャンスは、追加費用の支出を正当化するほど重要なものではない。

派 **justifiable** a. 正当な

★
751 **exempt**

[igzémpt]

a. 免除された
vt. (義務などを)免除する

be exempt from paying taxes
納税が免除される

CF **be exempt from** ～が免除される

★★
752 **discount**

[dískaunt]

vt. ～を割り引く
vi. 割引する
n. 割引

The hotel is currently offering **discounts** to customers on a first-come, first-served basis.
そのホテルは現在先着順で顧客にディスカウントをしている。

派 **discounted** a. 割引された
CF discountは名詞として使われるときは可算名詞になる。

すぐに修理を！

一体何が起きたの？
人に高いタクシーのfare
払わせて呼び出すなんて
ガバッ！
urgentな事態なのよ。うちの
サイトに接続できないの
え～っ！もうすぐ宅配が
取りに来るのに、発送品の
内訳が確認できないの？
Apparentlyハッキングよ。誰かが
deliberately impedeしてるわ
最近うちのショッピングモールの
sales boostを妬む人がいるのよ
落ち着いて！ウェブ
ホスティング業者には
notifyしたの？
当然でしょ！ハッカーが
うちのtransactionの内訳を
流出させたら大変なことに
なるって言ってやったわ
そしたら
何だって？
自分たちには問題はないって
言うのよ。ハッカーのアクセスを
restrictするstate-of-the-artな
技術があるんだとか…
それで高くても
その会社を選んだん
だったわね
いくら有名な企業のシステムでも、
私が何かするたびにobstacleに突き
当たるのよ。inconvenientな部分が
一つや二つじゃないわ
それはあなたがパソコン
音痴だからでしょ

そういえば
あなた、この間…
ドキッ！
なあに？
コンピューターがbreakdown
したからすぐにrepairして
くれって大騒ぎしたでしょう？
……
あのとき電源が切れてた
だけだったわよね？
あれは私のミスだったわ…
今回はabsolutelyホスティング
業者のミスよ！そうでなきゃ
インターネットが突然malfunction
するわけないじゃない！
ともかく、もう一度業者に
urgeする前に確認して
おいたほうがいいわ
好きにして！
電源はきちんと
入っているわね…
でしょ？
ちょっと！LANケーブル
が抜けてるじゃない！
ゲッ！
コンピューターがどうこう言う前に、
何かあればすぐrushするあなたの
性格からrepairする必要がありそうね
ごもっとも！
これからは気を
つけます！

QUIZ DAY 5

空所に当てはまる単語を下の選択肢から選びなさい。

1. Mr. Jade decided to do business with us ------- some negotiation.
   Jade氏は話し合いの後に私たちと事業をすることを決めた。

2. We will try to ------- sales revenue by 20 percent within a year.
   私たちは1年以内に売り上げを20%増やすつもりだ。

3. Kate ------- missed the deadline for submitting her application.
   Kateは応募書類提出の締め切りにあと一歩間に合わなかった。

4. Please ------- your flight reservations prior to the departure date.
   ご出発日の前にフライトの予約をご確認ください。

① boost	② following	③ narrowly	④ confirm

空所に当てはまる単語を選びなさい。

5. The festival ------- a performance by a renowned guitarist.
   (A) features (B) urges

6. It became ------- that we needed more assistance after we missed several deadlines.
   (A) deliberate (B) apparent

7. The hotel is currently offering ------- to customers on a first-come, first-served basis.
   (A) discount (B) discounts

8. Access to personnel information is ------- to managers.
   (A) restricted (B) replaced

9. We should order ------- parts for the defective assembling machines.
   (A) replacement (B) transaction

10. The profit opportunities are not significant enough to ------- the extra cost.
    (A) justify (B) interfere

訳 ▶ p.415

| 正解 | 1.② 2.① 3.③ 4.④ 5.(A) 6.(B) 7.(B) 8.(A) 9.(A) 10.(A)

WEEKEND_3 実戦 TEST

01. Due to ------- weather conditions, the company outing planned for today has been postponed until next Saturday.

(A) functional (B) unfavorable
(C) practical (D) reluctant

02. Dr. Lee was ------- scheduled to be the keynote speaker at the medical conference, but due to illness, she was forced to withdraw.

(A) fluently (B) largely
(C) considerably (D) originally

03. We have ------- confidence in Mr. Song's ability to make our product a success in the South Korean market.

(A) productive (B) eventual
(C) informative (D) absolute

04. The information technology workshop will be ------- on Saturday morning from 9 A.M. to 11 A.M. in the Web Design Department on the third floor.

(A) exhibited (B) donated
(C) offered (D) passed

05. Outstanding organizational abilities and ------- to detail are required for the newspaper editor position.

(A) guidance (B) conjunction
(C) attention (D) requirement

06. A guide to solving computer problems can be found in Chapter 12 of the ------- user manual.

(A) enclosed (B) shaped
(C) trained (D) engaged

07. Mr. Tennant's business trip to South America conveniently ------- with the Rio De Janeiro convention date.

(A) coincides (B) accomplishes
(C) consists (D) replaces

Question 8-10 refer to the following e-mail message.

To: Bradley Gilman <bgilman@paramail.com>
From: Customer Service <customerservice@kingsley.com>
Date: March 13 14:35
Subject: Your Order

Dear Mr. Gilman,

We are writing to inform you that we have shipped out your recently ordered Kingsley Audio XB250 Computer Speakers. We are sure that you will be completely ------- with these speakers as they produce the highest quality sound.

08. (A) satisfied
(B) regrettable
(C) anonymous
(D) urgent

Please take time to thoroughly ------- the shipping invoice that will arrive

09. (A) review
(B) launch
(C) accept
(D) renew

with the speakers to make sure that all costs and taxes are correct.

If you find that the speakers are not working -------, please inform us and

10. (A) largely
(B) randomly
(C) approximately
(D) properly

we will refund your money or repair the speakers at absolutely no cost to you. Thank you for your purchase.

Sincerely,
Kingsley Audio

≫ 正解と訳 p.416

WEEK4 **DAY1** 建設及び補修工事

1

A 106 B 106

Due to financial difficulties, work on the Bow Bridge has been halted.

財政的な問題で、Bowブリッジの工事が**中止になった**。

McLean Construction attributed the problem to a lack of investors.

McLean建設は、投資機関の不足が問題**の原因であるとしている**。

The project was designed to ease traffic congestion in the Edwards Bay area.

このプロジェクトはEdwards Bay地域の**交通渋滞**を緩和するために計画された。

Bow Bridge would serve as an alternative route for commuters.

Bowブリッジは通勤者たちの**代替**ルートとなる予定だ。

McLean Construction is currently seeking additional funding for the project.

McLean建設は、**現在**プロジェクトへの追加財源を求めている。

Several potential investors have been contacted in a bid to secure enough money to continue construction.

工事を続けるための十分な資金を**確保する努力の一環として**、いくつかの投資機関に話が持ちかけられた。

A tentative date for construction to resume has been set for March 16.

工事再開の**暫定的な**日取りは3月16日に決まった。

Work on the Bow Bridge

Bowブリッジの工事

753 ★ **halt**
[hɔ́:lt]
n. 停止、休止
vt. ～を止まらせる

Breakdowns could **bring** the factory's production **to a halt.**
機械の故障は工場の生産を停止に追い込む可能性がある。

CF = stop
bring A to a halt Aを止まらせる

---

754 ★★ **attribute**
[ətríbju:t]
vt. (原因を)～に帰する
[ǽtrəbjù:t]
n. 属性、特性

The success of the magazine **has been attributed to** its broad appeal to people of all ages.
その雑誌の成功は、あらゆる年齢層にアピールしたおかげだ。

his best **attribute** as a graphic designer
グラフィックデザイナーとしての彼の最高の資質

CF attribute A to B AをBの結果だとする
be attributed to ～のせいだ・おかげだ

---

755 ★★ **congestion**
[kəndʒéstʃən]
n. 交通渋滞、詰まり

efforts to alleviate **traffic congestion**
交通渋滞を緩和するための努力

---

756 ★★ **alternative**
[ɔ:ltə́:rnətiv]
n. 代案
a. 代案の

feasible **alternatives to** fossil fuels
化石燃料に代わる実現可能な代案

CF alternatively ad. (文頭で)あるいは、二者択一的に
CF an alternative to ～に対する代案

---

757 ★★ **currently**
[kə́:rəntli]
ad. 現在、今

be not **currently** in stock
現在在庫切れの

current marketing strategy
現在のマーケティング戦略

派 current a. 現在の

---

758 ★ **bid**
[bíd]
n. 入札、試み、努力

win the bid for the renovation project
改修事業の入札を勝ち取る

make a bid for the construction project
建設事業に入札する

CF win the bid 入札で勝つ
make a bid for[on] ～に入札する
in a bid to do ～するための、努力[試み]の一環として

---

759 ★ **tentative**
[téntətiv]
a. 暫定的な、臨時の

The computer workshop schedule is still considered **tentative.**
コンピューターワークショップの日程は、いまだ暫定的なもののようだ。

a **tentative** schedule for the festival
フェスティバルの暫定的な日程

A 107 B 107

We apologize that entry to the museum's main building is not permitted at this time.

申し訳ありませんが、現在博物館の本館へは**入場**できません。

The main building is currently undergoing extensive renovation.

本館は現在大規模な**改修工事**中です。

We hope this renovation does not cause any inconvenience to museum visitors.

この改修が博物館来訪者の皆さんにご不便を**きたす**ことのないよう願っています。

Management will endeavor to reopen this building by November 1.

経営陣は、この建物を11月1日には**再び開館できるよう努力いたします。**

Many fabulous exhibits are displayed in the museum's galleries.

博物館のギャラリーでは、たくさんの**素晴らしい**展示会が開かれています。

A special display of exotic birds is in Exhibition Hall 2.

外国産鳥類の特別展示は第二展示ホールで行われています。

Attached to this message is more detailed information for visitors.

このメッセージには、ご来観の皆さんへのより詳しいご案内が**添えられています。**

Museum undergoing renovation

博物館の改修工事

★ 760	**entry** [éntri] n. 入場、入会、出品作	His **entry** has been awarded first place in the competition. 彼の出品作は大会で1位になった。 an **entry-level** job 新入社員向けの仕事 An **entry way** is blocked with stones. 出入口は石でふさがれている
★★★ 761	**renovation** [rènəvéiʃən] n. 修理、補修(工事)	despite the ongoing **renovations** 補修が進行中ではあるものの at the newly **renovated** Mann's Theatre 新たに改修になったMann's劇場にて 派 renovate vt. ～を補修する
★★★ 762	**cause** [kɔ́:z] vt. ～の原因になる ～をもたらす n. 理由、原因	An increase in competition **has caused** a significant drop in sales. 競争の激化が顕著な販売減をもたらした。 The **causes** of inflation are varied. インフレの原因はさまざまだ。
★ 763	**endeavor** [indévər] vi. 努力する n. 努力	**endeavor to build** trade partnerships with foreign companies 外国企業と貿易での協力関係を築こうと努力する CF endeavor to do ～しようと努力する
★ 764	**fabulous** [fǽbjuləs] a. 驚くべき、素晴らしい	The lead actor was **fabulous.** 主演俳優が素晴らしかった。
★ 765	**exotic** [igzɑ́tik] a. 異国的な、風変わりな	**exotic** locations for your vacation 保養向けの異国風な場所
★★★ 766	**attach** [ətǽtʃ] vt. ～を添付する・付ける (重要性などが)～にあると考える	**Attached** is a bill for the delivery. (a bill for the delivery: 主語) 配達料請求書が添付されています。 **attach** the address label **to** the envelope 住所ラベルを封筒に貼る **attach** much importance **to** reports of an economic slowdown 景気後退の報告書を大変重要視する 派 attached a. 添付された attachment n. 添付した物 CF attach A to B AをBに添付する、A(重要性)をBに置く TIP attachedは、受動文では強調するために主語と倒置されることが多い。

A 108 B 108

The city council has granted approval for the demolition of Clark Public Library.

市議会はClark公立図書館の取り壊しを**承認した**。

The old building will be demolished on Saturday at 3 o'clock.

この古いビルは土曜日の午後3時に**取り壊される**予定だ。

The city council could no longer afford to maintain the building.

市議会はこれ以上この建物を**維持管理する**資金的余裕がない。

The library has been severely neglected in recent years.

この図書館は最近数年間**まったく**放置されてきた。

The neglect of the building has made it increasingly unsafe.

建物の**放置**により、安全性がどんどん損なわれていった。

The city council needs funds to build a new library.

市議会は新たな図書館を建てるための**資金**が必要だ。

In the meantime, the library's books will be kept in storage.

その間、図書館の蔵書は倉庫に保管されることになる。

Demolition of Clark Public Library

Clark公立図書館の取り壊し

★★★
767 **grant**

[grǽnt]

vt. ～を与える・承認する

n. 許可、補助金

The management **granted** Mr. Mills a raise based on his outstanding performance.

経営陣はその目覚ましい業務成果に基づき、Mills氏の昇給を認めた。

apply for **grants** and scholarships

補助金と奨学金を申請する

CF grant A B AにBを与える・承認する

★
768 **demolish**

[dimáliʃ]

vt. ～を壊す・撤去する

The old factories will have to **be demolished.**

その古い工場は取り壊さねばならないだろう。

派 demolition n. 撤去

★★★
769 **maintain**

[meintéin]

vt. ～を維持する・管理する・持続する

maintain a quiet work environment

静かな勤務環境を保つ

to **maintain** the level of quality expected by clients

顧客の期待する品質水準を保つために

派 maintenance n. 維持、管理、保守

★
770 **severely**

[sivíərli]

ad. ひどく、激しく、厳しく

Computer monitors were **severely** damaged.

コンピューターのモニターがひどく破損した。

the **severe** competition among the candidates

候補者間の熾烈な競争

派 severe a. ひどい、激しい、厳しい

★
771 **neglect**

[niglékt]

n. 放置、怠慢

vt. ～をなおざりにする
(義務などを)おそろかにする

They **neglected to inform** us that the company has a financial problem.

彼らは、会社が財務問題を抱えていることを我々にきちんと伝えなかった。

CF neglect to do ～することをおろそかにする

★★★
772 **fund**

[fʌ́nd]

n. 資金、基金

vt. ～に資金を提供する

Our company **is funding** research into water pollution.

我が社は水質汚染の研究に資金をつぎ込んでいる。

request additional **funding**

追加融資を要請する

派 funding n. 資金提供、融資

TIP fundは可算名詞なので、前に冠詞をつけたり複数形で使う。一方、fundingは不可算名詞だ。

★
773 **meantime**

[mí:ntàim]

n. その間

ad. その間に

We'll meet again next week, and **in the meantime** I'll look for some other resources.

来週またお目にかかりますが、その間に私の方で何か他の資料を探します。

CF in the meantime その間に、そうこうする間に

Renovations are underway to **enlarge** the ballroom of the Savoy Hotel.

Savoy Hotelのダンスホールを**拡張する**ための改修工事が行われている。

Builders will **remove** a partition between the ballroom and the lounge.

建築業者はダンスホールとラウンジの間の仕切りを**取り払う**予定だ。

By merging the two rooms, builders plan to create one **enormous** ballroom.

建築業者は、二つの部屋をつなぐことによって一つの**巨大な**ダンスホールを作ろうとしている。

The ballroom has always been a **popular** venue for events and conferences.

ダンスホールは、イベントや会議を開く場所として**人気**を保ってきた。

Many business events are held there due to its **proximity** to the airport.

空港に**近い**ために、様々なビジネスイベントがここで開かれる。

Builders have promised to **preserve** the original ceiling design.

建築業者は、元の天井のデザインには**手を加えない**と約束した。

The new ballroom will retain all of its **authentic** Victorian furnishings.

新装のダンスホールは、**正統な**ビクトリア調の家具をそのまま残すだろう。

Ballroom renovation

ダンスホールの改修

★
774 **enlarge**

[inlá:rdʒ]

vt. (建物を)拡げる
(事業を)拡張する

The auditorium **is being enlarged**.
講堂は拡張工事中だ。

the **enlargement** of the laboratory
実験室の拡張

派 enlargement n. 拡張、拡大

★★
775 **remove**

[rimú:v]

vt. ～を除去する・削除する・移す

His name **was removed from** the mailing list.
彼の名前はメーリングリストから削除された。

Surplus equipment should be placed in the hallway for **removal**.
残った装備は片づけるために廊下に置かねばならない。

派 removal n. 除去、撤収、引っ越し
CF remove A from B BからAを除去する

★
776 **enormous**

[inɔ́:rməs]

a. とてつもない、巨大な

have **enormous** potential 計り知れない潜在力がある

help us **enormously** 我々に非常に大きな助けになる

派 enormously ad. 途方もなく
CF = huge

★★★
777 **popular**

[pápjulər]

a. 人気のある、大衆の

contrary to **popular** belief
一般的な通念に反して

Domestic travel destinations are gaining **popularity**.
国内旅行地が人気を得ている。

派 popularity n. 人気、良い評判
unpopular a. 人気のない

★
778 **proximity**

[prɑksíməti]

n. 近接、接近

They are standing **in close proximity to** each other.
彼らは互いに非常に近い距離に立っている。

CF in close proximity to ～にとても近づいて、～にとても近く

★
779 **preserve**

[prizə́:rv]

vt. ～を保存する・維持する

The historic town center will **be preserved** even though a shopping center is to be constructed nearby.
ショッピングセンターが近くに建設されるとしても、由緒深い街の中心部は保存されるだろう。

派 preservation n. 保全、保護

★
780 **authentic**

[ɔ:θéntik]

a. 本物の、信頼のおける

authentic works of art 本物の芸術品

authentic French cuisine 正統フランス料理

CF = genuine

A 110 B 110

Winchester Town plans to improve its appearance.

Winchester市は、その景観を**改善する**ことを計画している。

The council has allocated funds in order to repair many of the town's buildings.

委員会は、街の多くの建物を修理するために資金を**割り当てた**。

Most of the town's buildings have badly deteriorated over the years.

街の大部分のビルは長年の間にひどく**劣化してきた**。

Work to restore the church and post office is due to begin next month.

教会や郵便局の**修復**作業は来月始まる予定だ。

The changes will enhance the tourism potential of the town.

このような変化は、街の観光地としての潜在力を**高める**だろう。

The number of visitors to the town has declined in recent years.

この数年間、街への来訪客は**減少している**。

Mayor Joe Nash predicts that the renovations will boost tourism.

Joe Nash市長は、修復工事が観光産業を活性化させるだろう**と予測している**。

An increase in tourism will greatly benefit local businesses.

観光産業の活性化は、**地元の**企業にとって大きな利益になるだろう。

Changes in Winchester Town

Winchester市の変貌

★★
781 **improve**

[imprúːv]

vt. ～を向上させる

vi. 良くなる、改善される

improve our customer service
我々の顧客サービスを改善する

派 **improvement** n. 改善、向上

CF = enhance

★
782 **allocate**

[ǽləkèit]

vt. (仕事などを)割り当てる
(利益を)配分する

40% of the budget surplus will **be allocated to** the farming industry.
財政黒字の40%は、農業に配分されるだろう。

CF **allocate A to B** AをBに割り当てる・配分する

★
783 **deteriorate**

[ditíəriərèit]

vi. 悪化する、悪くなる

vt. ～を悪化させる・低下させる

use plastic containers so that the vegetables do not **deteriorate**
野菜が傷まないようにプラスチック容器を使う

be in **deteriorating** condition 悪化してゆく状態にある

★
784 **restore**

[ristɔ́ːr]

vt. ～を復旧する・回復する

The historic building **was restored** to its original appearance.
由緒ある建物がその本来の姿に復元された。

★★
785 **enhance**

[enhǽns]

vt. (質・能力などを)
高める・強化する・増進する

enhance cooperation among employees
社員間の連携を強化する

the newly **enhanced** system 新たに強化されたシステム

派 **enhanced** a. 強化された、良くなった

CF = improve

★★
786 **decline**

[dikláin]

n. 衰退、下落

vt. ～を断る

vi. 衰退する、断る

a sharp **decline in** profits[earnings] 利潤の急激な減少

I was forced to **decline** your invitation.
ご招待をお断りせざるを得ませんでした。

CF = decrease ↔ rise, increase
a decline in ～の減少

★★★
787 **predict**

[pridíkt]

vt. ～を予言する・予報する

Profits were 10% higher than **predicted**.
利潤は予想よりも10%多かった。

The movie's plot was too **predictable**.
その映画のあらすじはありきたりのものだった。

The amount of rainfall has been **predictably** moderate. 降雨量は予想どおり程々だった。

派 **predictable** a. 予測できる **predictably** ad. 予測どおり

CF **predict that節** ～と予測して言う

★
788 **local**

[lóukəl]

a. 地方の、ある地域特有の

a **local** newspaper 地方新聞(社)

locally grown fruits and vegetables
地域で栽培された果物と野菜

派 **locally** ad. 地域で、地方で

A 111 B 111

Construction is underway on a new skyscraper in downtown Tokyo.

東京の都心で、新たな**高層ビル**の建設が進んでいる。

The massive Miyagi Tower building will house offices and stores.

この**巨大な**Miyagiタワービルはオフィスと店舗を収容する予定だ。

The building will be unique in its extraordinary design.

このビルは、**風変わりな**デザインの個性的なものになるだろう。

A fine-dining restaurant will be located on the building's top floor.

高級レストランがビルの最上階に**入居する**予定だ。

The 75-floor building was built to withstand inclement weather.

この75階建てのビルは、**荒れた**天候にも耐えられるように建設された。

Miyagi Tower was designed by notable architect Junichi Ogawa.

Miyagiタワーは、**有名な**建築家Junichi Ogawaによって設計された。

The construction of the tower will be completed by the end of this year.

タワーの建設は今年末までに**完了する**予定だ。

Construction of Miyagi Tower

Miyagiタワーの建設

★ 789 **skyscraper**
[skáiskrèipər]
n. 高層ビル、摩天楼

construction of the city's tallest **skyscraper**
市で最も高い高層ビルの建設

★ 790 **massive**
[mǽsiv]
a. 大規模の、どっしりとした

the **massive** cancelations
大量キャンセル

派 **massively** ad. 大量に、どっしりと

★ 791 **extraordinary**
[ikstrɔ́:rdənèri]
a. 並外れた、素晴らしい

The service was **extraordinary**.
サービスが並外れていた。

have **extraordinary** potential for global sales
世界的販売への途方もない可能性がある

★★★ 792 **locate**
[lóukeit]
vt. ～を置く・設置する
(～に位置・場所を)見つける

be conveniently **located** at the hotel entrance
ホテルの入り口という便利な場所にある

unless the owner can **be located** within three weeks
3週間以内にオーナーが見つからないと

Crema Café has three **locations** in Seoul.
Crema Caféはソウルに3か所ある。

派 **location** n. 位置、場所
CF **be located at/on/in** ～に位置している

★ 793 **inclement**
[inklémənt]
a. (天気が)悪い
(気候が)厳しい、寒い

in the event of **inclement** weather
悪天候の場合には

★ 794 **notable**
[nóutəbl]
a. 注目すべき、目立った、有名な

The grand opening was a **notable** success.
開店イベントは素晴らしい成功を収めた。

a **notable** economist
著名な経済学者

★★★ 795 **complete**
[kəmplí:t]
vt. ～を完了する・完成させる
a. 完全な、完璧な

To place your order, simply **complete** the attached order form.
ご注文は、添付の注文書にご記入いただくだけで結構です。

Make sure your application is **complete[completed]**.
= Make sure your application is filled out **completely**.
応募書類がきちんと書かれていることを確認してください。

our customers' **complete** satisfaction
顧客の完全な満足

customers not **completely** satisfied with our product
我が社の製品に満足しきれていない顧客

派 **completely** ad. 完全に、全面的に

Fairfield Road will remain closed due to ongoing road maintenance.

Fairfield道路は、**進行中の**補修工事のため今後も閉鎖されます。

Washington Road will be used as a detour.

Washington道路が**迂回路**として使われる予定だ。

Richmond City council assures drivers that the road will reopen soon.

Richmond市議会は、道路がすぐにまた開通する**と**ドライバーたちに**公約している。**

During the week, the road is heavily used by suburban commuters.

平日の間、この道路は多くの**市外**通勤者たちに利用されている。

During maintenance, however, the road will be kept open for pedestrians only.

しかし補修工事中は、この道路は**歩行者**のみ通行できる。

Gas pipes running beneath Fairfield Road require multiple repairs.

Fairfield道路の下を走っているガス管は、**あちこちの**補修が必要だ。

Following the repairs, the maintenance team will pave the road.

補修作業チームは、補修後に道路を**舗装する。**

The council is optimistic that the road will be open by next weekend.

市議会は、道路は来週末には開通するだろう**と楽観している。**

Maintenance on Fairfield Road

Fairfield道路の補修工事

★
796 **ongoing**
[ɔ́(:)ngòuiŋ]
a. 進行中の

ongoing problems with the building site
建設用地で起きている問題

cf = developing

★
797 **detour**
[dí:tuər]
n. 迂回(路)

the construction **detours** on the bus route
バス路線にある工事迂回路

★★★
798 **assure**
[əʃúər]
vt. ～に…を保証する
～に確信させる

Please **be assured** that all your health records will be kept confidential.
あなたのすべての医療記録は極秘に扱われますので、ご安心ください。

carry no **assurance** of success
成功する保障はない

派 assurance n. 保障、保証、確信
assuredly ad. 間違いなく
reassure vt. ～を安心させる
cf assure A that節 Aに～だということを確信させる
be assured of/that節 ～を確信する

★
799 **suburban**
[səbə́:rbən]
a. 郊外の、都市周辺の
n. 郊外居住者

the **suburban** commuter trains
郊外通勤列車

move to the **suburbs**
郊外に移る

派 suburb n. 郊外

★
800 **pedestrian**
[pədéstriən]
n. 歩行者

a **pedestrian** walkway
歩行者専用通路

★
801 **multiple**
[mʌ́ltəpl]
a. 多数の、多様な、複合的な

has received **multiple** awards
各種の賞を取った

★
802 **pave**
[péiv]
vt. (道路を)舗装する

A road **is being paved** with bricks.
道路はレンガで舗装中だ。

Some people are repairing the **pavement**.
歩道を修理している人が何人かいる。

派 pavement n. 歩道　repave vt. ～を再舗装する

★
803 **optimistic**
[ɑ̀ptəmístik]
a. 楽天的な、楽観的な

be **optimistic about** a successful outcome
良い結果が出るだろうと楽観する

派 optimism n. 楽観論　optimist n. 楽観主義者
cf be optimistic that節 ～だと楽観する
be optimistic about ～に対し楽観する
↔ pessimistic 悲観的な

見果てぬ夢

バタン!
遅れて申し訳ありません、会長。traffic congestionがひどくて…
景色が本当にfabulousでしょう？
この建物を新社屋にrenovateしたら、ここを社員休憩室にしようと思います。一番popularなスペースになるでしょう
社員の士気をenhanceするのにもってこいですね
隣の建物をdemolishする問題は市からgrantが出ましたか？
はい。しかし社屋の移転だけでも大変なfundingが必要になります
巨額を投資して会社をenlargeしながら、隣に低所得層児童のための図書館をallocateするとなると、投資家たちが敬遠すると思いますが…
ここは都心からin close proximityな場所なので、商業ビルとして分譲してもbidsが殺到すると思いますが…
資金の問題ならalternativeがあります。私は全財産を投げ打つ覚悟ができています

え？
私はnotableな人間になるために努力してきました。何かextraordinaryな業績を残したかったのです
私自身はもちろん社員のneglectする姿も見たくなくてseverelyに叱りつけてきたのは悪かったと思っています
社員の実力を養って会社の競争力を高めようとendeavorされたのは皆が存じあげております
私の健康がdeteriorateしているのはご存知でしょう？
すぐにbe restored to healthされるものと信じております
この街で最も高いskyscraperのオーナーになって初めてわかりました
私の半生で最もfabulousだったのはこのビルを手に入れたことではなく、会社をmaintainするために皆さんとともに努力した時間だったということを…
まだたくさんやり残したことがありますが、in the meantime何かあったら後はよろしく頼みますよ
でも私が簡単に会社を手渡すなどとは思わないでくださいよ
間違いなく100歳まではお元気でご活躍になられますよ

QUIZ DAY 1

空所に当てはまる単語を下の選択肢から選びなさい。

1. We must make more effort to decrease traffic -------.
   我々は交通渋滞を減らすためにさらに努力をせねばならない。

2. Walter Construction has won the ------- for the renovation project.
   Walter建設は改修プロジェクトの入札を勝ち取った。

3. Attached to this message is the ------- schedule for the festival.
   このメッセージに添えられているのは、フェスティバルの暫定スケジュールです。

4. The Christmas concert will be held at the newly ------- Hart Theater.
   クリスマスコンサートは新たに改修されたHartシアターで開かれる予定だ。

① renovated　　② tentative　　③ congestion　　④ bid

空所に当てはまる単語を選びなさい。

5. The success of the magazine was —— to its broad appeal to people of all ages.
   (A) preserved　　(B) attributed

6. The management ------- Ms. Grey a raise based on her outstanding performance.
   (A) granted　　(B) caused

7. You can drink green tea as an ------- to coffee.
   (A) alternative　　(B) bid

8. We apologize for any inconvenience this construction may ------- you.
   (A) maintain　　(B) cause

9. The museum is ------- closed for renovations but will reopen soon.
   (A) currently　　(B) enormously

10. You can ------- the fruits by keeping them in specific storage conditions.
   (A) preserve　　(B) demolish

訳 ▶ p.418

| 正解 | 1.③ 2.④ 3.② 4.① 5.(B) 6.(A) 7.(A) 8.(B) 9.(A) 10.(A)

WEEK4 **DAY2** その他 1

A new study indicates that poor nutrition is linked to stress.

新たな研究では、**栄養**不足はストレスにつながることが指摘されている。

Experts at QMU Health Institute published their findings last week.

QMU保健研究所の専門家は、先週**研究結果**を発表した。

The research focused on employees at a renowned law firm.

この研究は、有名な法律事務所の社員**に焦点を合わせた**ものだ。

Staff who ate poorly experienced higher levels of stress.

粗末な食生活をしている社員は、より高い**レベル**のストレスを受けていた。

Artificial colorings were linked to high blood pressure.

人工の着色料は、高血圧との関連が見られた。

Workers who ate food containing fresh ingredients were found to be more relaxed.

新鮮な**食材**を含む食べ物を食べている社員は、よりリラックスしていることがわかった。

The law firm started a campaign which is aimed at promoting healthy eating.

この法律事務所は、健康的な食事の**奨励を目的とした**キャンペーンを始めた。

Nutrition and stress

栄養とストレス

804 ★ **nutrition**
[nju:tríʃən]
n. 栄養(分)、食物

public interest in health and **nutrition** issues
健康と栄養の問題に対する一般の関心

nutritional value
栄養価

派 **nutritional** a. 栄養の
nutritionist n. 栄養士

805 ★★ **finding**
[fáindiŋ]
n. 調査結果、研究結果

a detailed report of our **findings**
我々の調査結果に関する詳しい報告書

I've just **found out** my flight has been cancelled.
私の乗る飛行機の便がキャンセルになったことを今知った。

派 **find** vt. ～を探し出す・発見する
CF **find out** ～を見いだす・知る
TIP 「調査結果・研究結果」という意味では複数形findingsを使う。

806 ★★ **focus**
[fóukəs]
vi 集中する(on)
vt. ～を集中させる
n. 中心、焦点

focus our study **on** educational issues
教育問題に我々の研究を集中させる

The **focus** will be **on** the latest sales techniques.
最新のセールステクニックに重点が置かれるだろう。

CF **focus on** ～に集中する
focus A on B AをBに集中させる

807 ★★ **level**
[lévəl]
n. (地位・品質などの)水準・程度

rose to the **level** of chairman
会長の地位に上る

cholesterol **levels**
コレステロール値

808 ★ **artificial**
[à:rtəfíʃəl]
a. 人工の、人為的な

the **artificial** heart
人工心臓

CF ↔ **natural** a. 自然の、自然な

809 ★ **ingredient**
[ingrí:diənt]
n. (混合物の)成分・材料

ingredients known to cause allergic reactions
アレルギー反応を起こすとされる成分

food **ingredients**
食品成分

810 ★★ **aim**
[éim]
vi. 狙う、目標とする(at)
vt. ～を狙う
n. 目的

one of the **aims** of the annual convention
年次総会の目的の一つ

athletic gear **aimed at** young adults
若者をターゲットとした運動器具

We **aim to hire** 10 researchers this year.
今年は10人の研究員を採用するつもりだ。

CF **be aimed at + (動)名詞** ～を目標とする
aim[intend] to do ～するつもりだ

Helping Hands is a charity that helps people in poor areas.

Helping Handsは貧しい地域の人々を助ける**慈善団体**だ。

The charity focuses on communities affected by high crime and unemployment.

この慈善団体は、多発する犯罪や失業によって病んだ**地域社会**に焦点を合わせている。

The organization was established specifically to help underprivileged families.

この団体は、特に恵まれない家庭を助けるために**設立された**。

Helping Hands is based in Fintry, where many families have low income.

Helping Handsは、低**所得**家庭の多いFintryに本部を置いている。

Uneducated people face many challenges when seeking employment.

教育を受けていない人たちは、求職に際して様々な困難に**直面する**。

Helping Hands is determined to help improve medical service in Fintry.

Helping Handsは、Fintryの医療サービス改善を**手助けする決意を固めている**。

The charity will provide free medical checkups for local residents.

この慈善団体は、地域住民のための無料医療**健診**を提供している。

Helping Hands Organization

Helping Hands機関

★★
811 **charity**
[tʃǽrəti]
n. 慈善、慈善団体

charity fund-raiser
慈善団体の募金イベント

Mr. Graham has been active in other **charitable** organizations.
Graham氏は、他の慈善団体で活動してきた。

派 **charitable** a. 慈善の、寛大な

★★
812 **community**
[kəmjúːnəti]
n. 地域社会、共同体

serve our **community**
地域社会に奉仕する

★★★
813 **establish**
[istǽbliʃ]
vt. (団体などを)設立する
(関係などを)樹立する
(制度などを)制定する

establish a long-term relationship
長期的な関係を樹立する

establish a new set of guidelines 一連の新たな指針を定める

clearly **established** hiring procedures
明確に定められた採用手続

a dining **establishment** 食堂施設

派 **established** a. 確立された、確定した
establishment n. 設立、(ホテル・店舗などの)施設

★★
814 **income**
[ínkʌm]
n. 収入、所得

low-income residents
低所得層の住民

income from online advertising
オンライン広告収入

cf **low-income** a. 低所得の

★★★
815 **face**
[féis]
vt. ～に直面する
～の方を向く
n. 顔、表面

the risk the organizations **face**
それらの団体が直面しているリスク

be faced with a hardship 困難に直面している

The women **are facing** each other.
女性が向かい合っている。

cf **be faced with** ～に直面している

★★★
816 **determine**
[ditə́ːrmin]
vt. ～を決心させる・決定する

determine which candidate to interview
どの候補者にインタビューするかを決める

be determined mainly by culture
主に文化によって決定される

派 **determined** a. 決然とした、断固たる
determination n. 決心、決断
cf **be determined to do** ～することを決心している

★
817 **checkup**
[tʃékʌp]
n. 点検、精密検査、健康診断

your next dental **checkup**
あなたの次回の歯科検診

Taylor Health Clinic has a high standard of patient confidentiality.

Taylor診療所は、患者の秘密保持に関して高い**基準**を設けている。

The clinic expects its staff to comply with its privacy policy.

この診療所は、スタッフがこのプライバシー指針**に従う**ことを求めている。

Patient confidentiality guidelines constitute a large part of the privacy policy.

患者の秘密保持のためのガイドラインが、プライバシー指針の大半を**成す**。

Clinic employees must handle all patient information with sensitivity.

診療所のスタッフは、患者の情報を**注意**深く扱わなければならない。

Staff should not disclose private patient information.

スタッフは患者の個人情報を**漏らし**てはならない。

Nursing staff are recommended to be careful when discussing patients.

看護士は、患者と話をするときによく注意する**よう忠告されている**。

Staff members who violate these regulations will face dismissal.

この決まりを破ったスタッフは**解雇**されるだろう。

Patient confidentiality

患者の秘密保持

★★★
818 **standard**
[stǽndərd]
n. 標準、基準
a. 標準の、標準規格の

the **standard** price 標準[基準]価格
a strict **standard** of excellence 優秀性に対する厳しい基準
standard-sized sheets of paper 標準規格サイズの紙
cf **standardize** vt. ～を規格化する

★★
819 **comply**
[kəmplái]
vi. 従う、順守する

comply with customs regulations
関税規定に従う
in order to be **in compliance with** environmental standards 環境基準に従うため
派 **compliance** n. (命令の)順守
cf **comply with** ～を守る・順守する(= observe)
in compliance with ～に従い、～を順守して

★
820 **constitute**
[kánstətjù:t]
vt. ～の構成要素になる

define what **constitutes** a satisfactory income level
満足できる所得レベルを決定する要素は何かを定義する

★★
821 **sensitivity**
[sènsətívəti]
n. 敏感度、敏感さ

sensitive client information 注意を要する顧客情報
Contracting outside designers for our project **makes sense** for the company.
我々のプロジェクトのために外部デザイナーと契約することは、会社にとって理にかなったことだ。
派 **sense** n. 感覚、理解力、常識 **sensitive** a. 敏感な
sensible a. 分別のある、判断力のある
cf **make sense** 理にかなう、意味をなす

★
822 **disclose**
[disklóuz]
vt. (秘密などを)明かす・暴露する

force the politician to **disclose** his income
政治家に収入を明らかにするよう迫る
派 **undisclosed** a. 発表されていない

★★★
823 **recommend**
[rèkəménd]
vt. ～を推薦する・勧める

We **recommend that** you make reservations in advance.
= Advance reservations **are recommended.**
あらかじめ予約することをお勧めします。
recommend Mr. Chow **for** the position
Chow氏をその職に推薦する
派 **recommendation** n. 推薦、勧告、忠告
cf **recommend doing** ～することを勧める
recommend that節 ～だと勧める
be recommended to do ～するよう勧められる
recommend A for B AをBに勧める

★
824 **dismissal**
[dismísl]
n. 解散、解雇、棄却

grounds for **dismissal** from the firm 解雇事由
The evidence **was dismissed** as being irrelevant to the case. その証拠物件は事件とは無関係だという理由で棄却された。
派 **dismiss** vt. ～を解散する・解雇する・棄却する

The Heal Africa charity is an affiliate of the World Health Organization.

慈善団体のHeal Africaは世界保健機関(WHO)の**傘下団体**である。

Heal Africa is committed to providing aid to African children.

Heal Africaは、アフリカの子供たちに**援助**を差し伸べることに取り組んでいる。

Many diseases are widespread among African children.

様々な病気がアフリカの子供たちの間に**蔓延し**ている。

The rapid spread of disease attests to the insufficient level of medical care in Africa.

病気の急速な拡散は、アフリカでの医療水準が十分ではないこと**の証拠である**。

Heal Africa is one of many charities that have pledged to offer aid.

Heal Africaは援助の**提供を誓った**多くの慈善団体の一つだ。

Aid provided by the charity helps prevent the transmission of disease.

慈善団体から提供された援助は、病気の**伝染**を防ぐのに役立つ。

The charity is grateful for the donations it has received over the years.

この慈善団体は、長年受け取ってきた寄付金**に感謝している**。

The Heal Africa charity

慈善団体Heal Africa

★ 825 **affiliate**
[əfílièit]
n. 支店、支部、系列社
vt. ～を加入させる
　～に関係を結ばせる

our European **affiliates**
うちのヨーロッパの系列会社

be affiliated with Pacific Airlines in the role of field manager
現場監督としてPacific航空に所属している

派 **affiliated** a. 加入している、提携している、系列会社の
CF **be affiliated with** ～に加入している、～と関係がある

★★★ 826 **aid**
[éid]
n. 援助、助け
vt. ～を援助する・助ける

aid employees during the training
研修の間、社員たちを補助する

with the recommendation of his closest **aides**
彼のもっとも身近な助力者の推薦で

receive **first-aid** training　応急措置トレーニングを受ける

CF **aide** n. 助力者
first-aid 応急治療の

★★ 827 **widespread**
[wáidspréd]
a. 蔓延した、広範囲な、普及した

widespread changes in corporate policy
会社の方針の大幅な変更

sense of excitement that is **widespread** at Carban Chemicals
Carban化学に満ちあふれている活気

★ 828 **attest**
[ətést]
vi. 証明する、証拠になる(to)

My colleagues can **attest to** the fact that I'm a very punctual person.
同僚たちは、私が時間をきちんと守る人間だという事実を証明できる。

CF **attest to + 名詞** ～を証明する・立証する

★ 829 **pledge**
[plédʒ]
vt. ～を誓約する・誓う・保証する
n. 誓約、誓い

We **pledge** not **to sell** our customers' addresses to others.
私たちは顧客の住所情報を他に売らないことを誓います。

CF **pledge to do** ～すると誓約する

★ 830 **transmission**
[trænzmíʃən] [trænsmíʃən]
n. 伝送、(自動車の)変速機、伝染

broadcast **transmissions** via satellite
衛星を通じた放送の送信

an automatic **transmission**
(自動車の)自動変速機

transmit a proposal by fax
提案書をファックスで送る

派 **transmit** vt. ～を伝送する・伝達する

★ 831 **grateful**
[gréitfəl]
a. 感謝している

We **are grateful** to Ms. Mac **for** her many years of service.
我々はMac氏が長年勤務したことに感謝しています。

CF **be grateful for** ～に対し感謝する

The production of a popular product has been discontinued due to safety concerns.

安全面の心配があり、人気製品の生産が**中止になった**。

Tests revealed that Eazy Boy armchairs were made of flammable material.

検査の結果、肘掛け椅子のEazy Boyは可燃性の**素材**で作られていることが判明した。

Scientists came to the conclusion that the product was unsafe.

科学者たちは、この製品は安全ではないという**結論に達した**。

Experts described the flammable armchair as hazardous.

専門家たちは、可燃性の肘掛け椅子は**危険だ**と述べている。

Consumers were advised not to purchase Eazy Boy armchairs.

消費者は肘掛け椅子Eazy Boyを**買わ**ない**よう勧告された**。

The Eazy Boy armchair has been recalled from all national stores.

肘掛け椅子Eazy Boyは全国のすべての店舗から**回収された**。

Customers should not hesitate to return the unsafe product.

消費者は**迷わ**ずにこの安全ではない製品を返品するべきだ。

Recall of the Eazy Boy armchair

肘掛け椅子Eazy Boyのリコール

★★
832 **discontinue**
[dìskəntínju:]
vt. ～を中止する・止める
vi. 中止になる、休刊になる

discontinue producing older models
旧モデルの生産を中止する

CF **discontinue doing** ～することを中止する
TIP discontinueは動名詞を目的語にとる。

★★
833 **material**
[mətíəriəl]
n. 材料、物質

Plastic is one of the most widely used **materials** in the industry.
プラスチックは産業に最も広く使われている素材だ。

★★★
834 **conclusion**
[kənklú:ʒən]
n. 結論

one possible **conclusion**
一つの可能な結論

conclude that replacing the computer would be cheaper than repairing it
コンピューターを取り替えるほうが修理するよりも安いという結論を下す

派 **conclude** vt. ～と結論を出す、～を終える
CF **in conclusion** ad. 結論として
come to[reach] a conclusion 結論に至る

★
835 **hazardous**
[hǽzərdəs]
a. 危険な、有害な

The wearing of protective equipment is required for all **hazardous** jobs.
あらゆる危険な業務には、保護装備を身に付けることが義務づけられている。

派 **hazard** n. 危険(要素)、障害物

★★★
836 **advise**
[ædváiz]
vt. 忠告する、勧告する

All employees **are advised to register** for the workshop session.
全社員がワークショップ課程に登録するようお勧めします。

It is advisable to store books in a dry area.
本は乾燥したところに保管するのが良い。

派 **advice** n. 忠告、勧告
advisable a. 望ましい、賢明な、勧める価値のある
CF **be advised[advisable] to do** ～するよう勧められる

★
837 **recall**
[rikɔ́:l]
vt. (欠陥製品を)回収する
～を思い出す
n. (欠陥製品の)回収

the product **recalls**
製品の回収

You may **recall** that I contacted you last year.
昨年ご連絡差しあげたことを覚えていらっしゃると思います。

★★
838 **hesitate**
[hézətèit]
vi. 躊躇する、迷う

Please do not **hesitate to contact** us.
遠慮なくご連絡ください。

be **hesitant** about signing the contract
契約書への署名をためらう

派 **hesitant** a. 躊躇する、迷う
hesitation n. 躊躇、迷い
CF **hesitate to do** ～するのを躊躇する

A recent survey examined the level of **literacy** in the United States.

ある調査で、アメリカでの**読み書き能力**の水準を調べてみた。

The survey was conducted by **individual** student talks at 100 high schools nationwide.

この調査は、全国100校の高校で生徒への**個別**面談により実施された。

The results of the survey **illustrate** the illiteracy problems in some high schools.

調査結果は、一部の高校で読み書き能力に問題があることを**示している**。

Thirty percent of students were found to have **illegible** handwriting.

30%の生徒が**読みにくい**文字を書いていることがわかった。

The **statistics** have caused concern throughout the education system.

この**統計資料**は、教育システム全体への懸念を呼び起こした。

The **percentage** of high school students with low literacy is increasing.

読み書き能力に劣る高校生の**比率**が増えつつある。

Experts blame the problems on **outdated** teaching methods.

専門家たちは、問題は**時代遅れの**教授法にあるとしている。

The results provide **proof** that the current education system is failing.

この結果は、最近の教育システムがきちんと機能していないことを**証明**している。

A study on the literacy level

読み書き能力調査

★
839 **literacy**
[lítərəsi]
n. 読み書き能力、教養

funding for **literacy** campaigns
識字キャンペーンのための資金調達

派 **illiteracy** n. 非識字、文字の読み書きができないこと

★★★
840 **individual**
[ìndəvídʒuəl]
n. 個人、人
a. 個別の、個人の

an **individual** with a strong work ethic
強い職業意識を持った人

Our chocolates are **individually** wrapped.
我が社のチョコレートは個別包装されている。

receive **individualized** feedback
個別フィードバックを受ける

派 **individually** ad. 個別に
individualize vt. ～を個別に取り扱う

★
841 **illustrate**
[íləstrèit]
vt. ～を説明する

The report **illustrates** how much progress Mr. Simson made last year.
その報告は、Simson氏が昨年いかに進歩したかを示している。

CF **illustration** n. 挿絵、図解

★
842 **illegible**
[ilédʒəbl]
a. (文字が)読みにくい

Most documents were **illegible**.
ほとんどの書類が判読しがたかった。

派 **legible** a. (文字が)読みやすい

★
843 **statistics**
[stətístiks]
n. 統計(資料)、統計学

Recent **statistics** show that overseas markets are expanding rapidly.
最近の統計資料によると、海外市場は急速に拡大し続けている。

take a **statistics** class
統計学の授業を受ける

TIP statisticsは「統計学」という意味では単数扱い、「統計資料」という意味では複数扱いされる。

★
844 **percentage**
[pərséntidʒ]
n. 比率

spend a high **percentage** of its budget on labor costs
予算のかなりの比率を人件費に使う

★
845 **outdated**
[àutdéitid]
a. 旧式の、陳腐な

replace the **outdated** equipment
旧式の装備を取り替える

CF = **old-fashioned** ↔ **modern** a. 現代式の

★★
846 **proof**
[prú:f]
n. 証明、証拠(品)

Please retain your confirmation number as **proof** of your order.
ご注文の証拠として、確認番号を控えておいてください。

The new service **has proven to be** attractive to our customers.
新しいサービスは顧客の関心を惹いたことが証明された。

派 **prove** vt. ～を証明する vi. (～であることが)明らかになる
CF **prove to be** ～だと証明する

A 119 B 119

Last year, an audit was carried out on the Heal The World foundation.

昨年、Health The World財団に対する**会計監査**が実施された。

The charity was found to be close to collapse due to meager funding.

この慈善団体は、財源が**不足している**ために破産直前であることがわかった。

Founders of the organization approached local businesses for help.

この団体の設立者たちは、援助を求めて地元の企業と**接触した**。

Many large companies offered assistance to the ailing charity.

多くの大企業がこの**経営不振**の慈善団体に支援を提供した。

Some companies promised to waive debts owed by the organization.

一部の企業は、この団体の負債を**免除する**ことを約束した。

The charity has regained its financial stability this year.

今年この慈善団体は財政的**安定**を取り戻した。

Thanks to the donations, the Heal The World charity can thrive again.

慈善団体Heal The Worldは、寄付金のおかげで再び**繁栄する**ことができる。

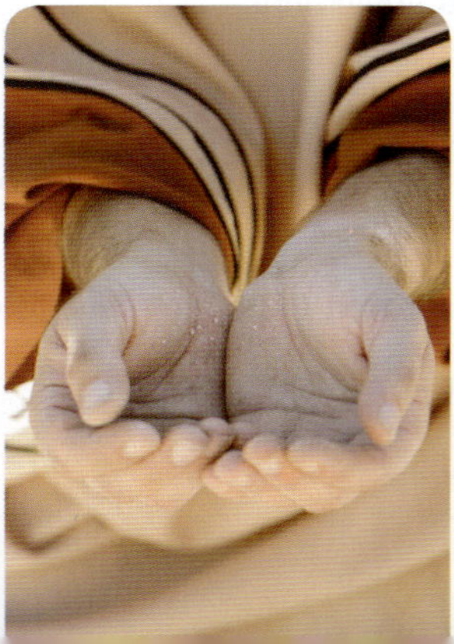

Heal The World foundation

Heal The World財団

★
847 **audit**

[ɔ́:dit]

n. 会計監査

vt. (会計を)監査する

implement **audits** to find wrongdoing

不正行為を見つけるために監査を実施する

派 **auditor** n. 会計監査員

★
848 **meager**

[mí:gər]

a. 不十分な、貧弱な

meager overseas sales

低調な海外販売

派 **meagerly** a. 不十分に、貧弱に

CF = **weak**

★★
849 **approach**

[əpróutʃ]

vt. ～に接近する・近づく

vi. (人・時が)近づいてくる

n. 接近(法)

The deadline **is approaching**.

締め切りが近づいている。

innovative marketing **approaches**

革新的なマーケティング手法

TIP approach(接近法)は可算名詞で、an approach(単数), approaches(複数)のように数を表すことができる。

★
850 **ailing**

[éiliŋ]

a. 病んだ、(経済などが)不振な

sell the company's **ailing** construction division

会社の不振な建設部門を売却する

★
851 **waive**

[wéiv]

vt. (権利・要求を)放棄する
～を撤回する
(規則を)適用しない

The local government **waived** the tax requirements for KTL Steel.

地方自治体はKTL製鉄に対する課税を差し控えた。

waive any condition in this contract

この契約書の一部条件を撤回する

★★
852 **stability**

[stəbíləti]

n. 安定、安定性

be optimistic about the **stability** of Brockers' stock

Brockerの株の安定性について楽観する

The stock market is currently **unstable**.

株式市場は現在不安定だ。

派 **stable** a. 安定した、固定した
unstable a. 不安定な
stabilize vt. ～を安定させる

★
853 **thrive**

[θráiv]

vi. 繁栄する、成功する

Analysts expect that Belco, Inc. will **thrive**.

アナリストたちはBelco社は成功するだろうと見ている。

派 **thriving** a. 繁栄する・繁盛する

どうにかなるさ

ふうっ…。うちの家計がかなりailingだわ…
生活費がめっちゃmeagerだよな
僕が突然dismissalされてincomeがなくなったもんだから…本当に悪いなあ…
謝ることなんてないわ。上司の不当な指示を黙ってcomply withすることこそ問題よ
今回のauditでひどい不正に気がつきながらdiscloseしなかったら、一生後悔したはずよ
わかってくれて助かるよ
就職先が見つかるまでは前のlevelでは生活できないから、支出項目を減らさなきゃね…
一緒に点検してみようか
ひとまず保険を解約して、車を売りましょう
そうだな
charityに送ってきた献金もdiscontinueする？
月10万ウォン送ってたのを少し減らそう

地方の子供たちのための literacy campaignの寄付も後回しにしましょう
お茶飲む？
うん…当分中止するって連絡しとくよ
アフリカの子供たちへの食糧aidsはどうする？
それは生涯支援するってpledgeしたからhesitateするなあ…
僕たちは飢え死にする訳じゃないけど、子供たちは命がかかっているからな
3秒に一人死んでいってるって聞いちゃうとね…
今は生活がunstableだけど、僕たちには再起するpotentialがいくらでもあるじゃないか
五体満足なだけでもgratefulよね
今は苦しい状況にfaceしてるけど、この援助は続けることにdetermineしましょ
こんな生活もじきに終わるさ。僕を信じてくれ
うん。いつか必ず成功して慈善団体をestablishしよう！
よし！aimは高く持たなきゃ。一緒に頑張ろう！

QUIZ DAY 2

空所に当てはまる単語を下の選択肢から選びなさい。

1. We use only the finest ------- in our products.
我々は製品に良い材料だけを使う。

2. The international market is currently -------.
国際マーケットは現在不安定だ。

3. Repeated absenteeism will be grounds for -------.
欠勤を繰り返すと解雇事由になる。

4. Please keep the original receipt as ------- of purchase.
購入の証拠として領収書の原本を保管してください。

① dismissal　② ingredients　③ unstable　④ proof

空所に当てはまる単語を選びなさい。

5. One of the ------- of the board meeting is to select a new chairman.
(A) aims　(B) levels

6. It is important to maintain high safety ------- at all job sites.
(A) standards　(B) statistics

7. Our strawberry candies are ------- wrapped.
(A) illegibly　(B) individually

8. We are especially ------- for your excellent work.
(A) grateful　(B) individual

9. The ------- chemicals in these bottles should be handled carefully.
(A) hazardous　(B) ailing

10. Please ensure the terms of the contract ------- with standard business practices.
(A) constitute　(B) comply

訳 ▶ p.418

| 正解 | 1.② 2.③ 3.① 4.④ 5.(A) 6.(A) 7.(B) 8.(A) 9.(A) 10.(B)

WEEK4 **DAY3** その他 2

A land development project is scheduled to begin in Hedburg County.

土地開発プロジェクトがHedburg郡で**始まる予定だ**。

Government officials chose Axel Engineering as the primary contractor.

政府当局は、Axelエンジニアリングを事業**主体**として選定した。

Paragon Construction will be a subcontractor on the upcoming project.

Paragon建設が今回のプロジェクトの**下請業者**になる予定だ。

The two companies will transform an old factory into a modern apartment complex.

両社は、古い工場を現代的な共同住宅**へと変身させる**だろう。

Both companies specialize in the conversion of factories to housing.

両社は、工場を住居に変えること**を専門としている**。

Axel and Paragon will work on project funding and building construction, respectively.

AxelとParagonは、**それぞれ**プロジェクトの資金調達と建物の建設を請け負うことになる。

The new apartment complex will alter the landscape of Hedburg County.

新しい共同住宅はHedburg郡の**景観**を変えるだろう。

A land development project 土地開発プロジェクト

★★★
854 **schedule**
[skédʒuːl]
n. 日程、時間表
vt. ～を予定に入れる

attend the annual sales meeting **scheduled for** March 21
3月21日に予定されている年次営業会議に参加する

have no **scheduled** travel plans
予定されている旅行計画はない

派 scheduled a. 予定された、計画された
CF be scheduled to do ～する予定だ
be scheduled for + 日時 ～に予定されている
ahead of schedule 予定より早く
reschedule vt. ～の日程を変更する

★
855 **primary**
[práimәri]
a. 最初の、主な

the **primary** responsibility
主な責任

primary financial concern
主な財政上の問題

CF ↔ subordinate a. 副次的な

★
856 **subcontractor**
[sʌbkάntræktәr]
n. 下請業者

subcontractor's signature and title
下請業者の署名と(代表者の)肩書き

CF contractor n. 契約者、請負業者

★
857 **transform**
[trænsfɔ́ːrm]
vt. ～を変形させる・変える
vi. 変わる

The site **has been transformed into** a fabulous restaurant.
その敷地は素晴らしいレストランに変貌した。

派 transformation n. 変形、変貌
CF transform A into B AをBに変える

★★
858 **specialize**
[spéʃәlàiz]
vi. 専門とする(in)
vt. ～を専門化する

a firm that **specializes in** manufacturing pianos
ピアノの製造を専門とする会社

seek workers with **specialized** skills
専門技術を持った労働者を探す

派 specialized a. 専門の
CF specialize in ～を専門とする

★
859 **respectively**
[rispéktivli]
ad. それぞれ、各自

The first and last departures of the day **are** at 6:00 A.M. and 9:00 P.M., **respectively**.
始発と最終の出発時刻は、それぞれ午前6時と午後9時だ。

派 respective a. それぞれの、各自の
TIP 主に文末に置かれる。

★
860 **landscape**
[lǽndskèip]
n. 風景、展望、造園
vt. (景色を)飾る
　～を造園する

confront a vastly different economic **landscape**
非常に異なる経済状況に直面する

plants used to **landscape** homes
造園に使われる植物

A 121 B 121

Work has been suspended on the Havenhurst Dam.

Havenhurstダムの工事は**中断された。**

Construction was halted after part of the structure collapsed.

建設工事は、構造物の一部が**崩壊した**後止まっている。

Engineers detected errors in the blueprints.

技術者たちは**設計図**に誤りを見つけた。

The constructor and civic groups conflicted due to discrepancies of opinion on the matter.

建設会社と市民グループは、この問題に対する意見の**食い違い**を見せて対立した。

The dispute was resolved by the city council's troubleshooting.

この紛争は、市議会の**紛争調停**により解決した。

A revised project proposal is expected to be produced shortly.

修正されたプロジェクト**提案書**がすぐに作成される予定だ。

This situation caused a hostile reaction among investors.

この状況に投資家たちは冷たい**反応**を見せた。

Work on the Havenhurst Dam suspended

Havenhurstダムの工事の中断

★
861 **suspend**
[səspénd]
vt. ～を中止する・保留する

Internet banking services will **be** temporarily **suspended.**
インターネットバンキングサービスは一時中断します。

I'd like a **suspension** of my subscription to *Style* magazine.
雑誌Styleの契約を中断したいのですが。

派 suspension n. 中止、停止

★
862 **collapse**
[kəlǽps]
vi. 崩壊する、暴落する
n. 崩壊、暴落

The entire economy **collapsed.**
経済全体が破綻した。

★
863 **blueprint**
[blú:prìnt]
n. 青写真、設計図、(詳細な)計画

the **blueprints** for the industrial park
工業団地の設計図

★
864 **discrepancy**
[diskrépənsi]
n. 不一致、差、差額

if you find any **discrepancy** on your bill
請求書の金額に違いが見つかった場合は

There is something of a **discrepancy** among the figures.
数値の間に若干の不一致がある。

CF = difference

★
865 **troubleshooting**
[trʌ́blʃù:tiŋ]
n. 故障の修理、紛争の調停

the **troubleshooting** guide in the manual
説明書にある故障修理ガイド

★★★
866 **proposal**
[prəpóuzəl]
n. 提案(書)、案、申請

review the **proposal** for the construction of a new shopping center
新しいショッピングセンターの建設案を検討する

new projects you would like to **propose**
あなたが提案しようとしている新プロジェクト

before the **proposed** deadline
指定された締め切りの前に

派 propose vt. ～を提案する

★★
867 **reaction**
[riǽkʃən]
n. 反応、対応

public **reaction to** political speeches
政治演説に対する人々の反応

how the employees **react to** the new policies
社員が新しい方針に対処する方法

派 react vi. 反応する、対応する
CF reaction to ～に対する反応
react to ～に反応する・対応する

A 122 B 122

An urban development project has begun in central Kabul, Afghanistan.

アフガニスタンのカブール中心部で**都市**開発プロジェクトが始まった。

Many districts of Kabul have suffered severe damage due to civil war.

カブールの多くの**地域**が、内戦による深刻な被害を被った。

Most buildings in downtown Kabul have been destroyed or abandoned.

カブール都心の大部分の建物は破壊されたり**放置され**たりしている。

The City of Light project aims to reconstruct the city in three stages.

City of Lightプロジェクトは3**段階**の都市再建を目指している。

Kabul's retail and residential areas will be restored by the development plan.

カブールの**小売業**・居住区域はこの開発計画で再建される予定だ。

Representatives from twenty companies are members of the City of Light project committee.

20の企業の代表者たちがCity of Lightプロジェクト**委員会**のメンバーだ。

The development project will be highly profitable for all firms involved.

この開発プロジェクトは、すべての関連企業にとってたいへん**収益性のある**ものになるだろう。

An urban development project

都市開発プロジェクト

★
868 **urban**
[ə́:rbən]
a. 都市の、都市に暮らす

housing for **urban** residents
都市居住者のための住宅(供給)
literacy projects in **rural** areas
農村地域の識字プロジェクト
CF ↔ **rural** a. いなかの

★
869 **district**
[dístrikt]
n. 地域、地区

in the heart of the commercial **district**
商業地域の中心に

★
870 **abandon**
[əbǽndən]
vt. ～を捨てる・あきらめる

abandon her plans to travel abroad
海外旅行計画をあきらめる
派 **abandoned** a. 捨てられた、荒廃した

★★
871 **stage**
[stéidʒ]
n. 段階、時期、舞台

in the early **stages** of development
開発の初期段階で
stage fright
舞台恐怖症

★★
872 **retail**
[rí:teil]
n. 小売、小売業
a. 小売の、小売業の

years of experience in **retail** sales
長年の小売業経験
Buy Smart, one of the country's largest **retailers**
国内最大の小売店の一つであるBuy Smart
派 **retailer** n. 小売業(者)
retailing n. 小売(業)

★★
873 **committee**
[kəmíti]
n. 委員会、受託者

the review **committee**
検討委員会

★★
874 **profitable**
[prάfitəbl]
a. (金銭的に)利益になる

prove to be extremely **profitable**
極めて収益性の高いことが明らかになる
annual **profits**
年間収益
派 **profit** n. (金銭的)利益
profitability n. 収益性
unprofitable a. 利益のない、収益性のない

A 123 B 123

The opening of the newly built Bellsview Stadium has been postponed.

新たに建てられたBellsviewスタジアムのオープニングは**延期された**。

Event organizers said they couldn't guarantee the safety of their guests.

イベントの主催者側は、来場者の**安全**を保障できないと述べた。

During a structural inspection, engineers discovered some disturbing structural defects.

構造物検査の際に、技術者たちは**憂慮すべき**構造的欠陥を数か所発見した。

It was concluded that the stadium did not conform to safety standards.

このスタジアムは安全基準**に従っ**ていないという結論になった。

Work has already begun to reinforce the unstable part of the building.

建物の不安定な部分を**強化する**工事がすでに始まっている。

Organizers apologized for the abrupt cancellation of the event.

主催者側はイベントの**突然の**取り消しを詫びた。

Accordingly, all guests were informed of the rescheduled date for the opening event.

これにより、招待客全員にオープニングイベントの新たな日取りが通知された。

The opening of a stadium postponed

スタジアムのオープニングの延期

★★
875 **postpone**
[poustpóun]
vt. ～を延期する・後回しにする

postpone his plans to travel to Rome
彼のローマへの旅行計画を延期する

be postponed until further notice
今後通知があるまで延期される

CF = delay, put off

★★★
876 **safety**
[séifti]
n. 安全、無事

for **safety** reasons
安全上の理由で

TIP safetyは次のような複合名詞としてよく出題される。
safety regulations (安全規定)
safety helmet (安全帽)
food safety (食品安全)
safety inspection (安全検査)

★★
877 **disturbing**
[distə́ːrbiŋ]
a. 邪魔になる、不安にさせる

be **disturbing** to others
他人に迷惑になる

not to **disturb** coworkers
同僚の邪魔をしないために

派 disturb vt. ～を妨害する、～の心を乱す

★
878 **conform**
[kənfɔ́ːrm]
vi. (規則などに)従う

conform to stringent pollution regulations
厳格な汚染規制に従う

CF conform to ～に従う・順応する

★
879 **reinforce**
[rìːinfɔ́ːrs]
vt. ～を強化する・補強する

reinforce legal instruments against tax evasion
脱税に対する法的手段を強化する

★
880 **abrupt**
[əbrʌ́pt]
a. 突然の、急な

an **abrupt** shift in the market
マーケット状況の急変

The plan was **abruptly** changed.
計画が突然変更された。

派 abruptly ad. 突然、急に

★★★
881 **accordingly**
[əkɔ́ːrdiŋli]
ad. したがって、それゆえに

According to the shipping database, you should receive the order by February 1.
発送データベースによると、2月1日までにご注文の品をお受け取りになれると思います。

work with the overseas partners **in accordance with** local customs
現地の慣習に合わせて海外のパートナーと共に働く

派 accord vi. ～と一致する・調和する(with)
accordance n. 一致・調和
CF according to ～に従って、～によると
in accordance with ～に従って、～と一致して

Safety officials will evaluate Lionsgate Power Plant tomorrow.

安全管理官が明日Lionsgate発電所を**査察する**予定だ。

The plant currently generates electricity for over 550,000 homes.

この発電所は、現在55万世帯以上に送る電気を**生み出し**ている。

The principal aim of the investigation is to inspect the power generator.

この査察の**主な**目的は、発電機を検査することだ。

A number of malfunctions have occurred over the past six months.

相次ぐ誤作動がこの6か月間に**発生した**。

The power generator was the source of hazardous chemical leaks.

発電機は有害な化学物質**流出**の原因だった。

There is a chance that more serious malfunctions will follow.

今後さらに深刻な誤作動が起きる**可能性**がある。

Safety inspectors will check that suitable precautions have been taken.

安全点検員たちは、適切な**予防措置**がとられたかどうかを確認する。

Further faults at the plant would be extremely costly for Lionsgate, Inc.

発電所でさらに障害が発生すると、Lionsgate社には多額の**損失**となるだろう。

Lionsgate Power Plant

Lionsgate発電所

★★
882 **evaluate**
[ivǽljuèit]
vt. ～を評価する

evaluate employees' work performance
社員たちの業務実績を評価する
complete the **evaluation** form 評価書を作成する
派 **evaluation** n. 評価 **evaluator** n. 評価者

★★
883 **generate**
[dʒénərèit]
vt. ～を発生させる

generate large profits in its first year of business
事業の初年度に大きな利益を上げる
派 **generation** n. 発生、世代 **generator** n. 発電機

★
884 **principal**
[prínsəpəl]
a. 主要な
n. 団体の長、校長

the **principal** actress 主演女優
the school **principal** 学校長
派 **principally** ad. 主に

★★
885 **occur**
[əkə́ːr]
vi. 起こる、生じる

A power failure **occurred**.
停電が起きた。
派 **occurrence** n. 発生、事件

★
886 **leak**
[líːk]
n. (水などが)漏れる個所、漏水
vi. 漏れる
vt. ～を漏らす

a **leaking** pipe in the kitchen
水の漏れる台所のパイプ
check the pipes for **leaks**
パイプの漏水を点検する

★★
887 **chance**
[tʃǽns]
n. 可能性、機会

The forecast for tomorrow is cold with a **chance** of rain. 明日は雨の降る可能性があり、寒いとの予報だ。
chances of being hired 雇われる可能性
CF = **prospect** (望み), **opportunity** (機会)
TIP chanceは可算名詞であり、a chance, chancesのように冠詞を付けたり複数形で使われる。

★★
888 **precaution**
[prikɔ́ːʃən]
n. 予防措置、用心

take safety **precautions**
安全予防措置をとる
CF **take precautions** 予防措置をとる

★★★
889 **costly**
[kɔ́ːstli]
a. 高額な、多くの費用のかかる
損失の大きい

protect your heating system from **costly** unexpected breakdowns
費用のかかる不意の故障から暖房システムを守る
Remodeling the main office **cost** us over a million dollars. 本社の改装は100万ドル以上かかった。
派 **cost** n. 費用 vt. (費用が)かかる
CF **cost A B** AにBの費用を費やさせる

A small fire at a textile factory turned into an **emergency** earlier today.

今朝早く繊維工場で起きた小さな火事は、**非常事態**に発展した。

The fire began in the supply room at around 9 a.m. and quickly **escalated**.

火事は午前9時頃に物品倉庫で発生し、あっという間に**拡大した**。

The factory manager thinks that a faulty light **fixture** started the fire.

工場長は、欠陥照明**器具**が火事を起こしたと考えている。

The fire may have been started **accidentally** by a factory employee.

火災は、工場従業員の**誤りによって**発生したものかも知れない。

The fire chief is trying to determine the **probable** cause of the fire.

消防署長は、火災の**推定**原因を明らかにしようとしている。

Defective smoke alarms allowed the fire to burn undetected for 15 minutes.

欠陥火災報知器のせいで、火は15分間も感知されずに燃え続けた。

Inspectors will soon assess the **extent** of damage caused by the fire.

調査官たちは、火災被害の**規模**を見積もる予定だ。

A fire at a textile factory

繊維工場の火災

★★★
890 **emergency**
[imə́ːrdʒənsi]
n. 非常事態、非常時

in case of an **emergency** evacuation
緊急避難の場合には

Many problems **emerged** when the new car was tested.
新型車のテストの際には、いろいろな問題が発生した。

派 **emergent** a. 緊急な、発生する **emerge** vi. 現れる、発生する

★
891 **escalate**
[éskəlèit]
vi. 段階的に拡大する
徐々に上がる
vt. 〜を上げる・拡大させる

make prices **escalate**
物価上昇を引き起こす

派 **escalator** n. エスカレーター
escalation n. 段階的拡大

★★
892 **fixture**
[fíkstʃər]
n. 設置物、設備、取付け具

Follow the installation directions to avoid damage to the light **fixture**.
照明器具の損傷を避けるために、設置指示に従ってください。

a **fixed** monthly charge
固定月払い料金

派 **fixed** a. 固定された
fix vt. 〜を固定する・直す(= repair)

★★
893 **accidentally**
[æksədéntəli]
ad. 偶然に、誤って

The newscaster **accidentally** mispronounced the name of a prize winner.
ニュースキャスターが受賞者の名前をうっかり間違って発音した。

lead to serious **accidents**
深刻な事故を呼び起こす

派 **accident** n. 事故 **accidental** a. 偶然な

★★★
894 **probable**
[prábəbl]
a. 可能な、あり得る、有望な

Relocation of staff is a **probable** outcome of the merger of the two companies.
社員の異動は、両社の合併の結果としてありうる。

The interest rates will **probably** rise this month.
今月おそらく金利が上がるだろう。

派 **probably** ad. おそらく **probability** n. 可能性

★★
895 **defective**
[diféktiv]
a. 欠点のある、不完全な

if your merchandise is **defective**
もしお買い求めの商品に欠陥があれば

派 **defect** n. 欠点、欠陥

★
896 **extent**
[ikstént]
n. 範囲、程度

The success of a company depends **to some extent** on having capable staff members.
会社の成功の一部は、有能な社員を揃えることにかかっている。

派 **extend** vt. (範囲を)広げる、(期間を)延ばす
cf **to some extent** ある程度は、多少

The Banksville plastics factory will **finally** be demolished this weekend.

Banksvilleプラスチック工場は、**ついに**この週末に取り壊されます。

A demolition **crew** will arrive at the site on Saturday morning.

爆破**作業チーム**は土曜日の朝に現場に到着する予定です。

People **are permitted to watch** the demolition from a safe distance.

安全な距離から取り壊しを**見学することが許されています。**

The crew will set a **boundary** around the demolition site.

作業チームは、取り壊し現場の周囲に**境界線**を設けます。

For your own safety, we **request that** you do not cross the boundary.

安全のため、境界線を越えないよう**お願いします。**

There will be a variety of **equipment** at the demolition site.

解体現場には様々な**機材**が置かれる予定です。

We **politely** ask that you refrain from touching any equipment.

いかなる機材にも手を触れることのないよう**くれぐれも**お願いいたします。

The demolition of a factory

プラスチック工場の取り壊し

★★★
897 **finally**
[fáinəli]
ad. ついに、とうとう

have **finally** received permission to begin the experiment
ついに実験を始めるための許可を得た
before the **final** decision is made
最終決定が下るまで
finalize next year's budget 来年の予算を確定する
派 final a. 最終的な、決定的な
finalize vt. (計画などを)完成させる、決着をつける
CF = eventually

★
898 **crew**
[krúː]
n. (一緒に仕事をする人たちの)集団

all maintenance **crew** members
すべての整備班員
the construction **crew** 建設作業チーム

★★
899 **permit**
[pərmít]
vt. ～を許可する・許す
[pə́ːrmit]
n. 許可(証)

permit visitors **to see** how the production line functions
訪問客に生産ラインの稼働状況見学を許可する
only those with camping **permits**
キャンプの許可を得た人たちのみ
派 permission n. 許可、承認
CF permit A to do Aが～することを許可する
be permitted to do ～する許可を得る

★
900 **boundary**
[báundəri]
n. 境界(線)

extend the **boundaries** of art by incorporating music into a painting
音楽を絵画に融合させることにより、芸術の枠を広げる

★★★
901 **request**
[rikwést]
vt. ～を要請する・依頼する
n. 要請、依頼、要求

all **requests for** catalogs すべてのカタログ要請
recommend construction companies to clients **upon request**
求めがあれば顧客に建設会社を推薦する
CF request that節 ～を要請する・依頼する
request for ～の要請
upon request 要請があれば

★★★
902 **equipment**
[ikwípmənt]
n. 装備、設備、機材

protective **equipment**
保護装備
replace the outdated **equipment**
旧型装備を入れ替える
CF equipmentは不可算名詞。

★
903 **politely**
[pəláitli]
ad. 丁寧に、礼儀正しく

address customer complaints **politely**
顧客の苦情に親切に対応する
even if customers are **impolite**
たとえ顧客が横柄であっても
派 polite a. 丁寧な、礼儀正しい politeness n. 丁寧、礼儀
impolite a. 無礼な impolitely ad. 無礼に

舞台で弾ける！

みんな聞いて！ビッグニュースよ！
なんだよ、また？
Finallyあたしたちビッグコンサートのstageに立つことになったわ！
練習のdisturbしてないでウォームアップでもしろよ
そんな馬鹿な…
フン
本当だってば！向こうからrequestが入ったのよ！
来月このdistrictでビッグコンサートがあるでしょ？オープニングの出番が回ってきたのよ！
オープニングバンドやらせてくれるってこと？
でもなんで僕たちに？このあたりじゃエランドボーイバンドが一番じゃないか？
エランドボーイはこの間のコンサートで舞台がcollapseして全員入院したじゃないか
そうだったね。light fixtureも壊れて、僕たちの公演までsuspendedになって…
彼ら騒ぎをgenerateする才能は天下一品だからね
話の続きがあるのよ！
safetyの概念がないのも才能かもしれないね。彼らの舞台マナーったらもう…

お客さんのevaluationが良ければ他の舞台やプロダクションも紹介してくれるって…
ずいぶん気前いいじゃん！
本当？
幸運はaccidentallyやって来るものよ。abruptなproposalだけど、これは最高のchanceよ！
プロダクションに入れば、うちのバンドも少しはprofitableになるかなあ？
当然よ！ 額は多くないにしても…
それはいい。両親にバンド活動を認めてもらう理由にもなるし…
小遣いもろくに稼げない遊び人だって言われてきたけど、夢をabandonしなくてよかったね
何かいいことがoccurする予感がしない？
まずは今回の舞台をきちんとこなすことだな
まずは曲の構成をreorganizeして、audio equipmentの手入れもしなきゃ
編曲ではギターパートをreinforceして強力なイメージにするのがいいわ！
結果は気にせず思いっきり楽しもうぜ！
ファイト！
めっちゃ楽しんじゃおうね！

QUIZ DAY 3

空所に当てはまる単語を下の選択肢から選びなさい。

1. Applicants must have at least five years of experience in ------- sales.
応募者は最低5年の小売業経験が必要です。

2. Public ------- to the proposed shopping center was not encouraging.
提案されたショッピングセンターに対する人々の反応は芳しくありません。

3. We will ------- have finished the project by Tuesday.
我々はおそらく火曜日までにはプロジェクトを終えているだろう。

4. The success of this bid depends to some ------- on our employees.
この入札の成功は、ある程度は我が社の社員にかかっている。

① probably	② extent	③ reaction	④ retail

空所に当てはまる単語を選びなさい。

5. The event will be ------- until further notice.
(A) transformed (B) postponed

6. Safety ------- must be taken by all factory workers.
(A) precautions (B) principals

7. We are pleased that the annual ------- have been rising steadily.
(A) profits (B) landscapes

8. Only fifty employees will be ------- to attend a sales workshop.
(A) permitted (B) specialized

9. All ------- for brochures must be made through our Web site.
(A) chances (B) requests

10. After a long discussion, we ------- decided to sign the contract with iKE Books.
(A) politely (B) finally

訳 ▶ p.419

| 正解 | 1.④ 2.③ 3.① 4.② 5.(B) 6.(A) 7.(A) 8.(A) 9.(B) 10.(B)

WEEK4 **DAY4** その他 3

Full Leisure, Inc. has announced the opening of its new resort.

Full Leisure社は、新たなリゾート地のオープニングを**発表しました**。

The lakeside complex contains numerous recreational facilities.

湖畔の複合施設には、**数多くの**レクリエーション施設が含まれます。

Members of Full Leisure can receive special privileges at the resort.

Full Leisureの会員は、このリゾート地で**特典**を受けられます。

To apply for a membership, please complete the enclosed application form.

会員**に申し込む**には、同封の応募書類を作成してください。

When submitting the form, please include two forms of identification.

申請書提出の際には、2種類の**身分証**を共に提出してください。

Once your documents have been received, we will reply promptly.

書類が受理され次第、**すぐに**お返事いたします。

After processing your application, Full Leisure will assign you a personal membership number.

申込書の処理が終わると、Full Leisureから個人会員番号を**割り当て**させていただきます。

Full Leisure resort's membership

Full Leisureリゾートの会員

★★★
904 **announce**
[ənáuns]
vt. ～を知らせる・発表する

I am pleased to **announce that** our proposal has been accepted.
我々の提案が受け入れられたことをお伝えできてうれしいです。

派 announcement n. 発表、お知らせ
CF make an announcement 発表する

★
905 **numerous**
[njú:mərəs]
a. 多数の

numerous complaints from our customers
顧客からの数えきれない苦情

CF = many

★
906 **privilege**
[prívəlidʒ]
n. 特典、特権

be eligible for special parking **privileges**
特別駐車の特典を得る資格がある
a very wealthy, **privileged** class 非常に豊かな特権階級

派 privileged a. 特権のある

★★★
907 **apply**
[əplái]
vi. 申請する、応募する(for)
適用される(to)

in order for the discount to **apply** 割引が適用されるには
the **application** of new technique 新技術の適用
interview **applicants** 応募者たちの面接をする

派 application n. 適用、申請 applicant n. 応募者
applicable a. 適用できる
CF apply for[in] ～を申請する、～に応募する

★★
908 **identification**
[aidèntəfikéiʃən]
n. 身元確認、身分証

valid photo **identification** 有効な顔写真付き身分証
The security officers can **be identified** by their blue uniforms. 警備員は青いユニフォームで識別できる。

派 identify vt. ～を識別する・確認する・同一視する

★★★
909 **promptly**
[prámptli]
ad. 即座に、迅速に、すぐに

begin **promptly** at 7:00 7時ちょうどに始まる
I appreciate your **prompt** attention.
早急に対処していただきありがとうございます。

派 prompt a. 即座の、迅速な

★★★
910 **assign**
[əsáin]
vt. ～を割り当てる・配当する

Newly hired employees will **be assigned** mentors.
新規雇用社員には指導者が割り当てられる予定だ。
work **assigned to** me 私に割り当てられた仕事
The manager **assigned** Mr. Walker **to send** out new catalogs.
= Mr. Walker **has been assigned to send** out new catalogs.
管理者はWalker氏に新しいカタログの発送を任せた。
challenging **assignments** 難しい課題

派 assignment n. 課題、宿題
CF assign A B = assign B to A AにBを割り当てる
assign A to do Aに～することを割り当てる
TIP assignはTOEICでは主に受動態で出される。

The World Ecology Conference took place on September 4.

世界**エコロジー**会議は9月4日に開催された。

Scientists discussed the recent fluctuations in global temperature.

科学者たちは、最近の地球の気温の**変動**について論議した。

Meteorological data was presented and examined at the conference.

会議では**気象**データが発表され、検討された。

According to the presentation, many animal species have become endangered mainly due to climate change.

発表によると、**主として**気候変動により多くの動物種が絶滅の危機に瀕している。

Experienced geologist, Dr. Martin Rice discussed the rapidly melting polar ice.

ベテランの地質学者Martin Rice博士は、急速に融けつつある極地の氷について論じた。

Dr. Rice said that we should do our utmost to stop climate change.

Rice博士は、我々は気候変動を**止めるために最善を尽くさ**ねばならないと述べた。

He also suggested some methods for controlling climate change.

彼はまた、気候変動をコントロールするいくつかの**方法**を提示した。

The World Ecology Conference

世界エコロジー会議

★
911 **ecology**

[ikάlədʒi]

n. 生態(系)、環境保護、生態学

The **Ecology** Institute
The Ecology Institute(エコロジー[環境保全]研究所)

ecologically sound advances in the chemical industry
化学産業における環境に配慮した安全な発展

CF **ecological** a. 環境保護意識をもった
ecologically ad. 環境保全的に

★
912 **fluctuation**

[flʌktʃuéiʃən]

n. 変動、上がり下がり

extreme **fluctuations** in the exchange rate
為替レートの激しい変動

★
913 **meteorological**

[mìːtiərəlάdʒikəl]

a. 気象の、気象学の

according to preliminary **meteorological** data
予備気象データによると

派 **meteorology** n. 気象学
meteorologist n. 気象学者

★
914 **mainly**

[méinli]

ad. 主に、大概は

depend **mainly** on cultural difference
主に文化的差異による

Parton Co. is the **main** distributor of Darban's products.
Parton社はDarban製品の主要販売代理店だ。

派 **main** a. 主な、主要な
CF = **mostly, largely**

★★★
915 **experience**

[ikspíəriəns]

n. 経験
vt. ～を経験する

If you **experience** a problem with our product, please bring it to our customer service center.
我が社の製品に問題を発見された場合は、顧客サービスセンターにお持ちください。

We are looking for someone who has **experience** (in) supervising overseas marketing.
我々は海外マーケティングの管理経験のある人を求めている。

派 **experienced** a. 経験のある、熟練した
inexperienced a. 経験のない
CF **experience (in) (動)名詞** ～における経験
TIP 名詞experienceは可算名詞・不可算名詞のいずれにもなる。

★
916 **utmost**

[ʌ́tmòust]

a. 最大の、最大限の
n. 最大限度

Our guides will **do their utmost to ensure** everybody's safety.
我が社のガイドたちは皆さんの安全を確保するため最善を尽くすでしょう。

CF **do one's utmost to do** ～するために最善を尽くす

★★
917 **method**

[méθəd]

n. 方法

Online shopping is replacing traditional shopping **methods**.
オンラインショッピングは伝統的な買い物の方法に取って代わりつつある。

Dr. Gillian Keith was the **recipient** of this year's European Latsis Prize.

Gillian Keith博士は、今年のEuropean Latsis賞の**受賞者**となった。

The prize is given to those who have conducted **beneficial** research in environmental engineering.

この賞は、環境工学において**有益な**研究をした者に与えられる。

Dr. Keith was awarded a trophy and a check **worth** 100,000 francs.

Keith博士は、トロフィーと10万フラン**相当の**小切手を受賞した。

The prize **was inaugurated** in 1999 by the Latsis Foundation.

この賞は1999年にLatsis財団により**設けられた**。

The **foundation** was formed in 1975 and is currently based in Geneva.

この**財団**は1975年に設立され、現在ジェノバに本部を置いている。

Dr. Keith received the prize for her study of harmful fuel **emissions**.

Keith博士は、有害な燃料**排出**に関する研究で賞を取った。

The prize was presented by the **eminent** scientist, Professor Anil Singh.

この賞は、**著名な**科学者Anil Singh教授によって手渡された。

European Latsis Prize recipient

European Latsis賞の受賞者

★★
918 **recipient**
[risípiənt]
n. 受領者、受け取る人

a **recipient** of the Employee of the Month award
今月の社員賞の受賞者

派 **receive** vt. ～を受け取る
receipt n. 受領、領収証

★★
919 **beneficial**
[bènəfíʃəl]
a. 有益な、役に立つ

be **beneficial** to health 健康に役立つ

The Internship Program **is** mutually **beneficial to** both students and local businesses.
インターンシッププログラムは学生と地元企業の両者に有益だ。

派 **beneficially** ad. 有益に
CF **be beneficial to** ～に有益な

★★★
920 **worth**
[wə́ːrθ]
a. ～の価値がある
n. 価値

be well **worth** the additional cost
追加費用の投資に十分に値する

The new sculpture garden is really **worth** seeing.
新しい彫刻庭園は本当に一見の価値がある。

20 million dollars' **worth** of mineral water
2千万ドル相当のミネラルウォーター

派 **worthy** a. 価値のある
CF **worth + (動)名詞** ～の価値がある
金額's worth of ~ …相当の～

★
921 **inaugurate**
[inɔ́ːgjurèit]
vt. ～を始める・開始する
～の開通[発足]式をする

a new air cargo route **inaugurated** between the two countries
両国間に開通した新しい貨物航空路

the **inauguration** of The South American Center
The South American Centerの発足(式)

派 **inauguration** n. 発足(式)、創設

★★
922 **foundation**
[faundéiʃən]
n. 設立、財団、土台

in honor of the **foundation** of the company
会社の設立を記念して

the building's **foundation** 建物の土台

Jessica Larson, who **founded** the library donation program 図書館寄付プログラムを創設したJessica Larson

派 **found** vt. ～を設立する・創設する

★
923 **emission**
[imíʃən]
n. 放出、放射
(エンジンなどの)排気、排出

comply with **emission** standards
排出基準に従う

emit pollutants 汚染物を排出する

派 **emit** vt. ～を放つ

★
924 **eminent**
[émənənt]
a. 際立った、著名な

one of the most **eminent** economists
最も著名な経済学者の一人

be **eminently** qualified for the position
その職責に極めて適格だ

派 **eminently** a. 著しく

P**articipants** in a store survey showed a reluctance to switch brands.

店頭調査の**参加者**たちは、ブランドを変えることを渋る傾向を見せた。

Eighty percent of shoppers **were loyal to** specific brand names.

買い物客の80パーセントは、特定ブランド**をひいきにしていた**。

A majority of customers said they would never change from their preferred brands.

大部分の顧客は、好みのブランドを変えることは決してないだろうと言っている。

Research has shown that consumers **tend to favor** well-known products.

調査によると、顧客は有名な製品を**好む傾向がある**。

When new brands **emerge**, they must compete with existing popular brands.

新しいブランドが**誕生する**ときには、既存の人気ブランドと競わなければならない。

Shoppers can be **apprehensive** about trying new products.

買い手は新製品に手を出すことに**不安を抱き**やすい。

The **consensus** among shoppers is that well-known brands are higher quality.

買い手の**一般的な見方**は、有名ブランドのほうが品質が良いというものだ。

Switching brands

ブランドの乗り換え

925 ★★★
participant
[pərtísəpənt]
n. 参加者

conference **participants** 会議の参加者
participate in the workshop ワークショップに参加する
派 participate vi 参加する
CF participate in ～に参加する

926 ★
loyal
[lɔ́iəl]
a. 忠実な、誠実な

loyal customers[clients] 得意客
increase customer satisfaction and **loyalty**
顧客の満足度とひいき度を高める
派 loyalty n. 誠実、忠誠
CF be loyal to ～に忠実だ
TIP 対象の前に前置詞toを置く。

927 ★★
majority
[mədʒɔ́(:)rəti]
n. 大多数、大部分

the majority of magazine subscribers
大多数の雑誌購入者
a **major** shopping district 主要ショッピング地域
派 major a. 多数の、主要な(= main)
CF a[the] majority of 大多数の～

928 ★
tend
[ténd]
vi. (～する)傾向がある

tend to buy luxurious cars
= **have a tendency to buy** luxurious cars
高級車を買う傾向がある
派 tendency n. 傾向
CF tend to do = have a tendency to do ～する傾向がある

929 ★
emerge
[imə́:rdʒ]
vi. 出てくる、現れる

a problem that **emerged** when the software was tested
ソフトウェアのテストの際に起きた問題
the **emerging** markets overseas
海外の新興市場
派 emerging a. 新興の、新たに生まれる

930 ★
apprehensive
[æprihénsiv]
a. 心配している、憂慮している

feel **apprehensive** during the interview process
面接の間に不安を感じる
cause **apprehension** among employees
社員の間に不安感を生む
派 apprehension n. 心配、憂慮

931 ★
consensus
[kənsénsəs]
n. 意見の一致、合意、世論

The general **consensus** seems to be that the economy will improve this year.
今年は景気が良くなるだろうというのが一般的な考え方のようだ。
reach a **consensus**
合意に至る

Beta Construction, Inc. will undertake a new housing development project in Elgin City.

Beta Construction社は、Elgin市での新たな住宅開発プロジェクトを**請け負う**予定だ。

Beta Construction, Inc. will be responsible for the majority of the construction work.

Beta Construction社は、この建設工事の大部分**に責任を負う**ことになる。

City officials approved the housing project to alleviate overcrowding.

市当局は、人口過密を**緩和する**ためにこの住宅プロジェクトを承認した。

At present, many areas of Elgin City are very densely populated.

現在、Elgin市の多くの地域は人口が非常に**密集し**ている。

Beta Construction, Inc. will be assisted in the project by Gerr-Kline Engineering.

Beta Construction社はプロジェクトにおいて、Gerr-Klineエンジニアリングの**力を借りる**だろう。

Municipal officials have announced that June 22 will be the project's official start date.

市の当局者は、6月22日がプロジェクトの公式な開始日になる予定だと発表した。

The development of new housing

住宅開発プロジェクト

★
932 **undertake**

[ʌndərtéik]

vt. (仕事を)引き受ける・請け負う

the most challenging project we **have** ever **undertaken**
今まで我々が手がけた中で最も困難なプロジェクト

★★★
933 **responsible**

[rispánsəbl]

a. 責任のある

an agency **responsible for** regulating copyright law
著作権法の規制に関して責任を負う機関

The management does not accept any **responsibility for** belongings left behind in lockers.
管理者は、ロッカーに残された所持品には責任を負いません。

派 responsibility n. 責任
responsibly a. 責任を持って、間違いなく
CF be responsible for
= take[assume] the responsibility for ～に対して責任を負う

★
934 **alleviate**

[əlíːvièit]

vt. ～を緩和する・軽減する

alleviate traffic congestion
交通渋滞を緩和する

派 alleviation n. 緩和、軽減
CF = relieve

★
935 **densely**

[dénsli]

ad. (人口が)密集して

densely built-up areas
建物密集地域

派 dense a. 密集した、詰まった

★★★
936 **assist**

[əsíst]

vt. ～を援助する・手伝う

The survey will **assist** us **in serving** you more efficiently.
調査の結果は皆さんにより効果的なサービスを提供するのに役立つでしょう。

Our flight attendant will **assist** you **with** your luggage.
客室乗務員がお荷物のお手伝いをいたします。

I am not available to **assist with** your project right now.
今すぐはプロジェクトのお手伝いをしかねます。

The housing authority gives financial **assistance** to first-time home buyers.
住宅公社は、初めて家を買う人に資金援助を提供する。

派 assistance n. 援助、力添え
assistant n. 援助者、助手
CF assist A in doing Aが～するのを手伝う
assist A with B AがBのすることを手伝う
assist with ～を手伝う

★
937 **municipal**

[mjunísəpəl]

a. 市の、市立の

fares on **municipal** buses
市バスの運賃

The cellular phone industry experienced substantial growth this year.

携帯電話産業は、今年かなりの**成長**を遂げた。

Sales of cell phones have soared over the past twelve months.

携帯電話の売り上げは、この12か月の間に**急増した。**

Experts estimate that a total of one billion phones were sold this year.

専門家は、今年合計10億台の携帯電話が売れた**と見積もっている。**

Retailers cite improved functions as the main reason for higher phone sales.

小売業者たちは、その改善された機能を携帯電話売り上げ増の主な理由**として挙げている。**

The cellular phone industry relies heavily on sales and marketing.

携帯電話産業は、販売とマーケティングに**大きく**依存している。

Major phone manufacturers plan to increase their advertising spending.

主要電話メーカーは、広告費を**増やす**計画だ。

Market analysts anticipate a further increase in cell phone sales next year.

市場専門家たちは、来年は携帯電話の売り上げがさらに増えると**予想している。**

The cellular phone industry

携帯電話産業

★★★
938 **growth**
[gróuθ]
n. 成長、発展、増大

rapid[substantial, tremendous, enormous] **growth**
急速な[かなりの、大変な、巨大な]成長
Income from online advertising **has been growing**.
オンライン広告収入が増えてきた。
growing concerns about environmental problems
環境問題に対して高まる憂慮
派 **grow** vi. 成長する **growing** a. 成長中の **grown** a. 成長した

★
939 **soar**
[sɔ́ːr]
vi. 急上昇する
(物価が)高騰する

Unemployment **has soared**. 失業率が急上昇した
soaring stock prices 高騰する株価
派 **soaring** a. 急上昇する
CF = **rise, increase**

★★★
940 **estimate**
[éstəmət]
n. 見積、評価、見積書(主に複数形)
[éstəmèit]
vt. ～を見積もる・評価する

request **estimates** from several contractors
いくつかの請負業者から見積を取る
the total **estimated** flight time 予定フライト時間の合計
派 **estimated** a. 見積の、推定の **estimation** n. 見積、推定
CF **estimate that節** ～と見積もる・推定する

★
941 **cite**
[sáit]
vt. ～を引用する、～に言及する

He **cited** personal reasons for his decision to quit his job.
彼は、退職を決めたことについて個人的な理由を挙げた。
The research **was cited** in the newspaper.
その研究は新聞に引用された。
CF **cite A as B** AをBとして挙げる

★★
942 **heavily**
[hévili]
ad. 非常に、ひどく、多く

be **heavily** dependent on overseas financing
海外資金調達に非常に依存している
It rained **heavily**. 大雨が降った。
heavily traveled bridge 交通量の多い橋
派 **heavy** a. 重い

★★★
943 **increase**
[ínkriːs] [inkríːs]
n. 増加、上昇
vi. 増加する
vt. ～を増加させる

an **increase in** shipping charges 運送費の値上げ
the **increasingly** competitive market
徐々に競争が激しくなるマーケット
派 **increasingly** ad. ますます
CF **increase in** ～の増加

★★★
944 **anticipate**
[æntísəpèit]
vt. ～を期待する・予想する
vi. 期待する、予想する

an eagerly **anticipated** movie たいへん期待される映画
The bill was much higher than **anticipated**.
請求額は予想よりもずっと高かった。
in anticipation of growing seasonal demand
増加する季節的需要を予想して
派 **anticipation** n. 予想、期待 **anticipated** a. 期待される
CF **in anticipation of** ～を予想して

A 133 B 133

The National Survey Group has devised a new type of survey.

National Survey Groupは新たなタイプの調査法を**考案した**。

Older survey methods were not efficient in gathering information.

従来の調査法は情報**収集**が**効率的**でない。

A considerable amount of files were missing from the older survey data.

既存の調査データのうち、相当な量のファイルが**紛失し**ていた。

Experts examined the results of previous surveys and found that there were abundant errors.

専門家が以前の調査結果を調べたところ、**たくさんの**間違いが見つかった。

The new survey will certainly reduce survey errors by simplifying the form.

新たな調査法は、様式を簡素化することにより**確実に**間違いを減らすことができるだろう。

The simpler style will also cause less confusion among survey takers.

より簡素な方式は、調査対象者の間での**混乱**も減らすだろう。

A new style for surveys

新しい調査方式

★
945 **devise**
[diváiz]
vt. ～を考案する・工夫する

devise a creative advertising strategy
独創的な広告戦略を考案する

派 **device** n. 装置、考案品

★★★
946 **efficient**
[ifíʃənt]
a. 効率的な、能率的な

the energy **efficient** appliances
エネルギー効率の良い家電製品

produce goods more **efficiently**
製品をより効率的に作る

派 **efficiently** ad. 効率的に **efficiency** n. 効率性
inefficient a. 非効率的な **inefficiently** ad. 非効率的に

★
947 **gather**
[gǽðər]
vt. ～を集める・蓄積する
vi. 集まる

A crowd **has gathered** around the performer.
群衆が演奏者の周りに集まった。

a dinner **gathering** of business owners
起業家たちの夕食会

派 **gathering** n. 集まり、集会

★
948 **missing**
[mísiŋ]
a. 紛失した、なくなった

Twelve books are still **missing**.
12冊の本がまだ見つからない。

miss several important deadlines
いくつかの重要な締め切りを破る

派 **miss** vt. (機会や仕事を)逃す
CF = **lost**

★
949 **abundant**
[əbʌ́ndənt]
a. 豊富な、多い

countries where raw materials are **abundant**
原材料が豊かな国々

Restaurants of all kinds **abound in** Seoul.
ソウルにはあらゆる種類のレストランが軒を連ねている。

派 **abound** vi. 豊富にある **abundance** n. 豊富、過多
CF **abound in** ～が多い・豊かだ

★★
950 **certainly**
[sə́ːrtnli]
ad. 間違いなく、確実に

Ms. Pitt will **certainly** be an asset to your company.
Pittさんは間違いなくあなたの会社の貴重な人材になるだろう。

Mr. Klein **is uncertain about** whether he will accept the position.
Klein氏はそのポストを受け入れるかどうか気持ちが定まらない。

派 **certain** a. 確かな、確実な **uncertain** a. 不確実な、確信のない
CF **be uncertain about[of]** ～について確信がない

★★
951 **confusion**
[kənfjúːʒən]
n. 混同、混乱

due to the **confusion** about the new system
新たなシステムに関する混乱が原因で

派 **confuse** vt. ～を困惑させる・まごつかせる
confused a. 困惑した **confusing** a. 混乱させる、紛らわしい
confusingly ad. 紛らわしく

それぞれの役回り

見つからないように壁にぴったり貼り付いて、いつでもpromptlyシャッターが押せるように準備するんだ
はい
歌手Aの今日の誕生パーティーに俳優Bが現れたら、特ダネをannounceできる
このところ人気がsoarしてるタレント同士の熱愛…うちも部数がぐっとincreaseするぞ！
そうですかねえ…それほどのworthがあるのかどうか…
何だと？ 俺のやり方に不満があるのか？
いや…でもこういうやり方ってパパラッチと何も変わらないような気がして…
まいったなあ。デスクはまたどうしてこんな堅物のassistantをassignしたんだろう？
肩凝るなあ…
いろいろ教えていただきたくて僕がapplyしたんですよ
でも今はheavily confusedな気分です
やれやれ…
privilegesを振り回せるのが記者だと思ってたんだろ？ 俺のようなexperiencedな記者がこんな張り込みをするとは知らなかったろう？

俺がapprehensiveなのは、the majority of peopleが記者は正義のために仕事をするもんだと誤解していることだ
それって間違ってはいないと思いますけど…
俺たちはabundantな情報をgatherするだけさ。判断は読者がするもんだ
僕は自分の書いた記事にresponsibleであるべきだと思いますけど…
お前なあ、世渡りにはいろいろなmethodsがあるんだ。きれいごとばかりにこだわることはないんだよ…
え？
beneficialな仕事であろうとつまらない仕事であろうと、人にはそれぞれundertakeした役割があるんだ。世の中ってのはそういうもんだ
俺たちの記事がクズ扱いされても、真実が書かれていれば誰かが読み拾ってくれるもんさ
よくわかりませんけど、すさんだ心がalleviateされる気がします
俺もお前も人生という劇のparticipantに過ぎないのさ。悪役でも脇役でも、主人公と同じように一所懸命やろうぜ。そうすれば世の中も俺たちもgrowするだろうよ
まだ先輩とconsensusに至ことはできませんけど、記憶に留めておきますよ…

QUIZ DAY 4

空所に当てはまる単語を下の選択肢から選びなさい。

1. Jeju Island offers ------- outdoor activities for travelers.
   チェジュ島は旅行客のための数々の野外活動の場を提供している。

2. Parking spaces will be ------- to all faculty members.
   駐車場は全教職員に割り当てられる予定だ。

3. The firm is ------- dependent on overseas financing.
   その会社は海外資金調達に大きく依存している。

4. We have requested ------- from different contractors.
   我々は異なる請負業者から見積を取った。

① numerous	② assigned	③ estimates	④ heavily

空所に当てはまる単語を選びなさい。

5. The concert will begin ------- at 6:00, so please arrive by 5:30.
   (A) promptly (B) heavily

6. We require one form of ------- from anyone entering the facility.
   (A) identification (B) privilege

7. This program will ------- us in serving customers more efficiently.
   (A) undertake (B) assist

8. Membership cards must be presented in order for the discount to -------.
   (A) apply (B) emerge

9. Our toasters are more ------- than the competitor's latest product.
   (A) apprehensive (B) efficient

10. A recent study shows regular exercise is ------- to people's health.
    (A) beneficial (B) missing

訳 ▶ p.419

| 正解 | 1.① 2.② 3.④ 4.③ 5.(A) 6.(A) 7.(B) 8.(A) 9.(B) 10.(A)

WEEK4 **DAY5** その他 4

AAB is a firm that specializes in recovering business debt.

AABは企業債務の**清算**を専門とする会社だ。

The organization was founded by Arthur Ford fifty years ago.

この**組織**は50年前にArthur Fordにより設立された。

All staff members of AAB are all highly experienced in resolving fiscal disputes.

AABの全スタッフは**金融**トラブルの解決に熟達している。

AAB helps clients to expedite the repayment of debts.

AABは顧客の債務返済**促進**を手助けする。

The company may impose financial restrictions on firms that do not repay debts.

この会社は、債務を返済しない会社**に**金融制限を**加える**ことができる。

AAB is often asked to resolve matters concerning business fraud.

AABは、ビジネス**詐欺**に関する問題の解決を依頼されることもある。

Businesses must cooperate with AAB investigators. Otherwise, they will face further legal action.

企業はAABの調査官に協力しなければならない。**さもなくば**、さらなる法的措置を取られるだろう。

A debt recovery firm

債務清算会社

★★
952 **recover**

[rikʌ́vər]

vi. 回復する

vt. ～を取り戻す・回復する

has recovered from its financial difficulties
資金難から立ち直る

Recovering lost passwords is time-consuming.
わからなくなったパスワードを探すのは時間の無駄だ。

thanks to a strong economic **recovery**
景気が大幅に回復したお陰で

派 recovery n. (景気の)回復、復旧

CF unrecoverable a. ～回復不能の
recover from ～から回復する

★★
953 **organization**

[ɔ̀:rgənaizéiʃən]

n. 組織、機構、団体

$10 million to be distributed to various **organizations** 様々な団体に配分される1千万ドル

organize and manage a small business
小企業を設立し運営する

派 organize vt. ～を組織する・設立する
organizational a. 組織の、組織上の

★
954 **fiscal**

[fískəl]

a. 財政上の、会計の

by the end of the **fiscal** year 会計年度が終わるまで

questions regarding his **fiscal** policy
彼の財政方針に関する疑問点

★
955 **expedite**

[ékspədàit]

vt. (仕事を)迅速に処理する
～を促進する

to **expedite** the processing of claims for damaged luggage
損傷した荷物の苦情処理を迅速に行うため

★
956 **impose**

[impóuz]

vt. (義務・税金を)負わす・課する

the restrictions **imposed** by next year's budget
来年の予算案による制限事項

CF impose A on B AをBに負わす・課する

★
957 **fraud**

[frɔ́:d]

n. 詐欺(行為)

insurance **fraud** 保険詐欺

protect consumers against **fraudulent** advertising
虚偽広告から消費者を守る

派 fraudulent a. 詐欺(行為)の、不正の

★★★
958 **otherwise**

[ʌ́ðərwàiz]

ad. そうでなければ
別のやり方[方法]で

The time for each presenter on this schedule is final unless **otherwise** noted.
別途通知がない限り、このスケジュールの各発表者の時間は最終的なものだ。

must follow the current regulations unless **otherwise** instructed
別途指示がない限り、現在の規定に従わねばならない

TIP otherwiseが「そうでなければ」の意味で使われる場合には、前の文を.(ピリオド)や ;(セミコロン)で締めくくってからotherwise ~と続けるのが原則だが、格式張った文でなければ ,(カンマ)を使うこともある。

TDK System's policy is to continually improve its business performance.

TDKシステムの方針は、たゆまず事業実績を向上させることだ。

The company tries to pay out high dividends at the end of each year.

この会社は、毎年末に高い配当金を支払うために努力している。

The board members decide when shareholders should receive dividends.

役員たちは、株主がいつ配当を受け取るかを決定する。

Nearly one hundred shareholders hold shares in TDK System's stock.

100人に近い株主がTDKシステムの株を持っている。

TDK System's shareholders can influence the way the company is run.

TDKシステムの株主は、会社の運営に影響力を及ぼすことができる。

Shareholders are entitled to vote in board member elections.

株主は役員選挙に投票する資格がある。

If TDK System is liquidated, shareholders have rights to the firm's assets.

もしTDKシステムが会社整理になると、株主は会社の資産に対する権利を持つことになる。

TDK System's policy

TDKシステムの方針

959 ★★★ **continually**
[kəntínjuəli]
ad. 連続して、絶え間なく

be **continually** exposed to noise
絶えず騒音にさらされる

due to **continual** improvements in techniques
たゆまぬ技術の向上により

continue providing quality products
高品質な製品の提供を続ける

派 continual a. 連続的な、頻繁な
continuous a. 連続的な
continue vt. ～を継続する vi. 継続する
CF continue + doing[to do] ～し続ける
TIP continualは頻繁に反復することを意味し、continuousは一定期間中に中断なく続くことを意味する。

960 ★ **dividend**
[dívədènd]
n. (株式・保険などの)配当金

dividend payments
配当金の支給

961 ★ **shareholder**
[ʃέərhòuldər]
n. 株主

The right to vote is limited to **shareholders**.
投票権は株主に限定されている。

CF = stockholder

962 ★★★ **nearly**
[níərli]
ad. ほとんど、危うく

Construction of the new offices is **nearly** complete.
新しいオフィスの建築がほぼ完了した。

I was reading a book on the bus and I **nearly** missed my stop.
私はバスの中で本を読んでいて、危うく乗り過ごすところだった。

CF = almost(ほとんど), approximately(およそ)

963 ★ **influence**
[ínfluəns]
n. 影響
vt. ～に影響を与える

TV **has a** great **influence on** teenagers.
テレビは十代に大きな影響を及ぼす。

CF have an influence on ～に影響を及ぼす
TIP 動詞influenceは他動詞なので、前置詞なしに直に目的語をとる。

964 ★★ **entitle**
[intáitl]
vt. ～に権利[資格]を与える
～という題をつける

You will **be entitled to** a paid vacation.
あなたには有給休暇が与えられるでしょう。

a workshop **entitled** "How to Improve Communication Skills"
「コミュニケーション能力の向上法」と名づけられたワークショップ

CF be entitled to + 名詞 ～の資格がある
be entitled to do ～する資格がある

965 ★ **liquidate**
[líkwidèit]
vt. (借金などを)清算する
(会社の資産を)整理する

liquidate excess inventory at low prices
安い価格で超過在庫を整理する

派 liquidation n. 清算、整理

Velta Enterprises will be subject to financial investigations this month.

Velta Enterprisesは今月、財務調査**を受けねばならない**。

The audit will give a clearer understanding of the firm's finances.

この監査により、会社の財務状況をよりはっきりと**理解**できる。

Auditors noticed the omission of data from last year's report.

監査員たちは、昨年の報告書にデータの**漏れ**があることを発見した。

During the audit, the company's accounts will be scrutinized.

監査の間、会社の会計文書が**詳細に調べられる**だろう。

The outcome of the audit will be known by the end of the month.

監査の**結果**は月末までにはわかるだろう。

Raw data will be compiled and verified by the auditing company.

原本データは、監査会社によって収集され検査されるだろう。

Velta Enterprises enjoyed a long period of prosperity in the 1990s.

Velta Enterprisesは1990年代に長期の**好況**を享受した。

The auditing of Velta Enterprises

Velta Enterprisesの監査

★★★
966 **subject**

[sʌ́bdʒikt]

a. 影響[被害]を受けやすい、〜を条件[前提]として

n. 主題、科目

All Magella Airlines flights **are subject to** cancellation due to bad weather.
Magella航空の全フライトは悪天候でキャンセルになる可能性がある。

your comments on this **subject**
この主題に対するあなたの意見

派 subjective a. 主観的な
CF be subject to + 名詞 (影響・被害を)受けやすい、〜を条件[前提]として

★★
967 **understanding**

[ʌ̀ndərstǽndiŋ]

n. 理解(力)、了解

a. 理解のある

thank our clients for being so **understanding**
お客様のご理解に感謝する

occasional **misunderstandings** between business colleagues
仕事仲間の間でときどき起きる誤解

派 understand vt. 〜を理解する
understandable a. 理解できる
CF ↔ misunderstanding n. 誤解

★
968 **omission**

[oumíʃən]

n. 省略、漏れ

errors or **omissions** in this statement
この明細書の間違いや漏れ

The following details **were omitted from** the memo.
次の細部事項は社内メモでは省略された。

派 omit vt. 〜を省略する
CF omit A from B BからAを省略する

★
969 **scrutinize**

[skrúːtənàiz]

vt. 〜を徹底して調査[検査]する

The quality control inspector **scrutinized** the document carefully.
品質管理検査官は文書を慎重に精査した。

★
970 **raw**

[rɔ́ː]

a. 加工しない
(資料などが)修正されていない

the price of **raw** materials for construction
建設原材料の価格

CF = crude, natural

★
971 **outcome**

[áutkʌm]

n. 結果、結論

be optimistic about a successful **outcome**
良い結果が出るだろうと楽観する

CF = result, consequence

★
972 **prosperity**

[prɑspérəti]

n. 繁栄、好況、成功

in times of **prosperity** 好況期に
prosperous future 豊かな未来

派 prosper vi. 繁栄する、栄える
prosperous a. 繁栄する、成功した

The company's new director, Martha Ford, was selected as the successor to Mr. Fred.

会社の新取締役Martha Fordは、Fred氏の**後任者**として選ばれた。

Ms. Ford will give a presentation at the upcoming monthly meeting.

Ford氏は、今度の月例会議で**発表をする**予定だ。

At the presentation, the new director will outline her vision for the company.

この発表で、新取締役は会社に対する彼女のビジョンの**あらましを説明する**予定だ。

Ms. Ford will explain the company's sales projection for the coming year in detail.

Ford氏は、会社の来年度売り上げ**予想**について詳しく説明するだろう。

The three hour meeting will include a short intermission.

3時間の会議には短い**休憩時間**がある。

During the intermission, the new director will interact with staff.

休憩時間の間に、新取締役は社員**と交流する**予定だ。

All personnel should meet in the conference room at 9 o'clock.

全**社員**は、9時に会議室に集まらなければならない。

New director Martha Ford

新取締役Martha Ford

★
973 **successor**
[səksésər]
n. 後任者、継承者

The search for Mariel's **successor** hasn't been easy.
Marielの後任探しは簡単ではなかった。

CF ↔ predecessor n. 前任者、先輩

★★★
974 **presentation**
[prìːzentéiʃən]
n. 発表、提出、贈呈

prepare a **presentation** on the updated workplace policies
改訂された職場内方針についての発表の準備をする

You must **present** your employee identification card at the entrance.
入り口で社員証を提示しなければなりません。

派 present [prizént] vt. ～を贈呈する・提出する・示す
CF make a presentation 発表する

★★
975 **outline**
[áutlàin]
n. 概要、要項
vt. ～を簡略に説明する

a book **outline**
本の概要

be outlined in the company's handbook
会社のハンドブックに要約されている

★★
976 **projection**
[prədʒékʃən]
n. 予想、予測、計画

These tentative **projections** will be revised.
この暫定的な予想値は修正されるだろう。

the **projected** budget for the trip to New York
ニューヨーク旅行の推定予算

The manufacturing capacity of the factory **is projected to be** 20,000 units per year.
この工場の生産能力は年2万個と推定される。

派 project vt.～を推定する・予想する・計画する
CF be projected to do ～すると予想される、～する予定だ

★
977 **intermission**
[ìntərmíʃən]
n. 休憩時間、幕間

be followed by a 15-minute **intermission**
後に15分の休憩時間が続く

an **intermittent** beep 断続的なビーッという音

派 intermittent a. 断続的な

★
978 **interact**
[ìntərǽkt]
vi. 相互に作用する
互いに影響を及ぼす

The cleaner may **interact with** other chemicals.
その洗剤は他の化学物質と反応を起こすかも知れない。

improve **interaction** among staff
スタッフ間の交流を促進する

派 interaction n. 相互作用、交流
interactive a. 相互に作用する
CF interact with ～と交流する・つきあう

★★
979 **personnel**
[pəːrsənél]
n. 社員、人事部
a. 社員の、人事の

the **personnel** department 人事部
copies of **personnel** records 人事記録の写し
security **personnel** 保安要員

There are many factors to consider when starting a new business.

新たな事業を始める際には、考えなければならない**要素**がたくさんある。

Many new companies fail because they overlook simple things.

多くの新しい会社は、単純なことを**見落として**失敗する。

A fundamental aspect of business is establishing strong relationships.

事業の**基本的な**側面は、しっかりした関係を築くことだ。

Durable business relationships are beneficial to both parties.

持続的なビジネス関係は、当事者双方にとって有益だ。

By forming an alliance, two companies can assist each other.

提携を結ぶことにより、二つの会社は協力し合うことができる。

Businesses with strong connections can both lend and borrow money.

強いつながりのある企業どうしは、資金の**貸し**借りができる。

Failure to establish business connections may result in financial disaster.

ビジネス関係の構築に失敗すると、資金的に大きな**問題**が起きるかもしれない。

Establishing business connections

ビジネス関係の樹立

★
980 **factor**
[fǽktər]
n. 要素、要因

Various **factors** contributed to the rapid growth in sales.
様々な要素が売り上げの急速な成長に寄与した。

★★
981 **overlook**
[òuvərlúk]
vt. ～を見落とす
(建物などが)見下ろす

Safety checks **were overlooked**.
安全点検が見過ごされた。

Some buildings **overlook** the train tracks.
数棟のビルが線路を見下ろしている。

★
982 **fundamental**
[fʌndəméntl]
a. 基本的な、根本的な

make some **fundamental** changes in the way we do business
我々の事業のやり方に根本的な変化を起こす

fundamental elements of drawing
デッサンの基本要素

★
983 **durable**
[djúərəbl]
a. 耐久性のある、しっかりした、永続性のある

The new suitcase is more **durable** than the earlier model.
新しいスーツケースは旧モデルよりも丈夫だ。

Plastic is a very **durable** material.
プラスチックは非常に耐久性のある物質だ。

cf ↔ **fragile** a. 割れやすい、壊れやすい

★
984 **alliance**
[əláiəns]
n. 血縁、同盟

The two companies created a strategic **alliance**.
両社は戦略的な提携を結んだ。

★
985 **lend**
[lénd]
vt. ～を貸す・貸し出す

Would you **lend** me the book?
= Would you **lend** the book to me?
その本を貸してくれますか？

return the medical book he **lent** me
彼が私に貸してくれた医学書を返す

派 **lender** n. 債権者
cf ↔ **borrow** 借りる
lend A B = lend B to A AにBを貸す

★
986 **disaster**
[dizǽstər]
n. 災難、災害、(大きな)失敗

Due to a series of **disasters**, the company had to close down.
相次ぐ失敗で、その会社は廃業せざるを得なかった。

A study shows that worker **migration** leads to better working conditions.

ある研究によると、労働者の**移住**はより良い労働環境につながるという。

Professor Dean **explores** many aspects of worker migration in his study.

Dean教授はその研究で、労働者の移民に関する様々な側面を**探っている**。

Worker migration is **gradually** increasing due to low wages.

低賃金が原因となり、労働者の移住は**徐々に**増えている。

There is usually a **lack of** well-paid jobs in underdeveloped countries.

開発途上国では、高賃金の仕事**が不足**するのが常だ。

Worker migration results in **equal** working conditions among nations.

労働者の移民は、各国間の**均等な**労働環境を生む。

Professor Dean anticipates a **steady** rise in worker migration over the next decade.

Dean博士は、今後10年間の労働者移住の**着実な**増加を予想している。

Prior research has shown increases in worker migration during periods of economic downturn.

これまでの研究によると、不景気の間に労働者移住が増えるという。

A study on worker migration

労働者の移住に関する研究

★
987 **migration**
[maigréiʃən]
n. 移住、異動

migration to other countries
外国への移住

派 **migrate** vi. 移住する

★★
988 **explore**
[ikspl5:r]
vt. ～を探検する・探査する・調査する・検討する

explore new ways to market our products
我が社の製品を売るための新たな道を模索する

interest in space **exploration**
宇宙探査に対する関心

派 **exploration** n. 探検、探査、調査
exploratory a. 探検の、探査の、調査の

★
989 **gradually**
[grǽdʒuəli]
ad. 徐々に

Production of older model vehicles will be **gradually** reduced over the next two years.
旧型車の生産は、今後2年間にわたり徐々に減少するだろう。

派 **gradual** a. 漸進的な

★★
990 **lack**
[lǽk]
n. 不足
vt. ～を欠く・必要とする

due to **lack of** interest
関心不足のため

employees who **lack** experience
経験不足の社員

cf **lack of** ～の不足

★
991 **equal**
[í:kwəl]
a. 同等な、同じ、匹敵する

a bonus **equal to** one week's wages
1週間の賃金と同額のボーナス

Assignments have been distributed **equally** between Mr. Smith and Ms. Jones.
課題はSmith氏とJones氏に同等に与えられた。

派 **equally** ad. 同等に
equality n. 同等、対等
cf **be equal to + 名詞** ～と対等だ、～に匹敵する

★
992 **steady**
[stédi]
a. 確固たる、着実な

establish a **steady** customer base
確固たる顧客層を形成する

Annual profits have been rising **steadily**.
年収は着実に増加している

派 **steadily** ad. 着実に

★★★
993 **prior**
[práiər]
a. 以前の、先立つ

without **prior** authorization
事前承認なしに

should arrive a minimum of one hour **prior to** the scheduled departure time
予定出発時刻よりも少なくとも1時間前に到着しなくてはならない

cf = **previous**
prior to ～以前に(= before)
TIP beforeの同義語はpriorではなくprior toである。

Due to budget constraints, changes have been made to the building's design.

予算の**制約**のために、建物のデザインに変更が加えられた。

Some elements of the building's design were thought to be too costly.

建物の一部の**要素**が費用がかかりすぎると判断された。

The initial outlay for the building project was around 90 million dollars.

建設計画の当初の**経費**は9千万ドル程度だった。

The construction of a gym in the building was judged to be unnecessary.

建物の中への体育館建設は不要だと**判断された。**

Many investors concurred with the idea that the design should be functional.

多くの投資家たちが、デザインは機能的であるべきだとの考え方**で一致した。**

Architects chose to make changes to the stone columns at the building's entrance.

建築家たちは、建物の入り口にある石の**柱**を変更することにした。

Columns made of a cheaper material will be substituted for the expensive stone columns.

より安い素材で作られた柱が、高価な石の柱**に代わって使われる**予定だ。

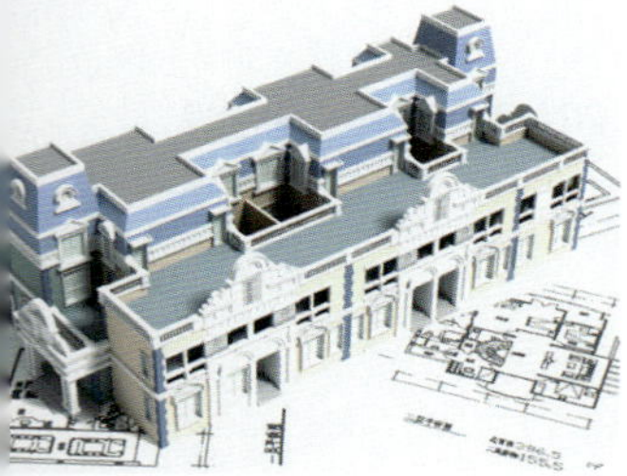

Changes to be made to a building design

建物のデザインに加えられる変更

★ 994 **constraint**

[kənstréint]

n. 制約、制限

because of space **constraints** on the plane
飛行機内のスペース的制約のため

★ 995 **element**

[éləmənt]

n. 要素、構成成分

the key **elements** in getting a good job
良い職に就くための重要な要素

★ 996 **outlay**

[áutlèi]

n. 経費、支出額

The initial **outlay** will be much less than expected.
初期費用は予想よりもはるかに少なくなりそうだ。

★★ 997 **judge**

[dʒʌdʒ]

vt. ～を判断する・決定する
～の判決を下す
n. 裁判官、審査委員

The settlement **is judged** acceptable by both parties.
その決定は両当事者が受入れられるものと判断される。

judges for the Science Competition
Science Competitionの審査委員

CF judge A (to be) B AをBと判断する・思う

★ 998 **concur**

[kənkə́ːr]

vi. 同時に発生する
(意見が)一致する

concur with their proposal
提案に同意する

Four types of questionnaires were developed **concurrently.**
4つのタイプのアンケート用紙が同時に開発された。

派 concurrent a. 同時発生の
concurrently ad. 同時に
concurrence n. 同時発生、意見の一致

★ 999 **column**

[kɑ́ləm]

n. 柱
(新聞の)コラム

in his weekly newspaper **column**
彼の毎週の新聞コラムで

Columns are lying on the floor.
柱が床に転がっている。

★★ 1000 **substitute**

[sʌ́bstətjùːt]

vt. 代わりに～を使う、
～に代える
n. 代理人
a. 代理の

You may **substitute** olive oil **for** butter.
バターの代わりにオリーブオイルを使ってもよい。

a **substitute** teacher to fill in for our ballet instructor
バレー講師に代わる代理教師

派 substitution n. 代理(人)、代用(品)
CF substitute A for B Bの代わりにAを使う

また会う日まで

会議が長引いて疲れるでしょう？ intermissionの間にちょっと話があるんだけど…
はい、チーム長！
今度のプロジェクトの案とても良かったわ。でもinitial outlayを減らす方法が必要かもね
原材料をもう少し安いものにsubstituteしたらどうかと思います
製品の品質にinfluenceはないかしら？
安い物すべてが品質に問題がある訳ではありません。信頼できる取引先をexploreしてみます
安売りの話を持ちかけてfraudする業者もいるから、よくscrutinizeするようにして
わかりました
景気がprosperしてるときと違ってconstraintsが多いだろうけど
原価削減も重要だけど、安全検査の費用だけは惜しまないように…
durableなところがうちの製品の人気のfactorだということはよくわかっています

ところで、カン係長はorganizationを引っ張っていくチーム長にとって何が一番大切だと思う？
そうですね…あらゆる仕事をexpediteされているチーム長のようになりたいとは思っているんですが…
そう言ってくれるのはうれしいけど、チーム長として一番大切なのはスタッフとのinteractionだってことを覚えていてほしいの
はい
どんなに忙しくてもチームワークをoverlookしたらチームにとってdisasterになるわ
人を大切にするというfundamentalな原則を守るべきだということを話しておきたかったの…
はい。肝に銘じておきます
前任者としての最後のアドバイスよ
え？
私、退職してベトナムに行くことになったの。来週からはカン係長がチーム長として会議を進めてください
ず、ずいぶんまた急な…本当ですか？
難しい時期に負担ばかりimposeして申し訳ないけど、うまくやってくれるって信じてるわ
実力はlackしていますが私なりに最善を尽くします。おせわになりました

QUIZ DAY 5

空所に当てはまる単語を下の選択肢から選びなさい。

1. The new suitcase is more ------- than the earlier model.
   新しいスーツケースは旧モデルよりも丈夫だ。

2. This new advertisement will have a strong ------- on our company's image.
   この新たな広告は我が社のイメージに強い影響を及ぼすだろう。

3. We ------- upgrade our networking systems.
   我々はネットワーキングシステムを絶えずアップグレードしている。

4. The procedure for sending memos is ------- in the company's guidebook.
   回覧を回す手順は、会社のガイドブックに要約されている。

① outlined	② continually	③ influence	④ durable

空所に当てはまる単語を選びなさい。

5. According to the recipe, you may ------- honey for sugar.
   (A) substitute (B) judge

6. Due to time -------, the lecturer was not able to answer every question.
   (A) outlays (B) constraints

7. At our hotel, all reservations are ------- to room availability.
   (A) projected (B) subject

8. The restaurant on Clinton Road gets ------- 1,000 customers a day.
   (A) nearly (B) equally

9. Tonight's seminar has been canceled due to ------- of preparation.
   (A) understanding (B) lack

10. Employees who have completed 60 days of employment are ------- to receive a paid vacation.
    (A) imposed (B) entitled

訳 ▶ p.419

正解 | 1.④ 2.③ 3.② 4.① 5.(A) 6.(B) 7.(B) 8.(A) 9.(B) 10.(B)

WEEKEND_4 実戦 **TEST**

01. The plants that were used to decorate the hospital waiting room ------- well in dry conditions.

(A) explore
(B) grow
(C) choose
(D) follow

02. Mr. Howard's new firm, Rainbow Tech Solutions, Inc., ------- in software development and integration.

(A) specializes
(B) identifies
(C) produces
(D) determines

03. The company director has asked for a(n) ------- of the performance of the sales team.

(A) option
(B) function
(C) invitation
(D) evaluation

04. Telewest Digital is expected to ------- fees for customers' cable television service due to rising operating costs.

(A) pretend
(B) repair
(C) remind
(D) increase

05. Sirius Web Design's eye-catching graphics are guaranteed to ------- any Web site.

(A) enhance
(B) remove
(C) impose
(D) accelerate

06. Nepalese Airlines is happy to provide earphones, blankets and pillows to all passengers upon -------.

(A) request
(B) question
(C) knowledge
(D) curiosity

07. New information technology has enormous ------- to promote economic growth all over the world.

(A) mark
(B) grant
(C) potential
(D) omission

Question 8-10 refer to the following memo.

ATTN: All Gabber's, Incorporated Employees
From: Willa Packer, Human Resources Director
Date: May 23
Re: Development Seminar

Dear Gabber's, Incorporated Staff,

Gabber's, Inc. is committed to ------- improving the skills of its employees.

08. (A) heavily
(B) continually
(C) equally
(D) meagerly

Because of this, the personnel department will be holding a professional development seminar next month, tentatively scheduled for Saturday, June 14. All employees are ------- to attend any seminar that the company holds free of charge.

09. (A) attributed
(B) relived
(C) entitled
(D) deducted

This particular seminar will focus on understanding the importance of effective communication in the workplace.
Any individual that is interested in attending the seminar should notify their immediate supervisor immediately. We ------- that about 500 employees will

10. (A) recover
(B) estimate
(C) terminate
(D) suspend

attend. Seating is limited so sign up for it quickly.
Have a great day and we hope to see you at the seminar!

Regards,
Willa Packer
Human Resources Director

≫ 正解と訳 p.420

付録

TOEIC必須厳選フレーズ集 | 正解と訳 | Index

TOEIC必須厳選フレーズ集

- [ ] a copy of
  (本・書類などの)1部
- [ ] a couple of
  二つの・いくつかの～
- [ ] a detailed manual
  詳細な説明書
- [ ] a full refund
  全額払い戻し
- [ ] a lengthy process
  長い過程
- [ ] a minimum of
  最低～
- [ ] a number of
  多くの～
- [ ] a sharp decline in
  ～の急激な減少
- [ ] a statement issued last week
  先週発表された声明
- [ ] a variety of
  多様な～
- [ ] a wide range of
  広範囲な・多様な～
- [ ] above all
  何よりも、とりわけ
- [ ] be absent from
  ～を欠席する・欠勤する
- [ ] access to + 名詞
  ～への接近・接続、～の利用
- [ ] accommodate the needs of
  ～の要求を聞き入れる
- [ ] account for
  ～の原因になる、説明する、(比率を)占める
- [ ] acquire professional certification
  専門資格証を取る
- [ ] adhere to
  ～に固執する・付着する
- [ ] admission to
  ～への入場・入学
- [ ] advances in
  ～分野の進歩・向上
- [ ] advance reservation
  事前予約
- [ ] after-sales service
  アフターサービス
- [ ] against the law
  法に触れる
- [ ] agree to do
  ～することに同意する cf. agree with ～に同意する
- [ ] ahead of
  (時間・空間的に)～より前に
- [ ] aim to do
  ～することを目標とする
  cf. be aimed at ～を目標にする・対象にする
- [ ] along with
  ～と共に
- [ ] apartment complex
  アパート、団地
- [ ] apologize for
  ～に対して謝る
  cf. an apology for ～に対する謝罪
- [ ] apply for
  ～に申請する・応募する
- [ ] arrange for
  ～の準備をする・予定を立てる
- [ ] as a matter of fact
  事実上
- [ ] as a protective measure
  予防策として
- [ ] as a result
  その結果 cf. as a result of ～の結果として

- as a token of our appreciation
  感謝の表現として
- as if + 節
  あたかも〜であるかのように
- as long as + 節
  〜する限り
- as soon as + 節
  〜するやいなや
- as of + 日時
  〜付で、〜現在で
- as planned
  計画どおり
- as requested
  要望どおりに
- aside from
  〜を除いて、〜ではなく
- assembly line
  (工場の)組立ライン
- at a low cost
  安い費用で
- at all times
  いつも、つねに
- at least
  少なくとも
- at no cost
  無料で
- at no extra[additional] charge
  追加料金なしに
- at reasonable prices
  手頃な価格で
- at one's disposal
  〜の思うとおりに
- at one's request
  〜の要請で
- at the beginning of
  〜の最初に
- at the end of the year
  年末に
- at the last minute
  土壇場で
- at (the) earliest
  早くとも
- at (the) latest 遅くとも
- at the reception desk
  受付で
- attach A to B
  AをBに添付する
- Attached[Enclosed] is ~
  添付された[同封された]ものは〜です
- attention to
  〜への関心・注意
- attract shoppers
  買い物客を惹きつける
- attribute A to B
  AをBのお陰と考える・のせいにする
- award-winning
  受賞した
- B as well as A
  AだけでなくBも(= not only A but also B)
- be about to do
  まさに〜しようとしている
- be accompanied by
  〜が同伴する・付随する
- be accountable for
  〜に対する責任がある
- be acquainted with
  〜をよく知っている
- be admitted to
  〜への入場が認められる
- be advised to do
  〜するよう忠告を受ける
  cf. advise A to do Aに〜するよう忠告する

□ be affiliated with
～と提携している

□ be allowed[permitted] to do
～する許可を得る、～してもよい
cf. allow[permit] A to do Aが～するのを許す

□ be an asset to your company
貴社の資産になる

□ be approved by
～の承認を得る

□ be asked to do
～するよう求められる、～しなければならない
cf. ask A to do Aに～するよう求める

□ be available to do
～するのに都合がつく・利用できる

□ be aware of ～を知っている
cf. be aware + that節 ～ということを知っている

□ be based on
～に基づいている

□ be capable of doing
～する能力がある

□ be classified as
～に分類される

□ be closed to the public
一般人の出入りが禁止されている

□ be commissioned to do
～するよう依頼される、仕事を引き受ける

□ be committed[dedicated, devoted] to doing
～することに専念する・献身する

□ be composed of
～から成る(= consist of, be made up of)

□ be concerned with
～に関心がある・関連がある

□ be currently on display
現在展示中だ

□ be dependant on
～に左右される・依存している(= depend on)

□ be designed to do
～するように考案されている

□ be directed to do
～するよう指示される

□ be disappointed with
～に失望する

□ be distributed to
～に分配される

□ be divided into
～に分けられる cf. divide A into B AをBに分ける

□ be eager to do
しきりに～したがる

□ be eligible for + 名詞
～に対する資格がある
cf. be eligible to do ～する資格がある

□ be entitled to + 名詞
～に対する資格がある・権利がある
cf. be entitled to do ～する資格がある・権利がある

□ be equal to ～と同じだ

□ be essential to + doing/名詞
～するのに必須だ、～に必須だ

□ be expected to do
～すると予想される
cf. expect A to do A Aが～するものと予想する

□ be filled with
～で満たされる

□ be grateful for
～に感謝している

□ be guaranteed to do
～することが保証されている

□ be happy[pleased] to do
～することになり嬉しい
cf. be pleased with ～に喜ぶ

□ be held in the conference room
会議室で開かれる

□ be held up in traffic
交通渋滞にひっかかる

- [ ] be hesitant to do
～することを躊躇する(= hesitate to do)

- [ ] be honored with the Employee of the Year award
今年の社員賞をもらう

- [ ] be impressed by
～に感銘を受ける

- [ ] be in the mood for doing
～したい気分だ

- [ ] be indicative of
～を示す

- [ ] be influenced by
～に影響を受ける

- [ ] be instructed to do
～するよう指示を受ける
cf. instruct A to do Aに～するよう指示する

- [ ] be intended to do
～するためのものだ cf. intend to do ～しようとする

- [ ] be interested in
～に関心がある

- [ ] be interrupted by
～により妨害される

- [ ] be invited to do
～するよう誘われる・勧められる
cf. invite A to do
Aに～しようと誘う、Aに～するよう勧める

- [ ] be involved in
～に加わる、～と関連がある

- [ ] be irrelevant to
～とは関係がない

- [ ] be just around the corner
～が目前に近づいている、すぐ～だ

- [ ] be known as
～として知られている(資格)

- [ ] be known for
～で知られている

- [ ] be widely regarded as
～として広く知られている

- [ ] be limited to
～に制限される

- [ ] be loyal to
～に忠実な

- [ ] be mistakenly billed
誤って請求される

- [ ] be notified by e-mail
電子メールで通知を受ける

- [ ] be open to
～に開かれている

- [ ] be ordered in large quantities
大量に注文される

- [ ] be paid by the hour
時間制で支払われる

- [ ] be qualified for
～への資格要件を満たしている
cf. qualify for ～の資格を得る

- [ ] be ready to do
～する準備ができている

- [ ] be recognized for
～で認められている

- [ ] be related to
～と関係がある

- [ ] be reluctant to do
～することを躊躇する

- [ ] be required for
～に必要である

- [ ] be required to do
～することを求められている

- [ ] be responsible for
～の責任を負う(= take[hold] responsibility for)

- [ ] be satisfied with
～に満足する
cf. be dissatisfied with ～に満足できない

- [ ] be scheduled for + 日時
～に予定されている
- [ ] be scheduled to do
～する予定になっている
- [ ] be sold out
売り切れになる
- [ ] be temporarily out of stock
一時品切れだ
- [ ] be subject to + (動)名詞
～しがちだ、～するしかない
- [ ] be suitable for
～に適合する
- [ ] be supposed to do
～することになっている、～するはずだ
- [ ] be tied up with
～でとても忙しい
- [ ] be tired[sick] of
～に嫌気がさした
- [ ] be unable to do
～できない
- [ ] be used to do
～するのに使われる
cf. be used to + (動)名詞 ～に慣れている
- [ ] be willing to do
喜んで～する
- [ ] be within the time frame
期限内だ(期限を過ぎていない)
- [ ] bear resemblance to
～に似ている
- [ ] be out-of-date
旧式だ
- [ ] behind schedule
日程より遅い、日程より遅く
- [ ] benefit from
～から利益を得る
- [ ] 比較級+ than previously expected[thought, predicted]
予想よりも～だ
- [ ] board of directors
取締役会、役員会
- [ ] boarding pass
搭乗券
- [ ] book the guided tour
ガイド付きの旅行[見学]を予約する
- [ ] boost the profits by 15 percent
利潤を15%引き上げる
- [ ] both A and B
AもBも
- [ ] box office
チケット売り場
- [ ] budget proposal
予算案
- [ ] business hours
業務時間
- [ ] by oneself
一人で、独力で
cf. for oneself 自ら、自力で
- [ ] by the time + 節
～するときまで
- [ ] call A at extension 214
内線214のAに電話する
- [ ] call for
～を求める・要求する
- [ ] capitalize on
～を十分に利用する、～から利益を得る
- [ ] carry out
～を遂行する
- [ ] catch up with
～に追いつく
- [ ] children under 5
5歳未満の子供

- [ ] coincide with
～と同時に起きる、～と一致する
- [ ] combine A with B
AをBと結合する
- [ ] come in first[序数]
1位に[～位に]入賞する
- [ ] come to an agreement
合意に至る
- [ ] come to an end 終わる
- [ ] commercial potential
商業的潜在力
- [ ] commit oneself to + (動)名詞
～に専念する・献身する(= be committed to)
- [ ] commitment to
～に対する献身
- [ ] communicate with
～と意思疎通する・連絡する
- [ ] compete with
～と競う、～に匹敵する
- [ ] complete one's quota
割当分を仕上げる
- [ ] confirm receipt of
～の受領を確認する
- [ ] consider all the possible consequences
起こるべきあらゆる結果を考慮する
- [ ] consult with
～と相談する
- [ ] contribute to
～に寄与する・貢献する
- [ ] contribution to
～への寄与
cf. make a contribution to ～に寄与する
- [ ] correspond with
～と手紙のやりとりをする
- [ ] cost estimates
費用見積書
- [ ] count on
～を頼りにする
- [ ] cover letter
自己紹介書、添え状
- [ ] currency exchange
両替
- [ ] custom-built
特注の
- [ ] customer complaints
顧客の苦情
- [ ] customer service representative
顧客サービス担当者
- [ ] customs office
税関事務所
- [ ] cut back on cost
費用を削減する
- [ ] despite the fact that節
～という事実にもかかわらず
- [ ] diagnose illnesses
病気を診断する
- [ ] differ in ～が異なる
- [ ] directly to
直接～に
- [ ] disclose confidential information to competitors
競合社に機密情報を漏らす
- [ ] discounted rates
割引料金
- [ ] discourage A from doing
Aが～するのを妨げる・止めさせる
- [ ] dispose of waste materials
廃棄物を処理する
- [ ] do business with
～と取引する

- [ ] do one's best
最善を尽くす
- [ ] doctor's appointment
診療予約
- [ ] draw people's attention away from
人々の関心を～から引き離す
- [ ] due to
～によって(= owing to, on account of)
- [ ] due to a prior engagement
先約のために
- [ ] due to unfavorable weather conditions
気象条件が良くないために
- [ ] duty-free shop
免税店
- [ ] easy-to-follow
わかりやすい
- [ ] either A or B
AまたはBのいずれか
- [ ] electric appliance
家電製品
- [ ] employee directory
社員名簿
- [ ] enable A to do
Aが～できるようにする
- [ ] encourage A to do
Aが～するよう励ます・勧める
- [ ] energy efficiency
エネルギー効率
cf. energy-efficient エネルギー効率の高い
- [ ] enroll in
～に登録する・入学する
- [ ] ensure that節
確実に～するようにする
- [ ] environmentally friendly
環境に優しい
- [ ] establish a long-term relationship
長期的な関係を結ぶ
- [ ] even if + 節
たとえ～でも
- [ ] exceed one's yearly targets
年間目標を上回る
- [ ] except for
～を除いて
- [ ] exclusively for managers
管理者専用の
- [ ] express one's appreciation for
～に対する謝意を表する
- [ ] face challenges
困難に直面する
- [ ] fall behind
後れをとる
- [ ] familiarize oneself with
～に精通する・なじむ(= be familiar with)
- [ ] feel free to do
遠慮なく～する
- [ ] file for bankruptcy
破産申請をする
- [ ] fill out
～を記入する・作成する
- [ ] fill the order on time
時間どおり注文に応じる
- [ ] financial history
信用取引実績
- [ ] financial statement
財務諸表
- [ ] flight attendant
客室乗務員
- [ ] focus on
～に集中する・焦点を合わせる
- [ ] food poisoning
食中毒

- [ ] for ages
長期間

- [ ] for future reference
今後の参考に

- [ ] for your reference
ご参考に

- [ ] for instance
たとえば

- [ ] for large purchases
大量購入に対して

- [ ] for more details
より詳しいことは

- [ ] for personal use
個人用に

- [ ] for the benefit of
～の利益のために

- [ ] for the first time
初めて

- [ ] for the fourth consecutive year
4年連続で

- [ ] for your own safety
皆さんの安全のために

- [ ] free of charge
無料で

- [ ] from around the globe
世界中から

- [ ] frozen food product
冷凍食品

- [ ] fund-raising event
資金調達のためのイベント

- [ ] gas station ガソリンスタンド

- [ ] get a prescription filled
処方薬を調剤してもらう

- [ ] get along with
～と仲良くする

- [ ] get in touch with
～と連絡をとる

- [ ] get paid
給料をもらう

- [ ] give A a call
Aに電話する

- [ ] give A a ride
Aを車に乗せる

- [ ] give a month's notice
1か月前に(退職・解任・退去などを)通知する

- [ ] give A the loan
Aに貸し付ける

- [ ] give in
～に屈服する・譲歩する

- [ ] give notice to
～に通知する

- [ ] go over
検討する

- [ ] go through
(苦難などを)経験する

- [ ] graduate from
～を卒業する

- [ ] guest speaker
ゲスト講演者

- [ ] have a clear understanding of
～について明確に理解する

- [ ] have a tendency to do
～する傾向がある

- [ ] have an[the] opportunity to do
～する機会がある

- [ ] have absolute confidence in
～を全面的に信頼する

- [ ] have access to
～を利用できる、～に接近できる・出入りできる

- [ ] have an impact on
～に影響を及ぼす

- [ ] have control over
～を制御する・管理する

- [ ] have difficulty[trouble] (in) doing
～するのが困難である

- [ ] have enormous potential
とてつもない潜在力を持っている

- [ ] have extensive knowledge of
～に対する幅広い知識を持っている

- [ ] have much in common
共通点が多い

- [ ] have something to do with
～と関連がある

- [ ] have yet to do
まだ～していない、まだ～せねばならない

- [ ] heating equipment
暖房器具

- [ ] help wanted
求人

- [ ] honor refund requests
払い戻しに応じる

- [ ] housing development
住宅開発

- [ ] I would appreciate it if you ~
～していただけるとありがたいのですが

- [ ] if I'm not mistaken
私の記憶が正しければ

- [ ] in a positive manner
肯定的に

- [ ] in a timely fashion[manner]
適時に、よいタイミングで

- [ ] in accordance with the contract
契約書の内容に従い

- [ ] in addition
そのうえ cf. in addition to ～に加えて、～以外に

- [ ] in an effort to do
～しようと努力して
cf. make an effort 努力する

- [ ] in anticipation of
～を予想して

- [ ] in case of
～の場合には(= in the event of)

- [ ] in celebration of
～の記念に

- [ ] in common with
～と共通して

- [ ] in compliance with
～に応じて・従って

- [ ] in conclusion
最後に、結論として

- [ ] in conjunction with
～と共に・関連して

- [ ] in contrast
反対に

- [ ] in excess of
～を超過して

- [ ] in fact
実際に

- [ ] in favor of
～に賛成して

- [ ] in gratitude for
～に感謝して

- [ ] in honor of
～を記念して・祝って

- [ ] in keeping with
～と一致して・調和して

- [ ] in light of
～に照らせば、～の見地から

- [ ] in operation
運営中の、稼働中の

in order to do
～するために

in partnership with
～と提携して

in person
直に、自ら

in preparation for
～に備えて

in recognition of
～を認めて、～の報酬として

in response to
～に応えて

in spite of
～にもかかわらず(= despite)

in stock
在庫の cf. out of stock 品切れの

in support of
～を支持して

in the direction of
～の方向に

in the event (that)節
もし～する場合には

in the field of
～の分野で

in the mean time
その間に

in the middle of
～の途中で

in the near[foreseeable] future
近い将来に

in (the) process of
～が進行中の

in the (up)coming year
来年に

in the vicinity of
～の付近に

in total
すべて合わせて、計～

increase by 10 percent
10%増える

indicate a strong preference for
～に対する強い好みを見せる

infectious disease
伝染病

inform A of B
AにBを知らせる
cf. inform A that節 Aに～だと知らせる

instead of
～の代わりに

interfere with
～を妨害する

interpersonal skills
コミュニケーションスキル、対人能力

irrelevant to
～とは無関係な cf. relevant to ～と関係する

It is no use doing
～しても無駄だ

It is my understanding that節
私の知るところでは～だ

job fair 就職フェア

job offer 求人

job search 求職

job seeker 求職者

just in case
万が一のために

just to make sure
確認のため

keep A informed of B
AにBのことを伝え続ける

keep informed about
～についての情報を得続ける

- [ ] keep A up to date
  Aに最新の情報を伝え続ける
- [ ] keep a record of
  ～を記録に残す
- [ ] keep in mind
  覚えておく
- [ ] keep track of
  ～の記録をつける、～を把握する
- [ ] keynote address
  基調演説
- [ ] keynote speaker
  基調演説者
- [ ] lack of
  ～の不足
- [ ] later this week
  今週後半に
- [ ] launch a new advertising campaign
  新たな広告キャンペーンを始める
- [ ] leading companies
  主要企業
- [ ] leave a strong impression on
  ～に強い印象を残す
- [ ] leave A with B
  AをBに任せる
- [ ] leave every 30 minutes
  30分ごとに出発する
- [ ] legal division[department]
  法務部署
- [ ] look for
  ～を探す(= search for)
- [ ] look forward to + (動)名詞
  ～を期待する
- [ ] look up to
  ～を尊敬する
- [ ] low-income resident
  低所得住民
- [ ] loyal customer
  固定客
- [ ] make a bid
  入札する
- [ ] make a call
  電話をかける
- [ ] make A clear
  Aを明らかにする
- [ ] make a complaint
  苦情を言う
- [ ] make a difference
  差が生まれる、差をつける
- [ ] make a mistake
  間違える
- [ ] make a profit
  収益を上げる
- [ ] make a request
  要求する
- [ ] make an announcement
  公表する
- [ ] make an appointment
  (人に会う)約束をする
- [ ] make an exception
  例外を設ける
  cf. make no exception 例外を設けない
- [ ] make an offer
  提案する
- [ ] make no difference
  どちらでもよい、重要でない
- [ ] make room for
  ～のために場所を空ける
- [ ] make sure that節
  ～ということを確認する、必ず～する
  cf. make sure to do 必ず～する

☐ make the most of
～を最大限活用する

☐ make up for
～を挽回する・補う

☐ managerial position
管理職

☐ meet the deadline
期限を守る

☐ meet the requirements for
～への資格要件を備える

☐ meet the standards of
～の基準を満たす

☐ meet[reach] one's goals
目標を達成する

☐ membership benefits
会員特典

☐ monthly statement
月間明細書

☐ move in
～に引っ越す

☐ mow the lawn
芝を刈る

☐ neither A nor B
AでもBでもない

☐ net sales
純売上高

☐ security measures
保安装置

☐ next to ～の隣に

☐ normal operating hours
通常営業時間

☐ notify A of B
AにBを通知する
cf. notify A that節 Aに～だと通知する

☐ now that節
～なので、今や～だから

☐ of the four candidates
4人の候補の中から

☐ offer a large selection of
たくさんの種類の～を扱う

☐ on a daily basis
毎日

☐ on a regular basis
定期的に

☐ on a weekly basis
毎週

☐ on arrival
到着するやいなや、到着したら

☐ on behalf of
～に代わって

☐ on business
商用で、用事で

☐ on one's own
自ら、単独で

☐ on sale
割引販売中の、販売中の

☐ on schedule
予定どおり

☐ on[to] the contrary
反対に

☐ on the other hand
一方で、反面

☐ on the recommendation of
～の推薦で

☐ on time
時間どおりに(= on schedule)

☐ only if[when]節
～である場合のみ

☐ only those with permits
許可を得た人たちだけ

☐ on-the-job training
実地訓練

☐ **operating costs**
運営費

☐ **operation manual**
操作説明書

☐ **out of order**
故障して

☐ **out of print**
絶版になって

☐ **outdoor activity**
野外活動

☐ **over the next few months**
今後数か月の間

☐ **overhead cost**
間接費(各種生産に共通にかかる費用)

☐ **paid vacation**
有給休暇

☐ **participate in**
～に参加する・関与する

☐ **pay attention to**
～に注目する

☐ **pay for**
～に金を支払う

☐ **pay increase**
賃金引き上げ

☐ **pay off**
利益をもたらす、成果を上げる

☐ **people of all ages**
あらゆる年齢層の人々

☐ **performance evaluation**
業績評価

☐ **photo identification**
顔写真入り身分証明

☐ **pick up**
つまみ上げる、(車に)載せる、(物を)引き取る、(景気が)回復する

☐ **place an order** 注文する

☐ **prefer to do**
～することを好む
cf. prefer A to B BよりAを好む

☐ **prior to**
～に先立ち、～より前に

☐ **proceeds from the auction**
競売収益

☐ **product information**
製品情報

☐ **provide the opportunity to do**
～する機会を提供する

☐ **public opinion**
世論

☐ **public relations**
広報活動

☐ **public transportation**
公共交通機関

☐ **quality control team**
品質管理チーム

☐ **raw material**
原材料

☐ **reach a conclusion**
結論に達する

☐ **real estate**
不動産
cf. real estate agent 不動産業者(= realtor)

☐ **recall defective products**
欠陥製品を回収する

☐ **receive permission to do**
～する許可を得る

☐ **recommend A to B**
AをBに推薦する

☐ **refer to**
～を参照する

- [ ] Refreshments will be served.
お茶菓子が出されます。
- [ ] regardless of
〜にかかわらず
- [ ] relocate to
〜に移転する
- [ ] rely on
〜に頼る、〜を信頼する
- [ ] remain on display
引き続き展示される
- [ ] remind A of B
AにBのことを思い出させる
cf. remind A that節 Aに〜だと思い出させる
- [ ] remind A to do
Aに〜することを思い出させる
cf. be reminded to do 〜するよう注意される
- [ ] replace A with B
AをBに代える
- [ ] request a return or replacement
返品や交換を要求する
- [ ] request estimates
見積書を要求する
- [ ] require hardly any additional equipment
追加装置[設備]はほとんど必要ない
- [ ] respond to
〜に反応する・返答する
- [ ] restructure the department
機構改革をする
- [ ] result in
〜に終わる、〜をもたらす
- [ ] retain full rights to + 名詞
〜に対するすべての権利を持つ
- [ ] retirement party
退職記念パーティー
- [ ] return one's call
折り返し電話をする
- [ ] reward A with B
AにBを賞として与える
- [ ] rise in 〜の上昇・増加
- [ ] safety deposit box
貴重品保管箱
- [ ] safety procedure
安全規定
- [ ] safety standards
安全基準
- [ ] salary and benefits
給与と福利厚生
- [ ] satellite TV
衛星テレビ
- [ ] seasonal demand
季節的需要
- [ ] Seating is guaranteed.
座席は確保されている。
- [ ] secondary effect
副次的効果 cf. side effect 副作用
- [ ] security deposit
保証金
- [ ] seek full-time instructors
専任講師を募集する
- [ ] send out
〜を発送する
- [ ] serve as
〜の役割をする、〜として働く
- [ ] set aside
取っておく、備蓄する
- [ ] set up
(時間・日程を)決める
- [ ] shipping and handling charges
(運賃・包装料などすべての)発送費
- [ ] Should you have any questions
ご質問があれば

- [ ] show[express] one's appreciation
感謝の意を表する
- [ ] shut down
閉鎖する、廃業する
- [ ] sign in
(署名して)入る
- [ ] sign out
(署名して)出る
- [ ] sign up for
～に(署名して)登録する・申請する
- [ ] solution to
～の解決策
- [ ] specialize in
～を専門とする
- [ ] sponsored by
～の後援を受ける
- [ ] stand in a line
列を作る
- [ ] Standard admission prices apply.
標準的な入場料が適用になる。
- [ ] stay competitive
競争力を維持する
- [ ] stay in shape
健康を維持する
- [ ] stockholder[shareholder] meeting
株主総会
- [ ] stop for fuel
ガソリンスタンドに立ち寄る
- [ ] striking difference
際立った違い
- [ ] strive to do
～しようと努める
- [ ] substitute A for B
Bの代わりにAを使う
- [ ] successful candidate
合格した応募者
- [ ] suit the needs of
～の要求を満たす
- [ ] superior to ～より優れる
- [ ] switch A to B
AをBに代える
- [ ] take A seriously
Aを真剣に受け止める
- [ ] take into account[consideration]
考慮する
- [ ] take medicine
薬を飲む
- [ ] take out a loan
融資を受ける、ローンを組む
- [ ] take over
～を引き継ぐ
- [ ] take place
起きる、発生する、開催される
- [ ] take priority over
～に優先する
- [ ] take the following steps
次の手続きをとる
- [ ] team up with
～と協力する
- [ ] ten years of loyalty to the company
会社に奉仕した10年間
- [ ] tend to do
～する傾向がある
- [ ] terms and conditions
契約条件
- [ ] thanks to
～のお陰で
- [ ] the exclusive property of
～の独占的財産[権利]
- [ ] the following day
翌日

- [ ] the number of
～の数 cf. a number of たくさんの～

- [ ] to the point 要領を得た

- [ ] traffic jam[congestion]
交通渋滞

- [ ] traffic lights
交通信号

- [ ] travel agency
旅行代理店 cf. travel agent 旅行代理店員

- [ ] travel itinerary
旅行日程

- [ ] turn down
～を取り下げる・断る・拒否する

- [ ] turn in
～を提出する(= submit)

- [ ] turn off
(電灯などを)切る

- [ ] under construction
工事中で

- [ ] under the supervision of
～の監督下で

- [ ] under warranty
保証期間中で

- [ ] undergo renovation
補修工事をする

- [ ] until further notice
さらに通知があるまで

- [ ] upon request
要求に応じて

- [ ] (well) in advance
(かなりの)余裕を持って、事前に

- [ ] when it comes to
～に関して言えば

- [ ] with courtesy
丁重に

- [ ] with reference to
～に関して

- [ ] with the exception of
～を除いて

- [ ] within approximately six months
約6か月以内に

- [ ] within walking distance of
～から歩いていける距離にある

- [ ] without further delay
これ以上遅れることなく

- [ ] work closely with
～と緊密に仕事をする

- [ ] work environment
勤務環境

- [ ] working conditions
勤務条件

- [ ] work extra shifts
交代勤務で残業をする

- [ ] work reduced hours
短縮勤務をする

- [ ] written authorization
書面決済、許可文書

- [ ] written consent
署名同意

正解と訳

WEEK_1 DAY_1 QUIZ p. 30

5. クリスマスコンサートの無料チケットがまだ数枚**残っている。**

語句 □available 入手可能な □confident 自信のある

6. 我々は来月顧客アンケート調査を**実施する**予定だ。

語句 □conduct a survey 調査を実施する □apply 応募する、適用する

7. 消費者は徐々にオンラインショッピングを**好む**傾向を見せている。

語句 □consumer 消費者 □preference for ～に対する好み □possession 所有

8. 新入社員は助言を求めるとき同僚に**頼る。**

語句 □find A B AがBであることがわかる □dependent on ～に依存する □co-worker 同僚(= colleague) □extensive 広範囲な

9. 全管理職は少なくとも3つのビジネスセミナーに**参加しなければ**ならない。

語句 □be required to do ～せねばならない □attend ～に参加する □at least 少なくとも □recruit 採用する

10. 今日の**応募者**はみんなとても頭の良い人たちのようで、一人を選ぶのは難しそうだ。

語句 □seem ～のようだ □knowledgeable 知識の多い、聡明な □select 選ぶ

WEEK_1 DAY_2 QUIZ p. 48

5. マネージャーは新入社員たちに会社の案内書を**配った。**

語句 □provide A with B AにBを提供する □reveal 見せる、明らかにする

6. 今回のワークショップの**目的**は、社員の全般的な能力を開発することだ。

語句 □intention 目的、意図 □develop 開発する □overall 全般的な □division 部署

7. Shaw氏は会社に寄与したことにより**表彰された。**

語句 □be honored for ～により表彰される □contribution 寄与 □host 主催する

8. Harding & Associatesは市で**有名な**法律事務所だ。

語句 □law firm 法律事務所 □distinguished 有名な、際立った □unanimous 満場一致の

9. 役員会はJunko氏を新副社長に**任命した。**

語句 □the board of directors 役員会、理事会 □appoint A as B AをBに任命する □serve 勤務する

10. Morgan氏はHong Kongの研究員職**に関する**情報を受け取った。

語句 □regarding ～に関する・に関して □researcher 研究員

WEEK_1 DAY_3 QUIZ p. 66

5. この工場では、訪問客は**保護**服を着なければなりません。

語句 □wear 着る □protective clothing 保護服 □plant 工場 □unbiased 公正な

6. 廃棄物を適切に**処理する**ことが大切だ。

語句 □dispose of ～を処理する □waste materials 廃棄物 □properly 適切に
□refrain 差し控える

7. 我々は前シーズンの化粧品ラインアップの大部分を**維持する**予定だ。

語句 □plan to do ～する計画だ □retain 維持する □cosmetics 化粧品 □perceive 認知する

8. 出張費の精算は財務担当役員の**許可を得**なければならない。

語句 □travel expenses reimbursement 旅行(出張)費用の精算
□be authorized by ～の許可を得る □finance director 財務担当役員 □discard 捨てる

9. Viera氏はワークショップの日程を新入社員に**配った。**

語句 □distribute A to B AをBに配布する □adhere 固執する

10. 歴史的な建物の本来の**外観**が保存されるだろう。

語句 □original 本来の □appearance 外観 □historic 歴史的な、歴史的に有名な
□preserve 保存する □apparatus 装置

WEEK_1 DAY_4 QUIZ p. 84

5. この四半期の売り上げは、我々の売上目標を上回る**だろう。**

語句 □quarter 四半期 □be expected to do ～すると予想される □exceed ～を超過する
□sales goal 売上目標

6. 最近の調査**によると、**大部分の人々は一人で自動車出勤するのを好むという。

語句 □study 調査、研究 □indicate 示す □prefer to do ～するのを好む □execute 実行する

7. Filmore氏は**特に**市場分析に関心を持っている。

語句 □particularly 特に □analysis 分析 □illegally 不法に

8. 我々はプロジェクトの期限に間に合わせるため**超過**勤務をしなければならない。

語句 □extended 延長した、延びた □meet the deadline for ～の期限に合わせる
□preliminary 予備の

9. **間違った**情報がある場合には、クレジットカードの発行が受けられないかもしれない。

語句 □inaccurate 不正確な □prevent A from doing Aが～できないようにする
□tremendous とてつもない

10. 彼はその研究に**相当な**時間を投資した。

語句 □dedicate A to B AをBに捧げる □substantial 相当な(量の)、多くの □sturdy しっかりした

WEEK_1 DAY_5 QUIZ p. 102

5. Cohen氏は次期副社長になる**資格がある。**

語句 □be eligible to do ～する資格がある □vice president 副社長

6. グループ討議は社員間における効果的なコミュニケーション**手段**だ。

語句 □effective 効果的な □means 手段 □draft 草案

7. Jane Greyはマーケティング部での**抜きん出た**業績により賞をもらった。

語句 □award 賞 □outstanding 抜きん出た □distracted 注意散漫な

8. 休暇中にも電子メールを**定期的に**確認するようにします。

語句 □regularly 定期的に □widely 広く

9. 地域の住民は建築計画に対しあからさまに**批判的だ**った。

語句 □resident 住民 □openly 公然と、隠さず □be critical of ～に批判的だ
□feasible 実行可能な

10. 新たな服装規定を**わきまえ**てください。

語句 □be aware of ～を知っている □dress code policy 服装規定 □normal 標準の

WEEKEND 1 実戦TEST p.104

1. **(D)** 2. **(D)** 3. **(D)** 4. **(A)** 5. **(A)** 6. **(C)** 7. **(C)** 8. **(A)** 9. **(B)** 10. **(A)**

1. Goldman不動産は今日午前、Martha Leeの最高執行責任者への**昇進**を発表した。

語句 □real estate 不動産 □promotion 昇進 □Chief Operating Officer 最高執行責任者
□attendance 出席、参加 □intention 目的、意図 □proportion 比率

2. あなたは実験室監督官の職に適する**要件**を持ち合わせていませんが、研究助手の職を提案します。

語句 □fail to do ～できない □meet the requirements 必要要件を備える cf. requirement 必要要件
□offer A B AにBを提案する □assistant 助手 □figure 数字、人物 □role 役割
□announcement 発表

3. 新入社員は、工場の機械を正確かつ安全に動かす方法を説明した**詳しい**マニュアルを受け取る。

語句 □detailed 詳細な □manual 説明書、案内書 □correctly 正確に □safely 安全に
□disciplined 訓練された □preferred 望ましい □skilled 熟練した

4. Chen Engineering社に履歴書を出すときに、給料の内訳を**含める**ようにしてください。

語句 □include 含める □salary history 給料内訳 □submit A to B AをBに提出する
□résumé 履歴書 □ensure 確実にする □require 要求する □affect 影響を与える

5. 金曜日にBrodick城に行く**遠足**に関心のある社員は、部長に申し出てください。

語句 □excursion 遠足 □notify ～に知らせる □recruit 採用 □reservation 予約
□proposal 提案

6. Waddell氏は今朝電話がとれないので、**問い合わせ**はすべて人事部のGarland氏にしてください。

語句 □take calls 電話をとる □inquiry 問い合わせ(事項) cf. make inquiries to ～に問い合わせる
□personnel department 人事部 □asset 資産、利点 □position 職責

7. **通常の**社員勤務評定は毎月最終金曜日に実施される。

語句 □routine 通常の □performance appraisal 勤務評定 □conduct 実施する
□former 以前の □feasible 可能な □suitable 適する

8から10は次の電子メールに関する問題です。

受信: Sharon Osbourne <sharon22@smail.com>
発信: Customer Service <customerservice@t-mail.com>
日付: 2月10日11時39分
件名: お客様のアカウント

お客様のT-mailのアカウントが長期間使われなかったため、昨日、6月23日付で8.有効期限が切れたことをご連絡します。 アカウントは9.定期的にお使いになることが大切で、3か月使用されなかった場合停止となります。アカウントの再開をご希望の場合には、当社のホームページwww.t-mail.comにて利用者名とパスワードを入力されれば、アカウントは自動10.更新になります。アカウントが引き続き停止状態の場合は、そのアドレスへのすべてのメールはエラーメッセージとともに発信者に送り返されます。

語句
□ inform A that節 Aに～だと知らせる □ expire 満了する □ long-term 長期間の
□ inactivity 停止 cf. active 活動的な、活動中の □ regularly 定期的に
□ disuse 不使用、廃棄 □ reactivate 再開する、再活性化する □ type in ～を入力する
□ renew 更新する、延長する □ automatically 自動で
□ remain inactive 停止したままでいる □ incoming 入って来る
□ be returned to ～に送り返される □ sender 発信者 □ discard 捨てる
□ distribute 分配する □ attend 参加する □ shortly すぐに □ previously 以前に
□ modestly 控えめに □ provide 提供する □ relocate 移転させる、移転する
□ reveal 示す、明らかにする

WEEK_2 DAY_1 QUIZ p. 124

5. 我々の施設はまもなく補修工事を**する**予定です。

語句 □ facility 施設 □ undergo renovations 補修工事をする □ transfer 移す

6. 政府は新たな職場内安全**規定**を定めた。

語句 □ establish ～を制定する・樹立する □ regulation 規定 □ momentum 推進力

7. Joeは明日カイロ支社に転勤し、来週業務を**再開する**予定だ。

語句 □ transfer to ～に転勤する □ resume one's work 仕事を再開する □ convene ～を招集する、集まる

8. 新しい教育プログラムは新入社員にとても**有益だ**。

語句 □ beneficial 有益な □ genuine 本物の

9. 病気休暇をとるためには、上司の**承認**を得なければならない。

語句 □ supervisor 上司、監督官 □ approval 承認、許可 □ sick leave 病気休暇 □ observance 遵守

10. 委員会は会社の来年度の**予算**を検討した。

語句 □ go over ～を検討する □ budget 予算 □ fiscal year 会計年度 □ intervention 介入

WEEK_2 DAY_2 QUIZ p. 142

5. Worldツアーは**オーダーメードの**旅行サービスを専門としている。

語句 □ specialize in ～を専門とする □ customize ～を注文に合わせて作る □ slight ほんのわずかな、若干の

6. これらの資料を分析することは、新入社員にはとても**骨が折れる**。

語句 □ analyze ～を分析する □ demanding (仕事が)きつい □ definitive 決定的な

7. 事業主たちは独自な仕事上の**人脈**を持っている。

語句 □ business owner 事業主 □ business contact 仕事上の人脈 □ advance 進歩、向上

8. 我々は最高品質の製品を**手頃な**価格でお譲りします。

語句 □ high quality 優秀な、品質の良い □ goods 製品、物 □ at affordable price 手頃な価格で □ bulky かさばる

9. 大部分の会社では、期限を守るために残業をするのが**一般的だ**。

語句 □ common practice 一般的なこと、日常茶飯事 □ work overtime 超過勤務をする □ meet a deadline 締め切りに間に合わせる □ superior 優れた

10. ファックスは3月31日まで**動か**ないだろう。

語句 □ operation 作動、運営 □ operational 作動する、稼働する

WEEK_2 DAY_3 QUIZ p. 160

5. その会社は、売り上げが昨年**同**四半期に比べ10%増加したと報告している。

語句 □ firm 会社 □ report 報告する □ increase in ～の増加 □ comparable 同等な、匹敵する □ quarter 四半期 □ rigid 厳格な

6. コミュニケーションスキルの**開発**には時間と多くの努力が必要だ。

語句 □ develop 開発する □ interpersonal skill コミュニケーションスキル、対人能力
□ take time 時間がかかる □ effort 努力 □ concentrate 集中させる

7. Johnson氏は**とても**楽に当選した。

語句 □ win an[the] election 選挙で当選する □ fairly とても、正しく □ easily 楽に
□ simultaneously 同時に

8. 今朝**報道された**ニュースによると、8月1日付で金利が上がるそうだ。

語句 □ release (ニュースを)公開する・発表する □ interest rate 金利 □ raise 上げる
□ as of + 日時 ～付で □ relieve 軽減する、減らす

9. Wilsonは会社での**注目すべき**業績により賞をもらった。

語句 □ get awarded 受賞する □ remarkable 注目すべき、素晴らしい
□ achievement 成就、業績 □ accustomed 慣れた

10. East島には訪れる価値のある**様々な**観光名所がある。

語句 □ diverse 多様な □ tourist attraction 観光名所 □ stringent 厳格な

WEEK_2 DAY_4 QUIZ p. 178

5. Sullivan氏は発表について話し合うためマネージャーと**頻繁に**会った。

語句 □ meet with ～と会う □ frequently 頻繁に、しばしば □ approximately おおむね

6. 我々はこの四半期の売り上げを20%**増やさ**なければならない。

語句 □ raise ～を上げる □ sales figures 売上高 □ quarter 四半期 □ overcome 克服する

7. 会議に出席するすべての参加者のために宿泊施設が**用意される**予定だ。

語句 □ accommodation 宿泊施設、宿泊 □ arrange ～を準備する □ participant 参加者
□ prevent 防ぐ、妨害する

8. Manson氏はBedford研究所に10年前に**入社した**。

語句 □ join ～に参加する、～に加わる □ a decade 10年 □ demonstrate 立証する

9. 我々は社員がいかに効果的に業務をこなしているかを**評価する**つもりだ。

語句 □ assess 評価する □ effectively 効果的に □ perform (業務を)遂行する
□ attain 達成する、成し遂げる

10. すべての顧客サービス担当者は、顧客サービス(教育)プログラムに**登録し**なければならない。

語句 □ be required to do ～しなければならない □ enroll in ～に登録する □ endorse 推薦する

WEEK_2 DAY_5 QUIZ p. 196

5. Glover Copierは10月に地方新聞社を**買収する**計画だ。

語句 □ plan to do ～する計画だ □ acquire 買収する、獲得する □ local newspaper 地方新聞(社)
□ apologize 謝罪する

6. 我が社はお客様に最高の**利率**を提供します。

語句 □interest rates 利率、金利 □legislation 法律、立法

7. 市長は地域社会に関連する問題を**解決**できると確信している。

語句 □be certain (that)節 ～だと確信する □resolve 解決する □issue 争点、問題 □be related to ～と関連がある □community 地域社会 □accelerate 促進する

8. 補修工事は今月の**残りの期間**中続くことになっている。

語句 □renovation 補修 □be supposed to do ～することになっている □continue 続く □for the remainder of the month 今月の残りの期間中 cf. remainder 残り □inventory 在庫品

9. 会社では許可なく生産工場に立ち入ることを**禁じている**。

語句 □prohibit 禁止する □unauthorized 許可されていない □entrance into ～への出入り □production plant 生産工場 □compromise 妥協する

10. 払い戻しが遅くなったことを**お詫び**いたします。

語句 □accept one's apologies ～の謝罪を受入れる □delay in ～の遅延 □refund 払戻す □force 勢力、支配力

WEEKEND 2 実戦TEST p. 198

1. **(B)** 2. **(A)** 3. **(C)** 4. **(A)** 5. **(D)** 6. **(B)** 7. **(A)** 8. **(D)** 9. **(D)** 10. **(A)**

1. 当社ウェブサイトで商品を注文されると、到着までに**約**3～4日かかることをご承知おきください。

語句 □order ～を注文する □be aware that節 ～ということを知っている □approximately おおむね、約 □recently 最近 □carefully 注意深く

2. Mega Burger社はヨーロッパの市場に進出するための**努力**の一環として、イギリスの有望投資家たちと契約交渉を始めた。

語句 □contract talk 契約に関する交渉 □potential 潜在的な □investor 投資家 □in an effort to do ～する努力として □expand into ～に拡張する □inquiry 問い合わせ □ability 能力 □impression 印象

3. 調査によると、様々な業務が与えられるホテルの清掃担当スタッフは、**反復的な**仕事をする清掃スタッフよりも効率的に仕事をしているという。

語句 □a variety of 多様な～ □task 任務 □efficiently 効率的に □duty 義務 □repetitive 反復的な □respective 各自の □lucrative 儲かる □instructive 教育的な

4. Watson法律事務所は、自社の最も実力のある弁護士たちがEgerton社に対する訴訟準備の最終段階にあると**最近**発表した。

語句 □recently 最近 □attorney 弁護士 □in the final stages 最終段階で □prepare 準備する □case against ～に対する訴訟 □fairly かなり、公正に □permanently 永久に □hardly ほとんど～しない

5. Eddie Robertsonは先月Cleveland支社で研修を監督するために選ばれたが、月曜日にはここに戻って通常の業務を**再開する**だろう。

語句 □ be selected to do ～するために選ばれる □ oversee 監督する □ branch 支社
□ resume one's normal duties 普段の業務を再開する □ function 作動する
□ induce 誘発する □ donate 寄付する

6. その歌手のニューアルバムの売り上げは、Capitol Record社のマーケティングキャンペーンの**効果**に大きく左右されるだろう。

語句 □ sales 売り上げ □ depend on ～に依存する・左右される □ largely 大きく
□ effectiveness 効果 □ layout 配置 □ principle 原理、原則

7. Midland Airの航空券の価格は比較的**手頃で**、現在多くの人々が列車よりも航空機を利用している。

語句 □ comparatively 比較的 □ affordable (価格などが)手頃な
□ choose to do ～することを選ぶ □ fly 飛ぶ、航空機を使う □ potential 可能な、潜在する
□ eager 熱心な □ approximate おおよその

8から10は次の広告文に関する問題です。

Racon社は、オフィスビル向けセキュリティー対策製品の新ラインナップを8.発売しました。これらの製品には、最新式監視カメラ・警報機・侵入監視装置が含まれます。これらの装置は価格が手頃であるだけでなく、技術サポートなしでも簡単に9.設置できます。また、他の保安技術装置に比べ寿命も長くなっています。さらに、Racon社から保安装置を購入する会社は、無料相談・定期点検の他、支払請求サイクルを選べるといった10.特典も受けられます。

語句 □ release 発売する、発表する □ line 製品群、ラインアップ □ security solution 保安対策
□ include ～を含む □ state-of-the-art 最新式の
□ surveillance camera 監視カメラ cf. surveillance 監視 □ alarm 警報機、警報装置
□ intrusion detection system 侵入監視装置 cf. intrusion 侵入 detection 感知
□ affordable (価格などが)手頃な □ easy to do ～しやすい
□ technical support 技術支援 □ extended (期間などを)延長された
□ lifespan 寿命 □ in comparison with ～と比較して
□ appliance 器具、装置、設備 □ moreover そのうえ □ purchase 購入する
□ additional 付加の、追加の □ benefit 利益 □ consultation 相談
□ regular 定期的な □ monitoring 監視、観察 □ flexible 柔軟な
□ billing cycle 代金請求サイクル □ control 統制する □ observe 観察する
□ terminate 終結する □ clarify 明確にする □ resolve 解決する □ basis 基礎
□ symptom 症状 □ approval 承認

WEEK_3 DAY_1 QUIZ p. 218

5. 申込書を人事部長まで**提出し**てください。

語句 □ submit A to B AをBに提出する □ application 申込書、申請書
□ director of human resources 人事部長 □ achieve 達成する

6. Jones氏は**今回**出版される本のための取材をしてきた。

語句 □ do research 調査をする □ upcoming 今度の □ likely ありそうな

7. 工場施設を改善するとエネルギー効率面で**寄与する**ことができるだろう。

語句 □ upgrade ～を改善する □ plant facility 工場施設 □ contribute to ～に寄与する
□ energy efficiency エネルギー効率
□ devote (努力・時間を)捧げる cf. be devoted to ～に専念する

8. 我々の中国の市場は、今年はこれまで以上に収益性があるものと**思われる。**

語句 □ be considered to do ～するものと思われる □ profitable 利益のある、儲けになる
□ accompany 同伴する

9. 今日すべての学生は国立博物館に無料で**入場**できる。

語句 □ admission 入場(権)、入場料 □ convention 慣習、総会

10. 橋の架け替えの**関連**工事が来年まで続けられる予定だ。

語句 □ construction 建設 □ be associated with ～に関連する
□ replacement 交替 □ celebrate 祝う

WEEK_3 DAY_2 QUIZ p. 236

5. 私がお願いした書類の受領を**お伝えする**ためにこの手紙を書いています。

語句 □ acknowledge ～の受領を伝える □ receipt 受領 □ suggest 提案する

6. あなたの旅行**日程**は東京とシンガポールにも立ち寄ることになっています。

語句 □ itinerary 日程 □ include ～を含む □ stop 停泊地、立ち寄り □ custom 慣習

7. 前列の席は発表者たちのために**指定され**ています。

語句 □ front row 前列 □ be reserved for ～のために指定される □ process ～を処理する

8. 小冊子のサイズは追加**料金**なしで変更いたします。

語句 □ alter ～を変更する □ at no extra charge 追加費用なしで
□ reimbursement 償還、返戻金 □ charge 賦課する

9. 我々は顧客から即座に**フィードバック**を受けたい。

語句 □ instant 即時の □ feedback フィードバック、反応、意見 □ reception 接待、歓迎、歓迎会

10. Royalホテルの従業員は顧客の要望に**耳を傾けている。**

語句 □ be attentive to ～に注意を傾ける □ needs 必要なもの □ surrounding 周辺の

WEEK_3 DAY_3 QUIZ p. 254

5. コンサートの後、聴衆たちは**整然と**コンサートホールから退場した。
語句 □audience 聴衆 □in an orderly fashion 秩序正しく □specific 特定の

6. 提供できる量は**限られ**ているので、急いで注文してください。
語句 □hurry up 急ぐ □place an order 注文する □supplies 供給量 □limited 限定された □existing 現存する

7. 会社は社員に業績手当**を**払う予定だ。
語句 □reward A with B AにBを(賞として)与える □performance 実績

8. Ace社は国際的に**認められた**コンサルティング会社だ。
語句 □internationally 国際的に □recognize ～を認める □consulting firm コンサルティング会社 □exact 正確な

9. 我が社はお手頃な価格で**信頼できる**製品を提供することをお約束します。
語句 □be committed to + **(動)名詞** ～を約束する、～に専念する・身を投じる □reliable 信頼できる □affordable (価格が)購入しやすい □vulnerable 脆弱な

10. 多数の**機密**文書が書類キャビネットの中で施錠され安全に保管されている。
語句 □numerous 数多くの □confidential 機密の □lock ～に鍵をかける □cooperative 協力的な

WEEK_3 DAY_4 QUIZ p. 272

5. 我が社の製品にご満足いただけない場合は、全額**払い戻し**でご返品いただけます。
語句 □be satisfied with ～に満足だ □full refund 全額払い戻し □purchase 購入

6. 我が社はオフィス空間を**経済的**に活用したことにより新聞で賞賛された。
語句 □economical 経済的な、節約する □praise 称える □lower 下の方の

7. 完備されたトレーニング施設をご**利用**ください。
語句 □take advantage of ～を利用する □fully-equipped 完備された □exercise facility トレーニング施設 □utensil 器具、用具

8. この用紙に署名して、文書の**受領**をお知らせください。
語句 □acknowledge (受領を)通知する □receipt 受領 □installment 分割払い

9. Liu氏の売上額はチームの誰をも**上回った**。
語句 □sales figure 売上額 □surpass 上回る □utilize 活用する

10. 我が社の芝刈り機はたいへん頑丈なので価格に見合った**価値**はあります。
語句 □lawn mower 芝刈り機 □extremely 非常に □durable しっかりした □value 価値 cf. be a good value for the money 価格に値する

WEEK_3 DAY_5 QUIZ p. 290

5. そのフェスティバルは有名ギタリストの公演を**呼び物にしている**。
語句 □feature ～を呼び物にする □renowned 有名な □urge 促す

6. 何度か締め切りに間に合わなかったことで、我々にもっと支援が必要なことが**明らか**になった。

語句 □apparent 明らかな □miss the deadline 締め切りに遅れる □deliberate 慎重な

7. ホテルでは現在顧客に先着順で**割引**をしている。

語句 □currently 現在 □on a first-come, first-served basis 先着順で

8. 人事情報へのアクセスは管理職だけに**制限されている**(管理職だけ閲覧できる)。

語句 □access to ～の利用 (権限) □be restricted to ～に制限される □replace 交換する

9. 欠陥のある組立機械の**交換**部品を注文しなくてはならない。

語句 □replacement part 交換部品 □defective 欠陥のある □transaction (商)取引

10. この収益チャンスは、追加費用の支出を**正当化する**ほど重要なものではない。

語句 □profit 収益 □significant enough to do ～するほど重要だ
□justify the extra cost 追加費用(支出)の正当な理由になる □interfere 妨害する

WEEKEND 3 実戦TEST p.292

1. **(B)** 2. **(D)** 3. **(D)** 4. **(C)** 5. **(C)** 6. **(A)** 7. **(A)** 8. **(A)** 9. **(A)** 10. **(D)**

1. **あいにくの**天気で、今日予定されていた会社のピクニックは来週土曜日に延期された。

語句 □due to ～のせいで、～によって □unfavorable (都合の)悪い、不利な
□outing 遠足、ピクニック □postpone 延期する □functional 機能の、職務上の
□practical 実際的な □reluctant 気が進まない

2. Lee博士は**本来**医学会議で基調講演を行う予定だったが、病気で取りやめざるを得なかった。

語句 □originally 本来、最初に □be scheduled to do ～することが予定されている
□keynote speaker 基調講演者 □medical 医学の □conference 会議 □illness 病気
□be force to do ～することを余儀なくされる □withdraw 撤回する、取り消す
□fluently 流暢に □largely 主に、大部分 □considerably かなり

3. 我々はSong氏が我が社の製品を韓国市場で成功させる能力があることを**絶対的に**確信している。

語句 □absolute 絶対的な □confidence in ～に対する確信・信頼
□ability to do ～する能力 □make A B AがBになるようにする □productive 生産的な
□eventual 最後の □informative 有益な

4. 情報技術ワークショップが、土曜日の午前9時から11時まで3階ウェブデザイン部で**開かれる。**

語句 □offer 提供する、与える □exhibit 展示する、表す □donate 寄付する、寄贈する
□pass 通過する

5. 卓越した組織適応力と細かい事柄に対する**注意力**が新聞編集者には求められる。

語句 □outstanding 卓越した、際立った □organizational 組織の、機関の
□attention to ～に対する注意力 □detail 細部事項、詳細 □be required for ～に必須だ
□editor 編集者 □position 職責 □guidance 案内、指導 □conjunction 結合、連結
□requirement 必要条件、資格

6. コンピューターの問題解決の案内は、**同封されている**ユーザーマニュアルの12章に載っています。

語句 □guide 案内(書)、指針 □solve 解決する □enclose 同封する
□user manual 使用者説明書 □shape 形作る □train 訓練する
□engage 約束する、雇用する

7. Tennant氏の南アメリカ出張は、都合が良いことにリオデジャネイロの定期総会の日程と**重なっている。**

語句 □business trip 出張 □conveniently 都合良く □coincide with ～と重なる・同時に起きる □convention 定期総会 □accomplish 成就する □consist (of ～から)成る □replace 交代する

8から10は次の電子メールに関する問題です。

受信: Bradley Gilman <bgilman@paramail.com>
発信: Customer Service <customerservice@kingsley.com>
日付: 3月13日14時35分
件名: ご注文に関して

Gilman様
最近ご注文になったコンピューター用スピーカーKingsley Audio XB250が発送になりましたことをお知らせいたします。本スピーカーは最高級の音質を生み出すことから、たいへん8.ご満足いただけるものと確信しております。 価格と税額が正確かどうか、スピーカーに同封の送り状をお時間をいただいて詳細に9. ご確認いただきますようお願いします。 スピーカーが10.きちんと作動しない場合には、ご連絡いただければ払い戻しまたは無料修理をいたします。ご購入ありがとうございました。

語句 □inform A that節 Aに～だということを知らせる □ship out 発送する □recently 最近 □order 注文する □be sure that節 ～だということを確信する □completely 完全に □be satisfied with ～に満足している □produce 生産する、生み出す □high quality 品質の良い □take time to do 時間をつくって～する □thoroughly 徹底して □review 精査する □invoice 送り状 □make sure that節 ～だということを確認する □cost 費用 □tax 税金 □correct 正確な □work 作動する □properly きちんと □refund 払い戻す □repair 修理する □at no cost 無料で □absolutely 完全に、無条件に □purchase 購入 □regrettable 残念な □anonymous 匿名の □urgent 緊急な □launch 着手する □accept 受入れる □renew 更新する □largely 主に □randomly 無作為に □approximately おおむね

WEEK_4 DAY_1 QUIZ p. 312

5. その雑誌の成功は、あらゆる年齢層を対象に幅広い関心を惹きつけた**おかげだ。**

語句 □ be attributed to ～のせいだ・おかげだ □ broad 幅広い
□ appeal to ～の心を惹きつける □ of all ages あらゆる年齢層の

6. 経営陣はその目覚ましい業務成果に基づき、Grey氏の昇給を**認めた。**

語句 □ grant A B AにBを与える・承認する □ raise 昇給 □ outstanding 際立った、素晴らしい
□ based on ～を基礎として □ cause 引き起こす

7. コーヒーの**代わり**に緑茶が飲める。

語句 □ green tea 緑茶 □ an alternative to ～に対する代案 □ bid 入札

8. 今回の工事によりご迷惑を**おかけする**かもしれないことをお詫びいたします。

語句 □ apologize for ～に対し謝罪する □ inconvenience 不便 □ cause 引き起こす
□ maintain 維持する

9. 博物館は**現在**補修工事のため閉館中だが、すぐに再開するだろう。

語句 □ currently 現在、今のところ □ reopen 再開する □ enormously とてつもなく

10. 果物は特定の保存状態に置くと長く**保存**できる。

語句 □ preserve 保存する □ specific 特定の □ storage 保管 □ conditions 状態、条件
□ demolish 撤去する

WEEK_4 DAY_2 QUIZ p. 330

5. 役員会の**目的**の一つは新議長を選出することだ。

語句 □ aim 目的、目標 □ board meeting 役員会、取締役会 □ select 選出する
□ chairman 議長 □ level 水準

6. すべての作業現場では高い安全**基準**を維持することが大切だ。

語句 □ maintain 維持する □ safety standards 安全基準 □ job site 作業現場
□ statistics 統計(学)

7. 我が社のイチゴキャンディー製品は**個別**包装されている。

語句 □ be individually wrapped 個別包装されている □ illegibly 読みづらく

8. 素晴らしい仕事をしていただき、特に**感謝し**ています。

語句 □ be[feel] grateful for ～に感謝している □ especially 特に □ individual 個人の

9. この瓶に入っている**有害な**化学物質は気をつけて扱わなければならない。

語句 □ hazardous 有害な □ chemical 化学物質 □ handle 扱う、処理する
□ carefully 慎重に □ ailing (経済が)不振な

10. 契約条項は標準的なビジネス慣行に**沿う**ようにしてください。

語句 □ ensure that節 確実に～するようにする □ terms of the contract 契約条項
□ comply with ～に従う □ standard 標準 □ business practice ビジネス慣行

WEEK_4 DAY_3 QUIZ p. 348

5. 行事は今後通知があるまで**延期される**だろう。

語句 □be postponed 延期される □until further notice さらに通知があるまで □transform 変形する

6. すべての工場従業員たちは安全**予防措置**をとらなければならない。

語句 □take safety precautions 安全予防措置をとる □principal 重要な、校長

7. 年間**収益**が堅実に伸びつつあり喜ばしい。

語句 □be pleased that節 ～なので嬉しい □annual profits 年間収益 □rise 上がる □steadily 堅実に □landscape 展望、景色

8. 50人の社員のみセールスワークショップへの参加が**許される**予定だ。

語句 □be permitted to do ～してもよい、～することが許される □attend ～に参加する □specialize ～を専門化する

9. パンフレットの**申し込み**は、必ずウェブサイトから行わなくてはならない。

語句 □make a request 申し込む

10. 長い話し合いの末に、**ついに**iKE Booksと契約することが決まった。

語句 □discussion 討論 □finally ついに、結局 □decide to do ～することを決める □sign the contract with ～と契約を結ぶ □politely 丁重に

WEEK_4 DAY_4 QUIZ p. 366

5. コンサートは6時**ちょうどに**始まる予定なので、5時半までに着くようにしてください。

語句 □promptly ちょうどに □heavily 非常に、ひどく

6. 施設に入場するすべての人々に**身分証**の提示を求めます。

語句 □require 要求する □identification 身分証 □privilege 特権

7. このプログラムは顧客への対応を効率化させるのに**役に立つ**だろう。

語句 □assist A in doing Aが～するのを助ける □efficiently 効率的に □undertake (仕事を)引き受ける

8. 割引の**適用を受ける**ためには会員証を提示しなければならない。

語句 □present 提示する □apply 適用される □emerge 現れる

9. 我が社のトースターはライバル社の最新製品よりも**効率的だ**。

語句 □toaster トースター □efficient 効率的な □competitor 競合社 □apprehensive 憂慮すべき

10. 最近の研究は規則的な運動が人の健康に**良い**ということを示している。

語句 □regular 規則的な □be beneficial to ～に利する □missing なくした

WEEK_4 DAY_5 QUIZ p. 384

5. レシピによると、蜂蜜を砂糖の**代わりに使えます**。

語句 □recipe 調理法 □substitute A for B Bの代わりにAを使う □judge 判断する

6. 時間的**制約**のため、講演者はすべての質問に答えられなかった。

語句 □constraint 制約 □lecturer 講演者 □outlay 経費

7. ホテルでのすべての予約は空室があるかどうか**にかかっている。**

語句 □reservation 予約 □be subject to ～の影響を受けやすい □room availability 空室の可能性 □be projected to do ～するものと予想される

8. Clinton街にあるそのレストランには1日に**ほぼ**1,000人の客が来る。

語句 □nearly ほぼ □equally 同等に

9. 今晩のセミナーは準備**不足**で取りやめになった。

語句 □cancel 取り消す □lack of ～の不足 □preparation 準備 □understanding 理解

10. 勤務開始後60日が過ぎた社員は、有給休暇をとる**資格がある。**

語句 □complete 完成する □be entitled to do ～する資格がある □paid vacation 有給休暇 □impose 賦課する

WEEKEND 4 実戦TEST p.386

1. **(B)** 2. **(A)** 3. **(D)** 4. **(D)** 5. **(A)** 6. **(A)** 7. **(C)** 8. **(B)** 9. **(C)** 10. **(B)**

1. 病院の待合室の装飾用に使われていた植物は、乾燥した環境でもよく**育つ。**

語句 □plant 植物 □waiting room 待合室 □grow 育つ □condition 環境 □explore 探検する・調査する □choose 選ぶ □follow 従う

2. Howard氏が新たに入社したRainbow Tech Solutions社は、ソフトウェアの開発と統合を**専門にしている。**

語句 □firm 会社 □specialize in ～を専門とする □development 開発 □integration 統合 □identify 識別する □produce 生産する □determine 決心する・決定する

3. その会社の役員は、営業チームの業績**評価**を求めた。

語句 □ask for ～を要求する □evaluation 評価 □performance 成果、実績 □sales team 営業チーム □option 選択(権) □function 機能、作用 □invitation 招待

4. Telewest Digitalは増加する運営費のために、ケーブルテレビサービス料金を**引き上げる**ものと予想される。

語句 □be expected to do ～すると予想される □increase 増える、増やす □fee 料金 □customer 顧客 □due to ～のせいで □rising 上がる、増加する □operating cost 運営費 □pretend ～のふりをする □repair 修理する □remind 思い出させる

5. Sirius Web Designの人目を引くグラフィックは、どのウェブサイトでも間違いなく**目立つものにする**だろう。

語句 □eye-catching 人目を引く、目立つ □be guaranteed to do 間違いなく～するだろう □enhance 高める、向上する □remove 除去する □impose 賦課する □accelerate 加速する

6. Nepalese航空は、お客様の**ご要望**があればイヤホン・毛布・枕を喜んでご提供しています。

語句 □be happy to do 喜んで～する □provide B to[for] A BをAに提供する(= provide A with B) □blanket 毛布 □pillow 枕 □passenger 乗客 □upon request 要望に従い

7. 新しい情報技術には、全世界の経済成長を促す巨大な**潜在力**がある。

語句 □ enormous 巨大な □ potential 潜在力、可能性 □ promote 促進する
□ economic growth 経済成長 □ all over the world 全世界に □ mark 記号、痕跡
□ grant 承認 □ omission 省略

8から10は次のメモに関する問題です。

受信: Gabber社全社員
発信: Willa Packer人事部長
日付: 5月23日
件名: 開発セミナー

社員の皆さん
Gabber社は、社員の皆さんの技術を8.継続的に向上させることに専念しています。そのため、人事部では来月、暫定的に6月14日土曜日に職業開発セミナーを開催する予定です。全社員は社の開催するすべてのセミナーに無料で参加9.することができます。この特別セミナーは、職場内における効率的なコミュニケーションの重要性を理解することに重点が置かれる予定です。このセミナーに関心のある皆さんは、すぐに直属の上司に申し出てください。500人ほどが参加するものと10.見込まれます。席は限られているので、急いで申し込むようお願いします。
今日一日もお元気で。セミナーでお目にかかれるのを楽しみにしています。

Willa Packer
人事部長

語句 □ human resources 人材 □ director 役員、取締役
□ be committed to + (動)名詞 ～に身を捧げる・専念する □ continually 持続的に
□ improve 向上させる □ skill 技術 □ personnel department 人事部
□ hold a seminar セミナーを開催する □ professional 職業の □ tentatively 暫定的に
□ be scheduled for + 日時 ～に予定されている □ be entitled to do ～する資格がある
□ free of charge 無料で □ particular 特別の □ focus on ～に焦点を合わせる
□ importance 重要性 □ effective 効果的な □ communication 意思疎通
□ workplace 職場 □ individual 個人 □ be interested in ～に関心がある
□ attend 参加する □ notify ～に通知する
□ immediate supervisor 直属の上司 cf. immediate 直接の □ immediately すぐに
□ estimate that節 ～と推定する □ seating 座席(数) □ limited 限定された
□ sign up for ～に申し込む □ quickly すみやかに □ hope to do ～することを望む
□ heavily 重く、ひどく □ equally 同等に □ meagerly わずかに
□ attribute 原因を～に帰する □ relieve 軽減する □ deduct 控除する
□ recover 回復する □ terminate 終結する □ suspend 中止する

Index

A

B

E

J

K

L

M

N

O

著者紹介

イ・イクフン語学院

Lee Ik-Hoon Language Institute

1993年3月2日、イ・イクフン博士が設立。TOEIC、TOEFL等の英語能力試験対策専門校として、ソウル江南・鍾路地区の全5校舎で年間13万人が学ぶ。学習者の60%が学生で40%は社会人。韓国の英語学校では今や当たり前となった「受講生による自主学習グループ」のためのスタディーセンターを初めて学院内に設け、約200グループ(1200人)が参加している。「リスニング教育」に特に力を入れ、『月刊 AP 5分ニュース』(AP通信のディクテーション練習、TOEIC練習問題の連載など)を1988年から発刊、33万人がこの教材の恩恵を受けている。

イ・イクフン

Lee Ik-Hoon 1947-2008

英語のカリスマとして韓国で絶大の人気を誇る。延世大学卒業後アメリカに留学し、英文学修士・博士号取得。イ・イクフン語学院設立者。韓国で出版した『ear/eye of the toeic』シリーズは170万部を超えるベストセラーとなり社会現象にもなった。同シリーズは『極めろ!・解きまくれ! TOEIC TEST』シリーズとして日本でも翻訳出版され、15万部を超えるロングセラーとなっている。

極めろ! TOEIC® TESTに出る 究極ボキャブラリー1000

2011年7月13日　初版第1刷発行
2012年5月23日　第 3 刷 発 行

著者　イ・イクフン語学院
発行者　小林 卓爾
発行所　株式会社 スリーエーネットワーク
〒102-0083　東京都千代田区麹町3丁目4番　トラスティ麹町ビル2F
電話: 03-5275-2722(営業)
03-5275-2726(編集)
http: //www.3anet.co.jp/
印刷・製本　ケーワイオフィス
翻訳　中村克哉
音声編集　巧芸創作
装幀　芳賀のどか

Printed in Japan
ISBN978-4-88319-568-8　C0082

ベストスコアが必ず出る！
イ・イクフンの TOEIC® テストシリーズ

シリーズ20万部突破！

▼コンパクトドリル＝『厳選ドリル』シリーズ

対象
✓はじめて受験する人から900点以上を目指す人まで
✓時間がないけど「イクフン本」に取り組みたい人
✓スキマ時間に勉強したい人

本の特長
✓日本人学習者のための新作予想問題書下ろし
✓試験2回分のドリルで試験直前でも実力アップできる
✓「別冊」とMP3音声でいつでも「耳からの学習」ができる

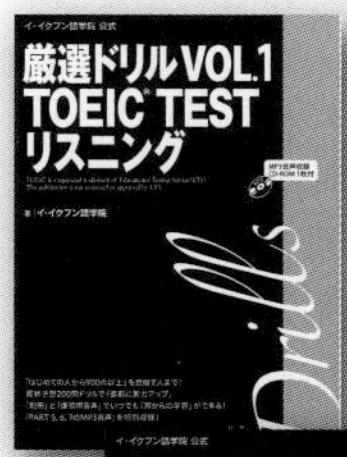

最新予想200問ドリルで「直前に実力アップ」！
「別冊」と「復習用音声」でいつでも「耳から学習」！
「PART 5~7 のMP3音声」を特別収録！

厳選ドリル VOL. 1 TOEIC® TEST リスニング
イ・イクフン語学院●著、CD-ROM 1 枚付
A5 判 150 頁＋別冊 56 頁、1,050 円〔ISBN978-4-88319-582-4〕

最新予想104問ドリルで「直前に実力アップ」！
「復習用」MP3音声の無料ダウンロード！
「別冊」と音声でいつでも「耳から学習」！

厳選ドリル VOL. 1 TOEIC® TEST リーディング Part 5 & 6
イ・イクフン語学院●著
A5 判 84 頁＋別冊 28 頁、735 円〔ISBN978-4-88319-583-1〕

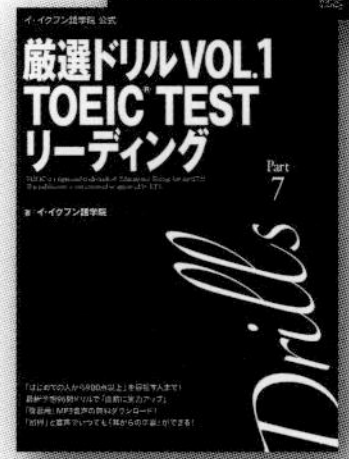

最新予想96問ドリルで「直前に実力アップ」！
「復習用」MP3音声の無料ダウンロード！
「別冊」と音声でいつでも「耳から学習」！

厳選ドリル VOL. 1 TOEIC® TEST リーディング Part 7
イ・イクフン語学院●著
A5 判 106 頁＋別冊 56 頁、840 円〔ISBN978-4-88319-584-8〕

※価格は税込みです

「確実に解ける問題」を積み上げる「ドリル形式」！
問題数は試験2回分。「確実に解ける1問」を積み上げるドリル形式なので、時間がない方でもスキマ時間を有効に活用できます。

充実した「復習用MP3音声」でいつでもどこでも「耳学習」！
『リスニング』はドリルを解く音声とは別に復習用 Review 音声を用意し、『リーディング』は本文読み上げ音声が無料でダウンロードできるのでいつでもどこでも「耳からの学習」ができます。

「中身の濃い別冊」「全問題」と「Review用MP3音声スクリプト」！
「問題だけを持ち歩きたい」「TOEIC の英文を活用して、日本語から瞬間英作文の訓練をしたい」「音読用の冊子を付けてほしい」という TOEIC 学習者の声を徹底的に実現しました。